国家林业和草原局普通高等教育"十三五"规划教材

企业创办与经营管理

杨 燕 主编

中国林业出版社
China Forestry Publishing House

图书在版编目（CIP）数据

企业创办与经营管理/杨燕主编.--北京： 中国林业出版社,2021.9

ISBN 978-7-5219-1251-7

Ⅰ.①企… Ⅱ.①杨… Ⅲ.①企业管理—高等学校—教材 Ⅳ.①F272

中国版本图书馆CIP数据核字（2021）第133064号

策划编辑：	高红岩	责任编辑：	曹鑫茹 段植林
责任校对：	苏 梅	电 话：	（010）83143554
传 真：	（010）83143516		

出版发行	中国林业出版社（100009 北京市西城区德内大街刘海胡同7号） E-mail：jiaocaipublic@163.com 电话：（010）83143500 http：//www.forestry.gov.cn/lycb.html
经　销	新华书店
印　刷	三河市祥达印刷包装有限公司
版　次	2021年9月第1版
印　次	2021年9月第1次印刷
开　本	787mm×1092mm　1/16
印　张	17
字　数	410千字
定　价	49.00元

未经许可，不得以任何方式复制或抄袭本书之部分或全部内容。

版权所有　侵权必究

《企业创办与经营管理》编写人员

主　　编　杨　燕
副 主 编　赵　敏　孙若愚
编写人员（以姓氏笔画为序）
　　　　　　丁丽芳　王　静　王旭龙
　　　　　　刘　豪　刘晓瑞　孙若愚
　　　　　　杨　燕　赵　敏　娄甜田

前言

为积极落实《国务院办公厅关于深化高等学校创新创业改革的实施意见》《教育部办公厅关于做好2018年深化创新创业教育改革示范高校建工作的通知》等文件精神，面向全体学生开好创新创业教育，山西农业大学于2018年7月启动了创新创业教育优质课程建设工程，确定建设山西农业大学校级创新创业课程群。《企业创办与经营管理》是为大学生创业管理而作。

本书适合有志于创业的本科生及经济管理相关专业的学生使用。主要分为企业创办和企业经营管理两部分。企业创办部分包括企业创办预备知识和开展创业活动所需要的基本知识，使学生认识创业的基本内涵和创业活动的特殊性，辩证地认识和分析创业者、创业机会、创业资源、创业计划和创业项目；企业经营管理部分主要讲授企业经营管理全流程的经营管理，使学生具备必要的创业管理能力，掌握创业战略规划制订的方案，熟悉企业运营中市场营销、财务管理、产品管理、生产制造、创业融资、风险防范、团队沟通协作等工作流程，提高管理企业的综合素质和能力。结合山西农业大学校级创新创业课程群前期建设的经验，立足课程的教学目标，构建了本书的编写框架和编写体例。本书在内容呈现上，每章设有学习目标、案例分析、课后复习题等。

全书共分为10章，具体写作分工如下：山西农业大学杨燕编写了前言、第2章、第3章；山西农业大学赵敏编写了第1章；山西农业大学刘豪编写了第4章；山西农业大学王静编写了第5章；渤海大学王旭龙编写了第6章；山西农业大学刘晓瑞编写了第7章；山西农业大学丁丽芳编写了第8章；山西农业大学娄甜田编写了第9章；沈阳农业大学孙若愚编写了第10章。

本书由杨燕担任主编，赵敏、孙若愚担任副主编。杨燕、李玉萍、赵敏制定编写大纲，经全体编委会成员反复讨论得以确定。最终杨燕统筹定稿，李玉萍审稿。在成书进程中，每一个环节都得到了中国林业出版社的帮助和支持，在此向各位辛勤的付出表示衷心感谢！向本书的审稿、校对和协助查阅分析资料的各位老师辛勤的付出表示衷心感谢！

希望本书可以给读者带来创业、企业创办、企业管理管理方面的启迪，帮助读者有自我认知、创业认知、企业认知，并有助于培养和提升读者企业创办与经营管理的能力。本书既可以作为涉农院校创业管理课程的教材，也可以作为创业者企业管理的入门导读。

本书在编写过程中，借鉴和参考了大量国内外创业学、企业创办、企业管理等方面的文献资料，以及一些专家学者的理论和同行的观点，书中引用的可行的观点和案例与材料部分来自期刊等，在此一并表示衷心感谢。

由于编者水平所限，书中难免有疏漏和不当之处，敬请指正。

编者
2021 年 3 月

目录

- 前言

- **第1章 自我认知与创业认知 / 1**

  1.1 自我认知 / 2
  1.2 创业认知 / 9
  案例分析 / 16
  课后复习题 / 18

- **第2章 企业认知与企业构思 / 19**

  2.1 商业模式 / 20
  2.2 企业开办流程 / 24
  案例分析 / 35
  课后复习题 / 36

- **第3章 创业计划与创业计划书 / 37**

  3.1 创业计划 / 38
  3.2 创业计划书 / 40
  案例分析 / 50
  课后复习题 / 54

- **第4章 企业战略管理 / 55**

  4.1 企业经营环境分析 / 56
  4.2 企业经营战略分析 / 65
  案例分析 / 80
  课后复习题 / 81

第 5 章　企业风险与创业资源 / 83

5.1　创业风险防范 / 84

5.2　创业中的法律知识 / 91

5.3　创业资源的整合 / 96

案例分析 / 103

课后复习题 / 103

第 6 章　企业人力资源管理 / 105

6.1　企业人力资源管理概述 / 106

6.2　企业人力资源的规划 / 107

6.3　企业员工的招聘与培训 / 110

6.4　企业员工的考核与激励 / 119

案例分析 / 124

课后复习题 / 126

第 7 章　企业财务管理 / 127

7.1　企业财务管理的主要内容 / 128

7.2　货币的时间价值 / 132

7.3　企业筹资管理 / 136

7.4　企业投资管理 / 144

7.5　企业营运资金管理 / 152

案例分析 / 162

课后复习题 / 163

第 8 章　企业物流管理 / 165

8.1　企业物流管理概述 / 166

8.2　企业供应物流管理 / 171

8.3　 企业库存、销售管理 / 175

8.4　物流服务与信息管理 / 184

案例分析 / 190

课后复习题 / 191

- **第 9 章　企业生产管理 / 193**
    - 9.1　企业生产管理的基本内容 / 194
    - 9.2　企业生产管理的关键内容 / 211
    - 案例分析 / 231
    - 课后复习题 / 236

- **第 10 章　企业营销管理 / 237**
    - 10.1　企业营销管理的理念 / 238
    - 10.2　企业市场分析 / 241
    - 10.3　企业市场营销策略 / 244
    - 10.4　企业市场营销的计划、组织与控制 / 246
    - 案例分析 / 256
    - 课后复习题 / 258

- **参考文献 / 259**

第 1 章

自我认知与创业认知

学习目标
1. 了解创业者的类型、创业意识的特点、创业团队的组建。
2. 理解创业机会,识别创业机会,评估创业机会。
3. 掌握创业团队的组建、创业机会的识别与评估。

1.1 自我认知

1.1.1 创业的含义及其本质

1.1.1.1 创业的含义

创业是一种普遍存在的社会现象和人类活动,学者们基于不同角度和对于创业活动的不同理解,给出了许多"创业"的定义,比较有代表性的定义有:

Stevenson、Roberts(1985)认为创业是个体不拘泥于当前资源条件的限制对机会的追寻,以及将不同的资源组合起来,去利用和开发机会并创造价值的过程;Shane 和 Venkataraman(2000)认为创业是一项把存在的获利机会和有进取心的个体联系起来的活动;Hisrich(1998)认为创业是一个需要承担资金、心理与社会风险,通过付出必要的时间和精力去创造新价值,从而获得金钱回报和提升个人满意度的过程。

1.1.1.2 创业的本质

Stevenson 和 Jarillo(1990)认为创业的本质是不拘泥于当前资源的限制识别和利用机会。Lumpkin 和 Dess(1996)认为创业的本质是在不确定环境下承担风险和超前行动的新进入行为,包括创建新企业或者在既有企业内部开发新业务的活动。总体而言,张玉利认为创业的本质可以总结为3点:第一,创业是一种创造性的活动;第二,创业是具有创业精神的创业者与机会结合进而创造价值的行为过程;第三,创业活动包含6个方面内容:机会导向、创造性地整合资源、价值创造、超前行动、创新和变革、顾客导向。

需要指出的是,关于创业的定义及其本质在学术界还存在争议,主要表现在创业活动与一般性经营活动的区分上。虽然创业本身属于经营活动,但其侧重于经营活动的前段,即组织生成和早期成长阶段;更多表现在识别和开发机会、创新和创造价值方面。创业是在资源高度约束的条件下克服新进入缺陷,创建新企业并确保其健康成长的行为,而一般性经营活动通常是在资源冗余的条件下,克服成熟负担,更新、维持和强化组织惯性的行为,创业和一般经营管理并不是相互排斥的,在一定程度上它们是互相重叠的,创业更多的是属于机会驱动型活动,而一般性经营拥有更多的资源,属于事务型驱动活动。

蒂蒙斯(Timmons)于1999年在其著名的《21世纪创业学》(*New Venture Creation:Entrepreneurship for the 21st Century*)一书中系统地提出了一个创业过程模型,他认为,成功的创业活动,创业者必须能将商业机会、创业团队和创业资源三者做出最适当的搭配,并且要能随着事业发展而做出动态的调整。创业过程由机会所启动,在组成创业团队之后取得必要的资源,创业计划方能顺利开展。

此模型认为创业是一个高度动态的过程,其中,机会、资源、创业团队是创业过程最重要的驱动因素：商业机会是创业过程的核心要素，创业的核心是发现和开发机会，并利用机会实施创业。因此，识别与评估市场机会是创业过程的起点，也是创业过程中一个具有关键意义的阶段；资源是创业过程的必要支持，为了合理利用和控制资源，创业者往往要竭力设计创业精巧、用资谨慎的战略，这种战略往往对新创企业极为重要；创业团队是新创企业的关键组织要素。蒂蒙斯认为，创业领导人和创业团队必备的基本素质：有较强的学习能力，能够自如地面对逆境，有正直、可行、诚实的品质，富有决心、恒心和创造力、领导能力、沟通能力，但最为重要的是团队要具有柔性，能够适应市场环境的变化。机会、资源、团队三者的不断调整，最终实现了动态均衡，这就是新创企业发展的实际过程。蒂蒙斯模型始终坚持三要素间的动态性、连续性和互动性（图1-1）。

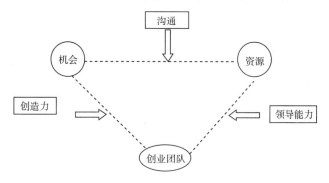

图 1-1　蒂蒙斯创业过程模型

1.1.2　创业者类型

创业者是创业的主体，创业企业是创业的客体。法国经济学家萨伊（J.D.Say）在《政治经济学概论》中指出，创业者是将劳动、资本、土地这3项生产要素结合起来进行生产的第四项要素，是把经济资源从生产率较低、产量较少的领域转移到生产率较高、产量更大领域的人。

管理大师彼得·德鲁克给创业者所下的定义是："创业者就是赋予资源以生产财富的能力的人。"创业者善于创造或发现商机，然后抓住商机，并创办起有高度发展潜力的企业，其思想和行为与众不同。可见，创业者是以创造财富和获取商业利润为目标，其行为与普通员工的工作有不同之处。

在西方社会中，通常把创业者与职业经理人作为对比概念加以区分。创业者，指一种开办或经营自己企业的人，他们既是员工，又是雇主，对经营企业的成功与失败负责。职业经理人通常不是他们所管理公司的所有者，而是被雇来管理公司日常运作的人。创业者可以从不同的角度分类。从在创业过程中所处的角色和所发挥的作用来看，创业者可以分为独立创业者、主导创业者和跟随创业者（参与创业者）3种类型；从创业的背景和动机来看，创业者基本上也可以分为生存型创业者、变现型创业者和主动型创业者。当然，还有一些其他的分类方法，如按创业者的人格特质、创业的内容、创业的主体等分类。

1.1.2.1 独立创业者、主导创业者与跟随创业者

同为创业者也有不同的角色和地位，有人适合独立创业，如有一定的资金，有极强的独立性；有人不适合独立创业，如欠缺独立性、容易优柔寡断。有人适合合伙创业，如容易与人相处；有人不适合合伙创业，只适合独立创业，如该人能力很强，但不善于与人相处，听不进别人的意见。在合伙创业中，有人适合做主要领导人，有人只适合做跟随创业者。

（1）独立创业者

独立创业者是指独自创业的创业者，即自己出资、自己管理。独立创业者的创业动机受很多因素影响，如发现很好的商业机会，对工作具有专注的精神、独立性强，失去工作或找不到工作，对目前的工作缺乏兴趣，对循规蹈矩的工作模式和个人前途感到无望，受他人创业成功的影响等，从而激发了独立创业活动。

独立创业充满挑战和机遇，可以充分发挥创业者的想象力、创造力，自由展示创业者的主观能动性、聪明才智和创新能力；可以主宰自己的工作和生活，按照个人意愿追求自身价值，实现创业的理想和抱负。但是，独立创业的难度和风险较大，创业者可能会缺乏经验，或缺少资金、技术资源、社会资源、客户资源等某一方面或某几个方面，生存压力较大。

（2）主导创业者与跟随创业者

主导创业者与跟随创业者是相连为一体的，即是一个创业团队。带领创业的人，也就是团队的领导是主导创业者，其他团队成员是跟随创业者，也叫参与创业者。一个好的创业团队，应该是一个优势互补的团队，既要有善于技术开发的人，也要有市场开拓的人；既要有善于日常运行管理的人，也要有擅长财务管理的人。既要有主导创业者，也不能都是主导创业者；主导创业者只能有一个，跟随创业者可以有若干个，这样才能有效运作。

1.1.2.2 生存型创业者与主动型创业者

（1）生存型创业者

创业者大多为下岗工人、失去土地或因种种原因不愿困守乡村的农民，以及刚刚毕业找不到工作的大学生。这是中国数量最大的一拨创业人群。根据清华大学的一项调查报告，这一类型的创业者占中国创业者总数的90%。其中许多人仅是为了谋生。一般创业范围均局限于商业贸易，少量从事实业的也基本是小规模的加工业。当然也有因为机遇成长为大中型企业的，但数量极少，因为现在国内市场已经不像二十多年前。

（2）主动型创业者

主动型创业者又可以分成两种情况，一种是盲动型创业者，一种是冷静型创业者。前一种创业者大多极为自信，做事冲动。有人说，这种类型的创业者，大多同时是博彩爱好者，喜欢买彩票、喜欢赌，而不太喜欢检讨成功概率。这样的创业者很容易失败，但一旦成功，往往会成就一番大事业。冷静型创业者是创业者中的精华，其特点是谋定而后动，不打无准备之仗，或是掌握资源，或是拥有技术，一旦行动，成功概率通常很高。还有一种奇怪类型的创业者，也应该属于主动型创业的一种特例。除了赚钱，他们没有什么明确的目标，就是喜欢创业，喜欢做老板的感觉。他们不计较自己能做什么，会做什么。可能今天在做

着这样一件事，明天又在做着那样一件事，他们做的事情之间可以完全不相干。其中有一些人，甚至连对赚钱都没有明显的兴趣，也从来不考虑自己创业的成败得失。奇怪的是，这一类创业者中赚钱的并不少，创业失败的概率也并不比那些兢兢业业、勤勤恳恳的创业者高，而且这一类创业者大多过得很快乐。

1.1.3 创业意识的特点

创业意识是指一个人根据社会和个体发展的需要所引发的创业动机、创业意向或创业愿望。创业意识是人们从事创业活动的出发点与内驱力，是创业思维和创业行为的前提。需要和冲动构成创业意识的基本要素。创业意识是创业的先导，它构成创业者的创业动力，由创业需要、动机、意志、志愿、抱负、信念、价值观、世界观等组成，是人进行创业活动的能动性源泉，正是它激励着人们以某种方式进行活动，向自己提出的目标前进，并力图达到和实现它。

创业意识是以提高物质和精神生活的需要为出发点的。这种需要在很大程度上取决于具体的社会历史条件，因此，人的创业意识的激发、产生受历史条件制约，具有社会历史制约性。科学家对人类大脑的研究表明，不同人的大脑潜能几乎是相同的，人人具有创业潜能，这是它的自然属性。但是在社会实践领域中我们发现，人与人创业能力的差异相当大，究其原因，是各种社会因素、历史条件作用的结果，如是否具有创业的社会历史环境和家庭环境，是否具有鼓励和激发创业的教育方式与文化形态，以及相应的创业机制等。当今社会，随着科学技术的进步和劳动生产效率的提高，经济增长对就业的吸纳能力将会不断下降，就业缺口也会不断扩大。鼓励大学生自主创业，既能解决自身就业难的问题，还能为社会拓展就业渠道，更重要的是能满足大学生自我实现的需要。因此，现代大学生应强化创业意识，主动适应社会与时代发展的现实需要。

创业意识是创业思维和创业行动的必要准备，因此，每一个希望创业的人都必须强化创业意识。诚然，创业的道路是艰辛的，其原因主要是难以发现和把握商机以及资金和自身能力不足等。但是没有人是完全不可以自主创业的，只是一些大学生因受传统思想影响，不愿走自主创业之路，把找工作寄托在父母及亲友身上，因此，强化大学生创业意识是高校工作的当务之急。教育实践证明，创业意识是可以强化的，而注意进行早期强化创业意识的工作对创造力开发及增强创业能力均会产生良好的催化剂作用。强化创业意识，可以通过自主创业成功人士的专题报告、具有创业理论与实践经验人士的专题讲座、大学生创业设计竞赛、校内创业实践市场、创业沙龙等多种形式鼓励和培养大学生的创业精神，传承创业技能，提升创业信心。

1.1.4 创业团队

1.1.4.1 创业团队的含义

创业团队作为一种特别的群体现象，其构成、职能与效能理应受到关注。在过去的二十多年里，创业团队研究发展迅速，但遗憾并存，现有文献对创业团队概念的界定仍然存在许多分歧。Cooney（2005）把创业团队定义为积极参与企业发展且有重大财务利益的两个或更多的人。他认为，之所以要强调"有重大财务利益"，是因为企业里实际上只有很少几个合伙人拥有平等的财务利益（这样定义就可以把一些投资很少的人排除在外，因为他们不是创业团队的关键成员）；强调"积极参与"则可以排除只投资而不参与管理的"睡觉或沉默合伙人"（sleeping or silent partners），更不用说风险投资人、银行和其他投资机构了。此外，阐明该定义是关于"企业发展"的，也就是承认创业的动态性，允许团队成员在企业成长的任何阶段加盟或退出。该定义在创业团队构成人数，如何、何时进入和退出等方面都具有灵活性，对各成员财务利益水平的要求也具有弹性，而且把"企业发展"也纳入了创业范畴。

一些学者（Beckman 等，2007；Beckman，Burton，2008）干脆不提创业团队这个概念，而把创业企业（entrepreneurial firm）的早期团队也称为高管团队；另一些学者则狭义地将创业团队界定为创业创始人团队（entrepteneurial founder team），如 Lechler（2001）、Leary and DeVaughn（2009）。

鉴于宽泛的定义无法体现创业团队作为一种特殊工作团队的特征，Schjoedt 和 Kraus（2009）根据团队理论（Katzenbach，Smith，1993；Cohen，Bailey，1997），在整合以上不同宽泛定义的基础上给出了一个更加全面的创业团队定义，他俩认为："创业团队由具有财务或其他利益，对新创企业做出过承诺且未来能从新创企业成功中获取利益的两个或更多的人构成。他们为追求共同的目标和企业成功而相互依存地工作，对团队和企业负责，在创业早期阶段（包括创办与启动前）被视为负有行政责任的高管，并且把自己同时又被别人看作是一种社会团队。"这个定义就创业团队的规模、目标、财务与其他利益关系、合作方式与职责、合作时间、权力与社会角色等都做了具体的界定。毫无疑问，这个定义比前面几个定义要完善很多，但遗憾的是，仍然忽视了所有权与经营权是定义创业团队的核心内容这一点。而且，虽然这个定义承认创业团队这个概念不适用于成熟企业，即不能用来指称成熟企业的高管团队，但却又失之于把创业团队局限在创业早期阶段。实际上，尽管现有的创业团队定义存在不少分歧，但大多还是强调了创业团队的创始人团体和企业新创阶段特点，其存续时间从启动前的筹备活动一直到新企业创建后的成长管理阶段。综上所述，我们认为，创业团队是由两个或两个以上具有共同愿景和目标，共同创办新企业或参与新企业管理，拥有一定股权且直接参与战略决策的人组成的特别团队。他们拥有可共享的资源，按照角色分工相互依存地在一起工作，共同对团队和企业负责，不同程度地共同承担创业风险并共享创业收益。因此，创业团队研究的概念框架应该由团队规模、成员构成、共同愿景与目标、所有权与经营权配置、团队合作方式与职责、社会角色和团队存续时间等要素构成。

1.1.4.2 创业团队分类与特征

建立团队创业的目的就是要通过整合团队成员的知识技能、资本与社会资源来提高新创企业应对项目复杂性和环境不确定性的能力（Nadler，1992；Cohen，Bailey，1997；Levi，2001）。创业团队的构建与发展是创业者在发现和开发机会的过程中不断适应环境的结果。创业团队分类研究有助于我们加深对创业团队构成特征、成员角色以及成员互动过程的理解。现有文献已经依据团队既有关系、资源属性、认知特征等对不同的创业团队类型进行了区分。与现代企业高管团队的市场招聘来源不同，创业团队成员通常"天生"就有家族或泛家族关系，如家人、亲戚、朋友、同事或者同学等关系。Cachon（1990）曾指出过夫妻、家族、合作伙伴、短期合作伙伴四种团队组成关系。毫无疑问，对创业团队进行类似的分类，有助于我们了解创业团队成员间的既有关系对创业决策与冲突管理等的影响。其实，Cachon的团队分类标准值得商榷，合作伙伴与家族关系甚至夫妻关系并非完全能够分开，有时其实是有重叠或交叉的。虽然严格意义上的家族与非家族关系区分看上去更加合理，但宽泛意义上的既有关系却要复杂许多。能在一起共事的创业团队成员，绝对不可能通过市场招聘来寻觅，必然是靠先前的某种关系才能走到一起（Timmons，1979；MacMliian等，1985），如血缘、亲缘、地缘、学缘（包括校友和战友）、事缘（包括同事或一起共事）及其他友缘。后三者就是所谓的朋友关系，当然城市化的发展会淡化乡土地缘观念，使学缘、事缘和其他友缘变得更加重要。

现有的创业团队研究基于团队理论和资源基础理论，把创业团队分为同质性创业团队和异质性创业团队。按照团队理论以及高管团队的研究成果（如Filley等，1976；Hambrick，Mason，1984；Bunderson，Sutcliffe，2002），异质性团队更可能取得卓越的团队绩效，而同质性团队则能更高效地完成常规任务（Filley等，1976）。但是，Ensley等（1998）研究发现，创业团队的异质性构成会明显降低而不是提高新创企业的绩效。Hmieleski和Ensley（2007）的研究表明，不同的领导风格会对创业团队异质性/同质性构成的绩效效应产生不同的影响。可见，创业团队异质性/同质性研究有助于在组建创业团队时评估成员资源禀赋构成的合理性及不同领导风格的作用。

Harper（2008）按照知识协调程度与认知是否一致这两个标准，把创业团队分为罗宾逊或节约型团队（Robbinsian or economizing team）、单成员团队（singleton entrepreneurial team）、混合团队（hybrid entrepreneurial team）、嵌套团队（nested entrepreneurial team）四种。

罗宾逊或节约型团队是一种极端形式的创业团队，这种创业团队的成员完全了解团队所处的情境，只需处理一些确定性很高的常规事件。在罗宾逊或节约型团队里，成员信念相同、利益共享，不存在激励问题。

单成员团队，顾名思义，就是只有一个成员的团队，这个成员就是创业者自己。Harper根据动态选择（即时间上的序贯决策）理论和团队理论进行了扩展推导，把单个创业者视为由在时间上扮演不同角色的过渡性行为主体构成的团队，扮演不同角色的过渡性行为主体存在于创业过程的不同阶段，每个阶段的过渡性行为主体对相应阶段的决策变量进行控制，并基于不同的先前知识和信息做出决策。

混合团队至少包括一个创业者和一个罗宾逊节约者，创业者发现市场目的—手段框架

（ends-means framework），节约者在这个框架下监督生产和交易效率。

嵌套团队至少包括两个创业者，一个领头创业者和一个协助创业者（sub-entrepreneur）。领头创业者为团队确定总体经营思路或愿景而协助创业者则在实施中充分发挥其先前知识与专业技能的作用。领头创业者不必具有超群的市场知识与商业技能，但要有卓越的创造力和战略视野，能敏锐地发现商机。为了培育协助创业者并保证其与自己的认知相一致，领头创业者必须充分发挥自己的认知领导力，加强与团队成员的交流和互动，以形成团队共识，更有效地传播其总体经营思路。

1.1.4.3 创业团队的演进

（1）创业团队组建

主要有两种团队组建模式，即理性过程模式和社会心理模式（Forbes 等，2006）。理性过程模式强调成员甄选的实用工具性标准，如互补性技能或工作经验等（MacMillan 等，1985）。Cooper 和 Daily（1997）研究表明，成员经验、知识、技能和能力平衡匹配的团队最有效率；Beckman 和 Burton（2008）研究发现，创办人先前的职能管理经历与新创企业的初始职能结构能预测新创企业 IPO 后高管团队的经验构成与职能结构。而社会心理模式则关注团队内部和谐的人际关系与顺畅的团队运作过程，如 Bird（1989）区分了吸引、团结、形象表现、冲突、发展 5 种社会心理过程，并且认为它们相应会形成讨人喜欢、愿意接近、乐于结伴、愿意求同、特点互补 5 种动力，从而驱使创业团队成员聚集在一起。

（2）创业团队发展

创业团队组建以后，接下来的主要任务就是根据外部环境变化对创业项目提出的挑战进一步优化团队内部资源结构和协作关系。按照资源观与高阶理论，创业者和高管团队成员是创业资源的载体和认知主体，因此，通过优化团队成员构成就可以实现创业资源优化的目的，通过提高认知一致性水平和进行有效的冲突管理即可改善团队成员的协作关系。这两方面的优化或改善都有助于提高创业团队的决策效能，从而提升创业绩效。

毫无疑问，在保持核心团队成员稳定的前提下，通过吸纳新成员和让部分既有成员退出的方式来调整创业团队成员构成，是创业团队实现成员优化，从而实现资源优化，进而实现成功创业并促进新创企业成长的重要手段之一。

在创业阶段，有企业成长与盈利动机的创业者更可能制定退出策略，退出方案就是中止或放弃创业项目。

到了新创企业起步阶段，创业者因拥有股权而不得不集中精力应对新企业的日常经营管理事务，反而难有闲暇考虑退出等长远大计。这个阶段发生退出事件，通常是因为经营不善或创业团队解体。

在新创企业成长阶段，有成长目标的创业者更倾向于制定退出策略而把经营企业作为生活方式的创业者则会不愿舍弃或者说不愿退出。这个阶段倘若发生退出事件，往往会出现"愿走的走，愿留的留"的情况。

在企业成熟阶段，一般有成长目标的创始人很少会留下来继续控制企业，而那些把经营企业作为生活方式的创业者要是退出企业，那么，不是想尽快收回投资就是急需流动资金，或者是退休或病故。良好的团队互动关系也是成功创业和新企业成长的重要保证。

（3）创业团队解体

团队合作并不是一件容易的事。在创业的前5年里，创始伙伴之间积压的大量不满情绪通常会成为阻碍新创企业成长的一大问题（Timmons，1979）。虽然目前还没有有关团队创业解体或部分破裂的正式统计数据，但团队合作破裂是很普通的事（Timmons，1990；王端旭，2005）。创业团队解体较好的结果是新企业分拆或由某个或某些成员接盘，而最糟糕的结果是破产清盘。一般的公司高管团队大多由职业经理人构成，因此，除非公司破产，否则不存在团队解体的问题。但创业团队成员既是新创企业的经营者又是所有者，他们时刻要面对因合作不顺或经营不善等而导致团队解体的威胁。

1.2 创业认知

1.2.1 创业机会概述

1.2.1.1 机会的含义

创业是建立在机会之上的。熊彼特（1934）把机会定义为：通过把资源创造性地结合起来，迎合市场需求（或兴趣、愿望）并传递价值的可能性。也有学者定义机会为与现状不同的且被视为是可行的（feasible）、达成的渴望（desirable）的未来状态（Stevenson，Impert，1985；Stevenson，Jarillo，1986）。蒂蒙斯（1999）认为，机会是指尚不明确的市场需求，或者未被利用的资源。

本书所讨论的"机会"主要指市场机会、商业机会或创业机会。其主要含义，一是指商业活动的时机；二是指市场主体平等、公平地参与市场竞争的资格；三是指通过某种具体的行为获得某种商业利润或达成某项交易的可能性。

爱德华·狄波诺博士认为机会可以分为7类：①寻找机会。机会是一个隐秘的空间与园地，创业家为了进入这个园地，必须努力寻找入口。②明显的机会与隐藏的机会。明显的机会易于掌握，隐藏的机会则是经由个人事业逐步形成并发展而获得的。③拥挤的空间机会。市场开拓者和市场追随者共同开发市场空间，因竞争者的加入，使机会空间变得拥挤，后因竞争者不遗余力地开发市场，使机会空间变得宽广。④潜在的空间机会。市场潜力或市场容量太小，不易产生过大的经济效益，致使大企业不想插手，小型创业家却可视其为"市场空隙"，充分利用市场策略，产生经济效益。⑤假机会。许多人会突然想到一个奇妙观念，经深入探讨后，却无法成立。但是假机会却带来了投机的可能。⑥觉察机会。所有实际机会区的入口并不一定就能够使人成功地掌握机会，创业家必须持续尝试错误失败，才能对机会的整体有更完整、更正确的认识，待时机成熟时，就能够确认机会并加以掌握。⑦迟来的报偿。只要热情、诱因或资源仍能继续维持，创业家还是应该在投资尚未达到报偿之前，追求诱人的理想。

从理论上来说，机会识别包含3个不同的过程：感知、发现和创造。①感知是指认识到市场需求和未得到充分利用的资源。每种机会（即市场需求或未充分利用的资源）都有可能被一些人而不是另一些人所识别。②发现是指识别或发现特定市场需求和专门资源之间的配合。根据科兹纳的理论，当创业者认为存在一个机会把现有的非最优配置的资源重新配置时，他们就会决定创建新的企业或开拓新的产品市场。科兹纳提出，参与者任何时候都会参与到非均衡的经济体系中去。③创造是指以商业概念等形式创造一个独立的需求与资源之间新的配合。从逻辑上来说，创造紧随感知需求和资源之后，使市场需求和资源相匹配。但是创造不仅是感知和发现。商业概念的创造包括资源的重组和重新定位，这是为了创造更多的价值。商业概念的创造不仅是调整现有资源和市场需求的配置，还可能导致对现有产业进行重组或彻底地变革。创造性的机会识别活动通常与机会利用活动结合在一起，涉及人力、物力等资源的投入。

1.2.1.2 商业机会

蒂蒙斯教授认为，创业过程始于商业机会，而不是资金、战略、网络、团队或商业计划。开始创业时，商业机会比资金、团队的才干和能力及适合的资源更重要。商业创意来自创业机会的丰富和逻辑化，并最终演变为商业模式，好的商业模式具有对社会资源的极大整合力。

商业机会也称市场机会，是指有吸引力的、能实现某种商业盈利目的的、适时的商务活动空间。商业机会是一个人决定是否进行创业的最核心考虑要素，也是创业行为的起点。一个只有在发现商业机会后，才可能进一步考虑能否配置到必要的资源，以及利用这个商业机会能否最终盈利。如果能够，则这个商业机会对于这个人而言就成为创业机会，进而就可以决定是否开始创业。

对于创业者而言，真正的商业机会比团队的智慧、才能或可获得的资源更为重要。商业机会往往由存在消费者未能满足的消费需求而引发，这种未能满足的需求导致了可以给顾客提供更多价值的产品和服务的机会。可是，一个好的想法未必是一个好的商业机会。例如，你可能通过一项新技术发明了一个非常有创意的产品，但是市场可能并不需要它；或者一个想法听起来不错，但是在市场上没有竞争力，或不具备必要的资源。另外，尽管有时市场有需求，但是需求的数量不足以收回成本，那也不值得考虑。事实上，在新产品开发中有超过80%都是失败的，很多发明家的想法听起来很好，但是经受不了市场的考验。如何将一个不错的想法或创意转化成一个商业机会呢？一个简单的答案是，有市场需要且收入超过成本能够获得利润时。

1.2.1.3 创业机会

无论生存型创业、兴趣型创业，还是机会型创业，如果创业者没有发现并捕捉适当的创业机会，创业很难成功。

（1）创业机会的内涵

有关创业机会并无统一、权威的学术定义。

创业机会不等于商业机会，创业机会是适于创业的商业机会。商业机会分为两类：一类是昙花一现的、能够改善现有利润水平的商机，这是一般性商机；另一类是会持续一段时间，具有创造超额经济利润潜力且不需要太多起始投入的商机，这才是适于创业的商业机会，即创业机会。

奥地利经济学派认为创业机会与商业机会的根本区别在于利润或价值创造潜力的差异，创业机会具有创造超额经济利润的潜力，而其他商业机会只可能改善现有利润水平。

创业机会是指能营造出对新产品、新服务或新业务需求有利的市场环境，且能够被创业者有条件加以利用的商业机会。

在一个完全自由的市场体系中，创业机会的出现往往是因为创业者准备进入的行业和市场上存在着缝隙，这是由于商业环境的变化、市场体制不协调或不健全、技术的落后或领先、信息的不对称以及市场中其他各种因素影响的结果。对创业者而言，创业机会能否有效把握依赖于能否准确识别和充分利用这些市场缝隙。市场越不完善，相关知识和信息的缺口、不对称或不协调就越大，商业机会就越多，创业机会也就越多。

（2）创业机会的特征

一个好的创业机会究竟具备何种特征？学者们有着不同的观点。蒂蒙斯在《21世纪创业学》中提出，一个好的创业机会有以下四个特征：第一，它很能吸引顾客。第二，它能在你的商业环境中行得通。第三，它必须在机会之窗存在的期间被实施（注：机会之窗是指商业想法推广到市场所花的时间，若竞争者已经有了同样的想法，并把产品已推向市场，那么机会之窗就关闭了）。第四，必须有必要的资源（人、财、物、信息、时间）和技能。

蒂蒙斯认为，在上述四项重要特征中，能吸引顾客是条件。只有对顾客有吸引力，才可能具有良好的市场预期或市场前景，才能有创造超额经济利润的潜力，从而对创业者产生强大的吸引力、引发强烈的创业欲望。在商业环境中行得通是前提。"行得通"说明这种创业机会适合创业者所处的市场环境，且往往不需要太多起始投入，创业机会应当是创业者有条件加以利用的市场机会，且市场（或潜在市场）的成长性好。机会之窗存在的期间被实施是指创业的时间期限，即时机。创业机会一般会持续一段时间，不会转瞬即逝，但也不会长久存在，特定的创业机会仅存在于特定的时段内，创业者务必把握好这个黄金时间段，正所谓"机不可失，时不再来"。最后，必须有必要的资源和技能，这是物质基础。有了必备的物质基础，创业者才可能有条件地加以利用，并经由重新组合资源来创造一种新的目的—手段关系，从而为消费者或终端用户提供创造或增加价值的产品、服务或业务，创业才可能成功。

一个好的创业机会必须是能够实现价值的商业机会，应具备以下特征：①真实的市场需求。即那些具有购买力和购买欲望的消费者有未被满足的需求。②能够收回投资。即在承担风险和投入资源之后，可以带来回报和收益。③具有竞争力。即消费者认为购买你的产品或服务比购买其他的产品或服务能够获得更多的价值。④实现目标。即满足那些具有冒险精神的人和组织的目标。⑤有效的资源和技能。即不超出创业者所具备的资源、能力、法律等必备条件范围。

（3）创业机会的类型

阿迪奇维立等（Ardichvili et al., 2003）根据创业机会的来源和发展情况对创业机会进行了分类。他以机会的潜在市场价值为横坐标，这一维度代表着创业机会的潜在价值是否已经较为明确；以创业者的创造价值能力为纵坐标，这里的创造价值能力包括通常的人力资本、财务能力以及各种必要的有形资产等，代表着创业者能否有效开发并利用这一创业机会。按照这两个维度，可把创业机会划分成4个类型（图1-2）。

创造价值能力		机会的潜在价值	
		未确定	已确定
	未确定	梦想 I	尚待解决的 II
	已确定	技术转移 III	市场形成 IV

图1-2　创业机会的4个类型

资料来源：林嵩，姜彦福，张帏，2005. 创业机会识别：概念、过程、影响因素和分析架构 [J]. 科学学与科学技术管理，(6)：128-132。

在第 I 象限中，机会的价值并不确定，创业者是否拥有实现这一价值的能力也不确定，阿迪奇维立称这种机会为"梦想"。在第 II 象限中，机会的价值已经较为明确，但实现这种价值的能力尚未确定，阿迪奇维立认为这种机会是"尚待解决的"。对于第 III 象限，机会的价值尚未明确，而创造价值的能力已经较为确定，这一机会实际上是一种"技术转移"。在第 IV 象限中，机会的价值和创造价值的能力都已确定，这一机会可称为"市场形成"。阿迪奇维立认为，比起"市场形成"的创业机会，"尚待解决的"市场机会成功的可能性不大。

萨拉斯瓦西等（Sarasvathy et al., 2003）根据创业机会所蕴含手段—目的关系的明确程度，将创业机会划分为复制型机会（手段和目的都明确）、改进型机会（手段—目的关系中有一方不明确）和创新型机会（手段和目的都不明确）3类，并进一步提出创新型机会的创新性最高，而复制型机会的创新性最低，改进型机会则随机分布在这两种极端型的机会中间。

1.2.2　识别创业机会

创业机会识别是创业领域的关键问题之一。从创业过程角度来说，它是创业的起点。

创业过程就是围绕着机会进行识别、开发、利用的过程。识别正确的创业机会是创业者应当具备的重要技能。

创业机会以不同形式出现。虽然以前的研究中，焦点多集中在产品的市场机会上，但是在生产要素市场上也存在机会，如新的原材料的发现等。许多好的商业机会并不是突然出现的，而是对于"一个有准备的头脑"的一种"回报"。在机会识别阶段，创业者需要弄清楚机会在哪里和怎样去寻找。现有的市场机会对创业者来说，在现有的市场中发现创业机会，是很自然和较经济的选择。一方面，它与我们的生活息息相关，能真实地感觉到市场机会的存在；另一方面，由于总有尚未全部满足的需求，在现有市场中创业，能减少机会的搜寻成本，降低创业风险，有利于成功创业。

1.2.2.1 成功的创业机会识别所需的条件

面对具有相同期望值的创业机会，并非所有潜在创业者都能把握。成功的机会识别是创业愿望、创业能力和创业环境等多因素综合作用的结果。

首先，创业的愿望是机会识别的前提。创业愿望是创业的原动力，它推动创业者去发现和识别市场机会。没有创业意愿，再好的创业机会也会被视而不见，或失之交臂。

其次，创业能力是机会识别的基础。识别创业机会在很大程度上取决于创业者的个人（团队）能力，这一点在《当代中国社会流动报告》中得到了部分佐证。报告通过对1993年以后私营企业主阶层变迁的分析发现，私营企业主的社会来源越来越以各领域精英为主，经济精英的转化尤为明显，而普通百姓转化为私营企业主的机会越来越少。国内外研究和调查显示，与创业机会识别相关的能力主要有：远见与洞察能力、信息获取能力、技术发展趋势预测能力、模仿与创新能力、建立各种关系的能力等。

最后，创业环境的支持是机会识别的关键。创业环境是创业过程中多种因素的组合，包括政府政策、社会经济条件、创业和管理技能、创业资金和非资金支持等方面。一般来说，如果社会对创业失败比较宽容，有浓厚的创业氛围；国家对个人财富创造比较推崇，有各种渠道的金融支持和完善的创业服务体系；产业有公平、公正的竞争环境，那就会鼓励更多的人创业。

1.2.2.2 现有创业机会的筛选

现有的创业机会存在于：不完全竞争下的市场空隙、规模经济下的市场空间、企业集群下的市场空缺等。

（1）不完全竞争下的市场空隙

不完全竞争理论或不完全市场理论认为，企业之间或者产业内部的不完全竞争状态，导致市场存在各种现实需求，大企业不可能完全满足市场需求，必然使中小企业具有市场生存空间。中小企业与大企业互补，满足市场上不同的需求。大中小企业在竞争中生存，市场对产品差异化的需求是大中小企业并存的理由，细分市场以及系列化生产使得小企业的存在更有价值。

（2）规模经济下的市场空间

规模经济理论认为，无论任何行业都存在企业的最佳规模或者最适度规模的问题，超越这个规模，必然带来效率低下和管理成本的提升。产业不同，企业所需要的最经济、最优成本的规模也不同，企业从事的不同行业决定了企业的最佳规模，大小企业最终要适应这一规律，发展适合自身的产业。

（3）企业集群下的市场空缺

企业集群主要指地方企业集群，是一组在地理上靠近的相互联系的公司和关联的结构，它们同处在一个特定的产业领域，由于具有共性和互补性而联系在一起。集群内中小企业彼此间发展高效的竞争与合作关系，形成高度灵活专业化的生产协作网络，具有极强的内生发展动力，依靠不竭的创新能力保持地方产业的竞争优势。

1.2.2.3　潜在创业机会的筛选

潜在的创业机会来自新科技应用和人们需求的多样化等。成功的创业者能敏锐地感知社会大众的需求变化，并能够从中捕捉市场机会。

①新科技应用可能改变人们的工作和生活方式，出现新的市场机会。通信技术的发展，使人们在家里办公成为可能；互联网的出现，改变了人们工作、生活、交友的方式；网络游戏的出现，使成千上万的人痴迷其中，乐此不疲；网上购物、网络教育的快速发展，使信息的获取和共享日益重要。

②需求的多样化源自人的本性，人类的欲望是很难得到满足的。在细分市场里，可以发掘尚未满足的潜在市场机会。一方面，根据消费潮流的变化，捕捉可能出现的市场机会；另一方面，根据消费者的心理，通过产品和服务的创新，引导需求并满足需求，从而创造一个全新的市场。

1.2.2.4　衍生的创业机会的筛选

衍生创业机会来自经济活动的多样化和产业结构的调整等方面。

第一，经济活动的多样化为创业拓展了新途径。一方面，第三产业的发展为中小企业提供了非常多的成长点，现代社会人们对信息情报、咨询、文化教育、金融、服务、修理、运输、娱乐等行业提出了更多更高的需求，从而使社会经济活动中的第三产业日益发展。由于第三产业一般不需要大规模的设备投资，它的发展为中小企业的经营和发展提供了广阔的空间。另一方面，社会需求的易变性、高级化、多样化和个性化，使产品向优质化、多品种、小批量、更新快等方面发展，也有力地刺激了中小企业的发展。

第二，产业结构的调整与国企改革为创业提供了新契机。随着国企改革的推进，民营中小企业除了涉足制造业、商贸餐饮服务业、房地产等传统业务领域外，将逐步介入中介服务、生物医药、大型制造等有更多创业机会的领域。

1.2.3　评估创业机会

1.2.3.1　机会评估步骤

①确定评估目标。确定评估目标是创业机会评估的第一步，将直接影响到创业机会评估后续步骤的实现。创业机会评估的目标是识别有商业价值的创业机会，达到挖掘创业价

值、规避创业风险、吸引风险投资的目的。

②分析影响因素。影响创业机会的因素有很多,既有内部创业团队的因素,也有外部创业环境的因素;既有社会因素,也有经济因素;既有市场因素,也有社会网络因素等。从各种影响创业机会的因素中抽出关键性的因素,构建创业机会评估指标体系。

③构建评估指标体系。创业机会评估指标体系是在对创业机会影响因素分析的基础上及结合创业者的实际情况构建的。

④选用合适评估方法。评估方法是对评估指标的排序和量化。鉴于创业机会评估的特殊性,创业机会评估方法应在借鉴多个创业机会评估体系的基础上,选择定量与定性相结合的方法进行评估。

⑤评估实施。创业机会评估的实施是评估的实际操作阶段,对定量指标和定性指标进行处理,引入需要的数据和相关专家的评定,并结合相关模型,最终得到评估结果。评估实施也是对创业机会进行选择和淘汰的过程,关键是相关数据的获取和模型的选择。

⑥评估反馈。创业机会评估是一个动态的过程,其本质上是一个主观的、理论的分析过程。创业机会是否能真正成为一个成熟机会,是否可以在现实中开发,还需要进一步从实践中证明。依据创业活动实践,可以从风险规避和价值创造这两个方面对创业机会评估的结果做进一步修正。

1.2.3.2 机会评估维度

①市场容量评估,即市场定位。从市场定位是否明确、顾客需求分析是否清晰、顾客接触通道是否流畅、产品是否持续衍生等方面来判断创业机会可能创造的市场价值。其一,市场结构,包括进入障碍、供货商、顾客、经销商的谈判力量,替代性竞争产品的威胁,以及市场内部竞争的激烈程度;其二,市场规模,市场规模大小与成长速度也是影响新企业成败的重要因素;其三,市场渗透力(市场机会实现的过程),创业者要在最佳时机进入相应市场;其四,市场占有率,一般而言,成为市场的领导者,最少需要拥有20%以上的市场占有率;其五,产品的成本优势,可以判断企业创造附加价值的幅度以及未来可能的获利空间。

②市场效益评估,即税后净利。一般而言,具有吸引力的创业机会,需要至少能够创造15%以上的税后净利;盈亏平衡点,一般在两年以内达到,但如果三年还达不到,可以将前期投入视为一种投资。一是投资回报率,一般15%以下的投资回报率,是不值得考虑的创业机会;二是资金需求,资金需求量较低的创业机会,一般比较受投资者欢迎;三是毛利率优势,毛利率高的创业机会,相对风险较低,也比较容易取得损益平衡;四是价值主张,创业机会对于产业价值链所能创造的附加值,与采取的经营策略和经营模式密切相关;五是资本市场活力,是一项可以被用来评估创业机会的外部环境指标;六是退出壁垒,包括经济、技术、战略及路径依赖等方面的因素。退出壁垒与策略是评估创业机会的一项重要指标。企业鉴价与交易机制的完善程度,会一定程度影响新企业退出弹性。

1.2.3.3 机会评估方法

创业机会评估是一个复杂的系统的判断过程，主要方法有定性评估与定量评估两类。

（1）定性评估

定性评估方法包括：第一，史蒂文森法。史蒂文森（Stevenson）等人提出从5个方面评估创业机会。即机会的大小、存在的时间跨度和随时间成长的速度等问题；潜在的利润是否足够弥补资本、时间和机会成本的投资，并带来令人满意的收益；创业机会是否开辟了额外的扩张、多样化或综合的机会选择；在可能的障碍面前，收益是否会持久；产品（服务）是否真正满足了目标顾客的真实需求。第二，朗格内克法。朗格内克（Longenecker）等人提出了评估创业机会的基本标准是，对产品有明确界定的市场需求，推出的时机是否恰当；创业机会所形成的投资项目是否能够有持久的竞争优势，以及一定程度的高回报；创业者和创业机会之间必须互相匹配；不存在致命的缺陷。

（2）定量评估

定量评估方法包括：第一，标准打分矩阵法。对创业机会的重要影响因素用"标准打分矩阵法创业机会评估模型"逐一进行"很好""好""一般"3个等级的评分，然后逐一求出易操作性、成长的潜力、技术及专利状况、质量和易维护性、投资收益、资本增加的能力、市场接受性、市场容量的大小、制造的简单性、广告潜力及推广价值等评估因素在各个创业机会下的加权平均分。第二，普坦辛米特法。是一种让创业者填写针对不同因素的不同情况、预先设定好权值的选项式问卷的方法，即"普坦辛米特法创业机会评估模型"。对于生命周期中预期的成长阶段、预期的年销售额、对于税前投资回报水平的贡献、进入市场的容易程度、从创业到销售额高速增长的预期时间等评估因素进行加总核分，分数越高的特定创业机会成功的潜力就越大。第三，巴蒂选择因素法。即通过"巴蒂选择因素法创业机会评估模型"通过对创业机会在现阶段是否只有创业者本人发现、产品初始生产成本是否是创业者可以承受的、创业机会市场初始开发成本能否承受、新企业的产品是否具有高利润回报的潜力、是否可以预期产品投放市场和达到盈亏平衡点的时间、创业机会潜在的市场是否巨大等11个选择因素对创业机会进行判断。

案例分析

小米科技公司及创业团队概述

小米科技，全称北京小米科技有限责任公司，于2010年4月6日正式成立，是一家专注于高端智能手机自主研发的移动互联网公司。小米科技的成立获得了来自Morningside启明、IDG和小米团队共4100万美元的投资，其中小米团队56人投资1100万美元。小米科技成立之初员工数仅为170人，现有员工超过500人。小米科技的三大核心产品是手机应用软件米聊、智能手机系统MIUI和智能双核小米手机。

小米科技于2010年4月正式启动手机实名社区——米聊社区，在推出半年内注册用户突破300万。2010年10月，小米手机启动研发，2011年8月16日研发完成，正式发布小米手机,自此开创了手机销售的"狂潮"(小米手机历次开放预定和购买的数目统计见表1-1所列)。小米手机历次几十万台的开放购买和预定的手机都在很短的时间内完成,例如,2012年4月6日和24日分别在6分钟和12分钟的时间内完成了限量开放购买10万和15万台的目标,10月18日推出的小米2代首轮开放购买20万台,也在短短几天内销售一空。到2011年12月,小米科技经过两轮融资累计积累资金达1.3亿美元,在2012年6月又获得新一轮2.16亿美元融资,企业整体估值达到40亿美元,相当于诺基亚的一半,超过新浪、搜狐这两家门户网站。

目前我国手机市场竞争日益激烈,智能手机也逐渐发展成为主流。小米科技在如此短的时间内,在企业人员规模、产品销量、融资规模等方面获得惊人的成长速度,离不开创办该公司的优秀创业团队。小米科技公司的创业团队是由雷军带头组建,共有7名成员,分别是董事长兼CEO雷军,总裁林斌,副总裁黎万强、周光平、黄江吉、刘德以及洪峰(团队成员以往工作经历及现负责事务见表1-2所列)。这支创业团队成员来自Google、微软、金山等公司的顶尖管理和技术人员组成,被誉为"超豪华"的创业团队,对小米科技的创业过程起到了巨大的推动作用。

表1-1 小米手机历次开放购买和预定的数目

时间	销售模式	数量
2011年9月5日	在线预定	30万
2011年12月18日	限量开放购买	3小时售完10万台
2012年1月4日	限量开放购买	3.5小时售完10万台
2012年1月11日	限量开放购买	50万
2012年2月16日	小米手机电信版预定	12小时预定45万台
2012年2月27日	小米手机电信版预定	30分钟预订15万台
2012年3月17日	限量开放购买	35分钟售完10万台
2012年4月6日	限量开放购买	6分钟售完10万台
2012年4月24日	限量开放购买	12分钟售完15万台
2012年5月9日	限量开放购买	28分钟5秒售完10万台
2012年5月18日	限量开放购买(青春版)	15万台
2012年6月7日	全面开放购买	不限量,采用7×24小时网上销售的方式
2012年8月23日	小米手机1S首轮开放购买	20万台

资料来源:根据小米科技公司官网资料整理所得。

表1-2 小米科技公司创业团队成员基本资料

姓名	以往工作经历	现负责事务
雷军	前金山软件公司董事长投资凡客、多玩、优视科技、乐讯、UCWEB等创新型企业	董事长兼CEO

续表

姓名	以往工作经历	现负责事务
林斌	前微软工程院工程总监前谷歌中国工程研究院副院长、工程总监、技术总监	总裁
黎万强	前金山软件人机交互设计总监、设计中央总监、金山词霸事业部总经理	小米手机营销以及 MIUI 项目负责人
周光平	前摩托罗拉核心专家工程师	小米科技硬件及 BSP 团队负责人
黄江吉	前微软中国工程院开发总监前微软工程院首席工程师	小米科技工程技术负责人
刘德	世界顶级设计院校 ArtCenter 毕业的工业设计师，曾创办北京科技大学工业设计系	小米手机的工业设计和供应链业务
洪峰	前美国 Google 高级工程师前 Google 中国高级产品经理	米聊产品负责人

资料来源：根据小米科技公司官网资料整理所得。

资料来源：徐万里，林文滢，陈艳萍，2013.高科技企业创业团队的成功特质——基于小米科技创业团队的案例分析 [J]. 科技和产业，13（6）：126-132.

思考：根据以上案例，试从团队能力、文化、制度三个层面分析小米科技公司创业团队的特点。

课后复习题

1. 创业的本质是什么？
2. 创业者的类型有哪些？
3. 创业意识的特点是什么？
4. 创业团队的含义是什么？
5. 创业机会的含义是什么？
6. 如何识别创业机会？
7. 如何评估创业机会？

第 2 章

企业认知与企业构思

学习目标

1. 了解商业模式的概念、商业模式的核心要素、商业模式的分类、公司登记后续事项。

2. 理解商业模式的设计、企业设立方式和对法律形式的选择。

3. 掌握新创企业的注册登记流程。

2.1　商业模式

2000年，中国移动推出无线增值业务，征集电信增值业务合作伙伴，收入与服务提供商按15∶85分成。2003年，淘宝创立。2005年，去哪儿网开始创办。不同于携程"整进散出"的模式，去哪儿网率先将平台模式引入了在线旅游平台（OTA）领域。2010年，中国的奇虎360以免费模式向杀毒软件行业老大瑞星发起进攻。同年，雷军的小米也悄然创立。千团大战以美团的大胜结束。2013年，线下零售商纷纷打出O2O旗号，试图依靠O2O反击电商。2014年，滴滴和快的分别接受了腾讯和阿里巴巴的投资，展开了疯狂的烧钱大战，依靠给予用户的双向补贴，迅速培育出一个广阔的市场。滴滴通过天价补贴，一年时间就把一个创业公司发展到100亿美元市值的规模。2015年堪称手机直播元年，视频行业迎来了新的大发展时期。2017年，共享经济成为资本市场的投资热点，从共享单车，到共享充电宝，再到共享雨伞、共享篮球、共享衣橱等项目，2017年又被称为"中国互联网知识经济元年"，面向个人的各类收费知识产品和互联网知识平台大量涌现，商业模式的变革开始席卷整个知识经济领域，人们开始习惯于在互联网上按自身需求进行多频次、碎片化的学习，并且愿意为这种形式的学习付费。

在这十几年中，层出不穷的商业模式远远超过数百年工业革命以来的总和。对于创业者而言，必须对新兴的商业模式有所了解，搞清到底哪些是可行的，哪些又是不可行的。否则，贸然尝试就可能"出师未捷身先死"。我们每个人先必须搞清楚最基本的命题——商业模式究竟是什么？

2.1.1　商业模式的概念及核心要素

2.1.1.1　商业模式的概念

商业模式这个概念起源于1957年，但直到20世纪90年代，随着IT技术的蓬勃发展才逐渐流行起来。由于电子商务的突飞猛进，不断催生了新的企业经营形态，而这些管理实践又不断促进商业模式领域的研究不断深化。

从广义上讲，商业模式是指为实现客户价值最大化，把能使企业运行的内外各要素整合起来，形成一个完整的、高效率的、具有独特核心竞争力的运行系统，同时通过最优实现形式满足客户需求、实现客户价值，使系统达成持续盈利目标的整体解决方案。

换句话说，商业模式描述的是一个组织创造、传递以及获得价值的基本原理。商业模式是企业创造价值的核心逻辑，创造价值不仅是指创造利润，还包括为客户、员工、合作伙伴、股东等提供价值。因此，商业模式研究的是在满足客户价值的基础上如何获取企业自身价值。

2.1.1.2 商业模式的核心要素

在这个基础上，管理学家进一步将商业模式分解为9个要素（图2-1）。

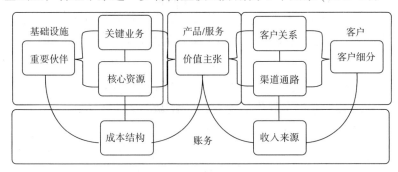

图 2-1　商业模式的9个构成要素

资料来源：鲍舟波 . 未来已来：数字化时代的商业模式创新 [M]. 中信出版社，2018, 8.

①客户细分（CS）。描述企业想要获得和期望服务的不同的目标人群和机构。

②价值主张（VP）。描述企业是为某一客户群体提供能为其创造价值的产品和服务。

③渠道通路（CH）。描述企业如何与客户群体达成沟通并建立联系，以向对方传递自身的价值主张。

④客户关系（CR）。描述企业针对某一个客户群体所建立的客户关系的类型。

⑤收入来源（RS）。描述企业从每一个客户群体获得的现金收益。

⑥核心资源（KR）。描述为了保证企业顺利运行所需要的最重要的资产。

⑦关键业务（KA）。描述企业成功运营所必须采取的最重要的行动。

⑧重要伙伴（KP）。描述企业顺利运行所需要的供应商和合作伙伴网络。

⑨成本结构（CS）。描述运营该商业模式所发生的全部成本。

2.1.2　商业模式的分类

2.1.2.1　店铺模式

一般地说，服务业的商业模式要比制造业和零售业的商业模式更复杂。最古老也是最基本的商业模式就是"店铺模式（shopkeeper model）"，具体点说，就是在具有潜在消费者群的地方开设店铺并展示其产品或服务。

一个商业模式，是对一个组织如何行使其功能的描述，是对其主要活动的提纲挈领的概括。它定义了公司的客户、产品和服务。它还提供了有关公司如何组织以及创收和盈利的信息。商业模式与（公司）战略一起，主导了公司的主要决策。商业模式还描述了公司的产品、服务、客户市场以及业务流程。

大多数的商业模式都要依赖于技术。互联网上的创业者们发明了许多全新的商业模式，这些商业模式完全依赖于现有的和新兴的技术。利用技术，企业们可以以最小的代价，接触到更多的消费者。

2.1.2.2 饵钩模式

随着时代的进步，商业模式也变得越来越精巧。"饵与钩（bait and hook）"模式——也称为"剃刀与刀片"（razor and blades）模式，或是"搭售"（tied products）模式，出现在20世纪早期年代。在这种模式里，基本产品的出售价格极低，通常处于亏损状态；而与之相关的消耗品或是服务的价格则十分昂贵。例如，剃须刀（饵）和刀片（钩），手机（饵）和通话时间（钩），打印机（饵）和墨盒（钩），相机（饵）和照片（钩），等等。这个模式还有一个很有趣的变形：软件开发者们免费发放他们文本阅读器，但是对其文本编辑器的定价却高达几百美金。

2.1.2.3 硬软模式

苹果以其独到的iPod + iTunes商业模式创新，将硬件制造和软件开发进行结合，以软件使用增加用户对硬件使用的黏性，并以独到的iOS系统在手机端承载这些软件，此时消费者在硬件升级时不得不考虑软件使用习惯的因素。

2.1.2.4 其他模式

20世纪在50年代，新的商业模式是由麦当劳（McDonald's）和丰田汽车（Toyota）创造的；60年代的创新者则是沃尔玛（Wal-Mart）和混合式超市（Hypermarkets，指超市和仓储式销售合二为一的超级商场）；到了70年代，新的商业模式则出现在联邦快递（FedEx）快递和玩具反斗城（Toys R US）玩具商店的经营里；80年代是百视达（Blockbuster），家得宝（Home Depot），英特尔（Intel）和戴尔（Dell）；90年代则是西南航空（Southwest Airlines），网飞（Netflix），易贝（eBay），亚马逊（Amazon）和星巴克咖啡（Starbucks）。而没有经过深思熟虑的商业模式则是许多网络公司的一个严重问题。

随着科学技术不断发展，商业模式也有了多样化趋势，互联网的免费模式就是其中典型代表，由于新兴商业模式太多故不一一列举。

每一次商业模式的革新都能给公司带来一定时间内的竞争优势。但是随着时间的改变，公司必须不断地重新思考它的商业设计。随着（消费者的）价值取向从一个工业转移到另一个工业，公司必须不断改变它们的商业模式。一个公司的成败与否最终取决于它的商业设计是否符合了消费者的优先需求。

2.1.3 商业模式设计

通过商业模式的9个要素形成了商业模式画布这样一个操作工具，供大家集体讨论商业模式的创新和优化，如图2-2所示。

商业模式设计的两个原则，或者我们称为"高压线"，也可以叫"底线"，即绝对不能碰，一碰即死。这两个原则是：客户价值和盈利方式。

重要伙伴 Key Partnerships ☑	关键业务 Key Activities ☑	价值主张 Value Propositions ☑	客户关系 Customer Relationships ☑	客户细分 Customer Segments ☑
	核心资源 Key Resources ☑		渠道通道 Channels ☑	
成本结构 Cost Structure ☑			收入来源 Revenue Streams ☑	

图 2-2　商业模式画布

2.1.3.1　客户价值

客户价值既是企业存在的起点，又是企业的归宿。而商业模式研究的是企业如何盈利。因此，很多人容易走进一个非此即彼的误区，为了企业多盈利而欺骗客户，或者是伤害客户价值。这样的商业模式，也许能在短时间内获利，但必不能长久维持。

好的商业模式一定是给客户价值加分的，可能是让客户获得更多价值而愿意多付费给企业，也可能是让客户能低成本地获得企业的产品和服务；而不好的商业模式则是给客户价值减分的，可能是利用人性的弱点让客户不知不觉付出更多不必要的费用。例如，网络游戏的商业模式不断发展演进，至今已到了登峰造极的程度，卖皮肤、卖装备、卖武器……2017年第一季度，腾讯的一款游戏《王者荣耀》收入高达120亿元，光靠卖游戏中角色的皮肤就日入1.5亿元。但由于其大部分客户都是青少年群体，最终引发了大众褒贬不一的评价。

2.1.3.2　盈利方式

商业模式设计本质上揭示的是赚钱的模式，当我们设计商业模式时，一定要回答企业如何赚钱，以及即使现在不能赚钱，未来应该如何赚钱。好的商业模式一定要能赚钱，并且是持续赚钱。

企业能否持续盈利是判断其商业模式是否成功的唯一外在标准。反过来，如果没有明确的盈利方式，就一定不能算好的商业模式。

创业公司当然可以暂时不盈利，当年的腾讯也在很长一段时间内不盈利。但是，作为企业领导者，却不能等着别人来帮忙找盈利点，必须要心里有数，即使现在不能盈利，将来盈利的可能性在哪里，现在所累积的这些数据、这些用户能不能为将来的盈利带来可能。

2.2 企业开办流程

2.2.1 企业设立方式和对法律形式的选择

2.2.1.1 企业设立方式

公司设立的方式基本为两种，即发起设立和募集设立。

①发起设立。又称同时设立、单纯设立等，是指公司的全部股份或首期发行的股份由发起人自行认购而设立公司的方式。有限责任公司只能采取发起设立的方式，由全体股东出资设立。股份有限公司可采取发起设立的方式，也可以采取募集设立的方式。

②募集设立。又称渐次设立或复杂设立，是指发起人只认购公司股份或首期发行股份的一部分，其余部分对外募集而设立公司的方式。募集设立既可以是通过向社会公开发行股票的方式设立，也可以是不发行股票而只向特定对象募集而设立。这种方式只适用于股份有限公司。

2.2.1.2 对法律形式的选择

我国《中华人民共和国公司法》（以下简称《公司法》）规定的公司模式主要包括有限责任公司和股份有限公司这两种，创业者要明确自己所要开办的公司是股份有限公司还是有限责任公司，然后确定更为具体的公司模式。就拿有限责任公司来说，它又分为多人设立的有限责任公司、一人设立的有限责任公司以及国有独资有限责任公司。除此之外，有限责任公司和股份有限公司都可以设立自己的分公司和子公司。

因此，创业者究竟选择什么样的公司模式，这主要取决于自己的实际情况。如果创业者拥有 10 万元以上的现金，那就可以选择开办一人有限责任公司，当然也可以选择开办多人有限责任公司。

不管创业者最终选择哪种创业模式，都应该在办理注册登记前决定下来。这件事对一个公司是非常重要的，因为这直接关系到公司按哪种方式运行，也关系到创业是否能够成功。

2.2.2 新创企业的注册登记

如果创业者准备建立一个公司，那么在此之前必须先为公司起一个好名字，而且这个名字必须在公司登记机关那里登记确认后才能正式使用。因此，不管是股份有限公司还是有限责任公司，在申请设立登记之前，都必须先申请名称预先核准，也就是到登记机关查一查自己所起的名字是不是已经被使用了，如果没用就以法律的形式予以确认。

公司名称的预先核准登记的程序比较复杂，可是它在整个设立公司的过程中却起着承上启下的作用，因为只有做完了这一步，才能进行下面的程序。现实生活中很多人对这个程序的相关内容不够了解，在确定企业名称时往往显得不够规范，经常会出现违反国家法律与行政法规的现象，因此有必要详细阐述一下这项程序的相关内容。

为了加强和完善企业名称的登记管理，保护企业名称所有人的合法权益，维护公平竞争秩序，我国对企业名称实行分级登记管理。目前，由国家市场监督管理总局主管全国企业名称登记管理工作。国家市场监督管理总局登记注册局（小微企业个体工商户专业市场党建工作办公室）；拟订市场主体统一登记注册和营业执照核发的制度措施并指导实施；承担指导登记注册全程电子化工作；承担登记注册信息的分析公开工作；指导市场监督管理方面的行政许可；扶持个体私营经济发展，承担建立完善小微企业名录工作；在中央组织部指导下，指导各地市场监督管理部门配合党委组织部门开展小微企业、个体工商户、专业市场的党建工作。本节以内资企业注册登记为例进行讲解。

2.2.2.1 设立登记提交材料

（1）公司设立登记需提交的材料

①《公司登记（备案）申请书》。

②公司章程（有限责任公司由全体股东签署，股份有限公司由全体发起人签署）。

③股东、发起人的主体资格证明或自然人身份证明。

- 股东、发起人为企业的，提交营业执照复印件。
- 股东、发起人为事业法人的，提交事业法人登记证书复印件。
- 股东、发起人为社团法人的，提交社团法人登记证复印件。
- 股东、发起人为民办非企业单位的，提交民办非企业单位证书复印件。
- 股东、发起人为自然人的，提交身份证件复印件。
- 其他股东、发起人的，提交有关法律法规规定的资格证明复印件。

④法定代表人、董事、监事和经理的任职文件。根据《公司法》和公司章程的规定，有限责任公司提交股东决定或股东会决议，发起设立的股份有限公司提交股东大会会议记录（募集设立的股份有限公司提交创立大会会议记录）。对《公司法》和章程规定公司组织机构人员任职须经董事会、监事会等形式产生的，还需提交董事签字的董事会决议、监事签字的监事会决议等相关材料。

⑤住所使用证明。

⑥募集设立的股份有限公司提交依法设立的验资机构出具的验资证明。涉及发起人首次出资是非货币财产的，提交已办理财产权转移手续的证明文件。

⑦募集设立的股份有限公司公开发行股票的应提交国务院证券监督管理机构的核准文件。

⑧法律、行政法规和国务院决定规定设立公司必须报经批准的或公司申请登记的经营范围中有法律、行政法规和国务院决定规定必须在登记前报经批准的项目，提交有关批准文件或者许可证件的复印件。

注：依照《公司法》《中华人民共和国公司登记管理条例》（以下简称《公司登记管理条例》）设立的有限责任公司（含一人有限责任公司和国有独资公司）、股份有限公司适用本规范。

（2）分公司设立登记提交材料

①《分公司、非法人分支机构、营业单位登记（备案）申请书》。

②分公司营业场所使用证明。

③分公司负责人的任职文件及身份证件复印件（在申请书中粘贴身份证复印件和签署确认任职信息即可）。

④公司章程复印件（加盖公司公章）。

⑤公司营业执照复印件。

⑥法律、行政法规和国务院决定规定设立分公司必须报经批准的或分公司申请登记的经营范围中有法律、行政法规和国务院决定规定必须在登记前报经批准的项目，提交有关批准文件或者许可证件的复印件。

注：依照《公司法》《公司登记管理条例》设立的分公司申请设立登记适用本规范。

2.2.2.2 变更登记提交材料

（1）公司变更登记提交材料

①《公司登记（备案）申请书》。

②关于修改公司章程的决议、决定（变更登记事项涉及公司章程修改的，提交该文件；其中股东变更登记无须提交该文件，公司章程另有规定的，从其规定）。

- 有限责任公司提交由代表 2/3 以上表决权的股东签署的股东会决议。
- 股份有限公司提交由会议主持人及出席会议的董事签署的股东大会会议记录。
- 一人有限责任公司提交股东签署的书面决定。
- 国有独资公司提交国务院、地方人民政府或者其授权的本级人民政府国有资产监督管理机构的批准文件复印件。

③修改后的公司章程或者公司章程修正案（公司法定代表人签字）。

④变更事项相关证明文件。

- 变更名称的，应当向其登记机关提出申请。申请名称超出登记机关管辖权限的，由登记机关向有该名称核准权的上级登记机关申报。
- 变更住所的，提交变更后住所的使用证明。
- 变更法定代表人的，根据公司章程的规定提交原任法定代表人的免职证明和新任法定代表人的任职证明（股东会决议、股东决定由股东签署，董事会决议由公司董事签字）；公司法定代表人更改姓名的，提交公安部门出具的证明。
- 减少注册资本的，提交在报纸上刊登公司减少注册资本公告样报和公司债务清偿或者债务担保情况的说明。应当自公告之日起 45 日后申请变更登记。
- 变更经营范围的，公司申请登记的经营范围中有法律、行政法规和国务院决定规定必须在登记前报经批准的项目，提交有关批准文件或者许可证件的复印件。审批机关单独批准分公司经营许可经营项目的，公司可以凭分公司的许可经营项目的批准文件、证件申请增加相应经营范围，但应当在申请增加的经营范围后标注"（限分支机构经营）"字样。

- 变更股东的，股东向其他股东转让全部股权的，提交股东双方签署的股权转让协议或者股权交割证明。股东向股东以外的人转让股权的，提交其他股东过半数同意的文件；其他股东接到通知 30 日未答复的，提交拟转让股东就转让事宜发给其他股东的书面通知；股东双方签署的股权转让协议或者股权交割证明；新股东的主体资格证明或自然人身份证件复印件。

公司章程对股权转让另有规定的，从其规定。

人民法院依法判决、裁定划转股权的，应当提交人民法院的判决书或裁定书，无须提交股东双方签署的股权转让协议或者股权交割证明和其他股东过半数同意的文件；国务院、地方人民政府或者其授权的本级人民政府国有资产监督管理机构划转国有资产相关股权的，提交国务院、地方人民政府或者其授权的本级人民政府国有资产监督管理机构关于划转股权的文件，无须提交股东双方签署的股权转让协议或者股权交割证明。

- 变更股东或发起人名称或姓名的，提交股东或发起人名称或姓名变更证明；股东或发起人更名后新的主体资格证明或者自然人身份证件复印件。
- 以上各项涉及其他登记事项变更的，应当同时申请变更登记，按相应的提交材料规范提交相应的材料。

⑤法律、行政法规和国务院决定规定公司变更事项必须报经批准的，提交有关的批准文件或者许可证件复印件。

⑥已领取纸质版营业执照的缴回营业执照正、副本。

注：依照《公司法》《公司登记管理条例》设立的公司申请变更登记适用本规范。人民法院要求办理有限责任公司股东变更登记的，执行人员应当出示工作证或者执行公务证，送达生效法律文书副本或者执行裁定书、协助执行通知书、协助公示执行信息需求书、合法受让人的身份或资格证明，到被执行人股权所在有限责任公司登记的登记机关办理。

⑦股份有限公司无须进行股东变更登记。

（2）分公司变更登记提交材料

①《分公司、非法人分支机构、营业单位登记（备案）申请书》。

②变更事项相关证明文件。

- 分公司名称变更，应当向其登记机关提出申请。申请名称超出登记机关管辖权限的，由登记机关向有该名称核准权的上级登记机关申报。因公司名称变更而申请变更分公司名称的，提交变更后公司营业执照复印件。
- 分公司变更经营范围的，提交公司营业执照复印件。变更后经营范围涉及法律、行政法规和国务院决定规定必须在登记前报经批准的项目，提交有关批准文件或者许可证件的复印件。
- 分公司变更营业场所的，提交变更后营业场所的使用证明。
- 分公司变更企业类型的，提交变更后公司营业执照复印件。
- 分公司变更负责人的，提交原任分公司负责人的免职文件、新任负责人的任职文件及其身份证件复印件（在申请书中粘贴身份证复印件和签署确认任、免职信息即可）。

③法律、行政法规规定分公司变更登记事项必须报经批准的，提交有关的批准文件或者许可证件复印件。

④已领取纸质版营业执照的缴回营业执照正、副本。

注：依照《公司法》《公司登记管理条例》设立的分公司申请变更登记适用本规范。

2.2.2.3　注销登记提交材料规范

（1）公司注销登记提交材料

①《企业注销登记申请书》。

②公司依照《公司法》做出解散的决议或者决定，人民法院的破产裁定、解散裁判文书，行政机关责令关闭或者公司被撤销的文件。

③股东会、股东大会、一人有限责任公司的股东或者人民法院、公司批准机关备案、确认的清算报告。

- 有限责任公司由代表 2/3 以上表决权的股东签署确认；一人有限责任公司由股东签署确认；股份有限公司由股东大会会议主持人及出席会议的董事签字确认。
- 国有独资公司由国务院、地方人民政府或者其授权的本级人民政府国有资产监督管理机构签署确认。
- 公司破产程序终结后办理注销登记的，不提交此项材料。提交人民法院关于破产程序终结的裁定书。

④国有独资公司申请注销登记，还应当提交国有资产监督管理机构的决定。其中，国务院确定的重要的国有独资公司，还应当提交本级人民政府的批准文件复印件。已领取纸质版营业执照的缴回营业执照正、副本。

（2）分公司注销登记提交材料

①《分公司、非法人分支机构、营业单位登记（备案）申请书》。

②已领取纸质版营业执照的缴回营业执照正、副本。

注：依照《公司法》《公司登记管理条例》设立的分公司申请注销登记适用本规范。

2.2.2.4　撤销变更登记提交材料规范

①公司撤销变更登记申请。申请应当载明公司名称、申请撤销的变更登记事项及登记时间、准予变更登记通知书文号、人民法院裁判文书文号、指定代表或者共同委托代理人委托的事项、权限及指定代表或委托代理人的身份证件复印件等内容，并由法定代表人签字、公司加盖公章。

②人民法院的裁判文书。

③已领取纸质版营业执照的缴回营业执照正、副本。

注：

- 依照《公司法》《公司登记管理条例》设立的公司依据《公司法》第二十二条的有关规定申请撤销变更登记适用本规范。

- 公司签署的撤销变更登记申请可自拟。

2.2.2.5 公司合并、分立提交材料

（1）因公司合并（分立）申请设立、变更或注销登记提交材料

因合并（分立）申请设立、变更或注销登记的公司，除按照本规范提交设立、变更或注销登记材料外，还应当提交以下材料：

①决议或决定。合并的除提交合并各方公司关于通过合并协议的决议或决定外，还需提交合并各方签署的合并协议。合并协议应当包括：合并协议各方的名称，合并形式，合并后公司的名称，合并后公司的注册资本，合并协议各方债权、债务的承继方案，解散公司分公司、持有其他公司股权的处置情况，签约日期、地点以及合并协议各方认为需要规定的其他事项。

分立的提交公司分立的决议或决定。分立决议或决定应当包括：分立形式，分立前后公司的名称，分立后公司的注册资本，分立后原公司债权、债务的承继方案，公司分公司、持有其他公司股权的处置情况。

- 有限责任公司提交由代表 2/3 以上表决权的股东签署的股东会决议。
- 股份有限公司提交由会议主持人及出席会议的董事签署的股东大会会议记录。
- 一人有限责任公司提交股东签署的书面决定。
- 国有独资公司提交国务院、地方人民政府或者其授权的本级人民政府国有资产监督管理机构的批准文件复印件。

②通过报纸公告的提交刊登公告的报纸样张。合并（分立）公告应当包括：合并（分立）各方的名称，合并（分立）形式，合并（分立）前后各公司的注册资本。

③合并（分立）各方的营业执照复印件。

④债务清偿或者债务担保情况的说明。

⑤法律、行政法规和国务院决定规定必须报经批准的或因合并（分立）新设公司的经营范围、存续公司新增的经营范围中，涉及法律法规规定应当在登记前报经有关部门审批的，提交有关的批准文件或者许可证件复印件。

⑥因合并（分立）办理公司设立、变更登记的，提交载明合并（分立）情况的解散公司的注销证明或载明分立情况的存续公司的变更证明。

注：

- 因合并（分立）而解散的公司不进行清算的，注销登记可以不提交清算报告，但是合并协议、分立决议或决定中载明解散公司需先行办理清算的除外。
- 因合并（分立）申请设立登记、变更登记、注销登记，应当自合并（分立）公告之日起 45 日后。

⑦涉及换照且已领取纸质版营业执照的，缴回营业执照正、副本。

（2）因合并（分立）公司申请其分公司变更登记提交材料

合并（分立）前分公司归属于新设或存续公司的，公司申请该分公司变更登记时，应当提交以下材料：

①《分公司、非法人分支机构、营业单位登记（备案）申请书》。
②合并的提交合并协议复印件；分立的提交分立决议或决定复印件。
③新设或存续公司的章程复印件（加盖公司公章）。
④载明合并（分立）情况的导致公司解散的注销证明、新设或存续公司的设立或变更证明。
⑤因合并（分立）新设或存续公司的营业执照复印件。
⑥法律、行政法规和国务院决定规定必须报经批准的，提交有关的批准文件或者许可证件复印件。
⑦已领取纸质版营业执照的缴回营业执照正、副本。

（3）因合并（分立）公司申请其持有股权所在公司的变更登记提交材料

合并（分立）前所持其他公司股权属于新设或存续公司的，申请持股权所在公司变更登记时，应当提交以下材料：

①《公司登记（备案）申请书》。
②合并的提交合并协议复印件；分立的提交分立决议或决定复印件。
③载明合并（分立）情况的解散公司注销证明、新设或存续公司的设立或变更证明。
④公司章程或者公司章程修正案（公司法定代表人签字）。
⑤因合并（分立）新设或存续公司的营业执照复印件。
⑥法律、行政法规和国务院决定规定必须报经批准的，提交有关的批准文件或者许可证件复印件。
⑦已领取纸质版营业执照的缴回营业执照正、副本。

2.2.3　公司登记后续事项

公司按照法定程序进行工商登记，领取营业执照后就取得了独立的法人资格，可是这个时候公司还是没有办法正常运营。因为这个时候公司还有很多后续事项没有完成，为了让公司能够尽快运营起来，创业者还需要完成以下几项工作：

2.2.3.1　办理后置审批

在我国，公司依法登记后，有许多行业还需要办理后置审批，只有办理了后置审批，公司才能正常开展活动。那么究竟什么是后置审批呢？

具体来说，后置审批就是公司在办理营业执照后需要再去审批的项目，如采伐林木、种子生产等，也就是说，创业者办理了工商营业执照后再去有关部门审批，审批结束后才可以正式开展经营活动。

例如，如果要开办一家房地产开发公司，在领取营业执照后，就应该到公司住所所在地的建设委员会申请办理房地产开发企业资质备案，领取房地产开发企业的《资质证书》，并且还要按照建设委员会核定的资质等级去承担相应的房地产开发业务。

在创业者开办公司的过程中，千万不能把前置审批与后置审批弄混淆了，在开办公司前创业者有必要认真阅读前置审批项目和后置审批项目目录，明确一下自己到底该办理哪一种审批，还是两种审批都要办，这个绝对不能疏忽大意。因为如果前置审批没有办理，那么工商登记注册就不会成功。如果创业者没有办理前置审批，国家市场监督管理总局就会要求创业者先去办理前置审批，他们只有看到了相关部门的批文，才能给创业者办理登记。同样，如果需要创业者办后置审批你却没有办，那么创业者的经营活动就会因为没有获得经营资质而变得不合法。

2.2.3.2 公章备案及刻制

公章是一个公司的主要标志，因此公司刻制公章前，按照规定必须先到当地公安机关备案，领取公安机关颁发的《刻章许可证》（《刻章许可证》在公安机关的治安科办理），然后拿着《刻章许可证》到经公安机关核定的刻章企业去刻制印章。如果没有到公安机关备案，没有获得《刻章许可证》，那么刻制公章的部门将拒绝刻制。

公司到公安机关办理备案，申请《刻章许可证》时需要带的材料有：新办企业营业执照副本原件以及复印件，如果该企业属于市、区直属企业，那就需要同时出具上级单位刻章证明；法人身份证原件、复印件以及经办人身份证原件、复印件；国家市场监督管理总局开业通知书或公司章程原件与复印件各一份；全体股东签名的《刻章申请》，如果股东是单位，就要加盖股东单位的公章并附《营业执照》以及法人身份证复印件各一份并盖章，如果股东是自然人，就需要股东签名并提供身份证复印件。需要注意的是，如果印章损坏或是需要重新刻制，就需要把原来旧的印章交回公安机关，由公安机关统一销毁。如果印章不慎遗失，需要重新刻制，公司就需要出具原印章失效的登报申明文件。

2.2.3.3 办理企业法人组织机构代码证

我们周围有很多企业在社会经济活动中只知道办理营业执照，可是他们对组织机构代码证却不够重视，有的人甚至根本就没有听说过。

企业法人组织机构代码证，简单点说就是一个企业的身份证号，它是一个企业在社会经济活动中的通行证。它是每个依法注册，依法登记的机关、企事业单位和社会团体、组织、民办非企业单位在全国范围内唯一始终不变的代码标识，是证明企业法人的组织身份和备案凭证。

公司成立后，应该携带企业法人营业执照和税务登记凭证到（国家市场监督管理总局及各级分局）办理企业法人组织机构代码证。

组织机构代码证是按照强制性国家标准编制的，由八位数字（或大写拉丁字母）本体代码和一位数字（或大写拉丁字母）校验码组成。它包括正本、副本和电子副本（也就是IC卡），代码登记机关在为企业赋码发证的同时，还采集了28项基础信息，并且按照国家标准对这些信息进行编码，然后把这些信息存入代码数据库和代码证电子副本中，供代码应用部门使用。这些所谓的基础信息主要包括：法人代表信息、公司规模、名称、具体地址、机构类型、经济性质、行业分类等。

另外，国家规定各类组织机构应该自批准成立或核准登记之日起30日内持有关批准文件或登记证书（主要有营业执照原件、法定代表及经办人身份证原件、复印件，如果是企业的分支机构申请代码证，则需提供营业执照原件、复印件、法人机构年审过的代码的复印件，并且必须加盖公章），到批准成立或核准登记机关所在地的市场监督管理部门申请代码登记并领取代码证。

2.2.3.4　办理税务登记

（1）税务登记的含义

税务登记又被称为纳税登记，是指税务机关根据税法相关规定对纳税人的生产经营活动进行登记管理的一项基本制度，同时也是纳税人依法履行纳税义务的法定手续。它是税务机关对纳税人实施税收管理的首要环节和基础工作，是税收机关和纳税人之间的法律关系得以成立的依据和证明，也是纳税人必须履行的法律义务。这里我们提到的税务登记主要指设立税务登记。

（2）设立税务登记

设立税务登记主要是指企业，也包括企业在外地设立的分支机构或从事生产经营的场所、个体工商户、从事生产经营的事业单位（以下统称从事生产、经营的纳税人），向自己所在地的税务机关申报办理税务登记的活动。

（3）设立税务登记的办理期限

《中华人民共和国税收征收管理法实施细则》第十二条规定："从事生产、经营的纳税人应当自领取营业执照之日起30日内，向生产、经营地或者纳税义务发生地的主管税务机关申报办理税务登记，如实填写税务登记表，并按照税务机关的要求提供有关证件、资料。前款规定以外的纳税人，除国家机关和个人外，应当自纳税义务发生之日起30日内，持有关证件向所在地的主管税务机关申报办理税务登记……"

（4）税务登记的重要作用

除了按照国家相关规定不需要发给税务登记证件的，纳税人办理下列事项时都必须持有税务登记证件：

①申请减税、免税、退税。

②申请开具外出经营活动税收管理证明。

③开立银行基本账户。

④办理停业、歇业。

⑤申请办理延期申报、延期缴纳税款。

⑥领购发票。

⑦其他有关税务事项。

（5）办理税务登记需要提交的资料

①注册地和经营地土地房屋租赁合同。

②工商营业执照正本（或副本）以及复印件或其他核准执业证件。

③其他合同、章程、协议书。

④企业法人组织机构编码证书及复印件。

⑤银行基本账号和税款专用账号证明。

⑥法定代表人或负责人又或是业主的居民身份证、护照或其他合法证件。

⑦主管税务机关要求提供的其他证件、证明。

（6）税务登记表的主要内容

①单位名称、法定代表人或业主姓名及其身份证、护照或其他合法证件的号码。

②生产经营期限。

③公司住所、经营地点。

④登记类型。

⑤核算方式。

⑥注册资金（资本）、投资总额。

⑦生产经营方式。

⑧生产经营范围。

⑨财务负责人、联系电话。

⑩国家税务总局登记的其他有关事项。

2.2.3.5　开办银行账户

公司成功地注册登记后，应该到相关银行去开办公司账户，至于具体到哪家银行开办账户，主要根据公司住所或是营业地址的实际情况来选择。通常人们都会选择距离自己比较近的银行或是服务快捷周到的银行。有了属于自己的银行账户后，公司才会有资金转入和转出，公司才能正常开展业务和进行结算。

开办银行账户需要提供的资料有：

①国税、地税登记证正本原件、复印件（各3张）。

②法人身份证原件，3张复印件。

③企业营业执照正本原件，3张复印件。

④公司公章、法人章、财务专用章。

⑤组织机构代码证原件，3张复印件。

2.2.3.6　购领发票

发票是一个公司业务运营的必备财会凭证，可是它并不能随意领取。公司在领取发票前，必须办理税务登记。如果公司没有办理税务登记，那么发票管理机关是不会提供发票的。

需要注意的是，公司在购领发票时，还应该出示税务登记证明，税务登记机关会根据公司的具体种类、经营类别提供合法的发票。

公司购领发票的主要程序是：

（1）提出购票申请

公司在申请购票时，必须提出购票申请报告，在报告中写清楚公司的名称、所属行业、经营类型、需要发票的种类、名称、数量等内容，并加盖单位公章和经办人印章。

（2）提供有关证件

除了提供必需的税务登记证明外，如果需要购买专用发票，就还要提供盖有"增值税一般纳税人"确认专章的税务登记证件、经办人身份证明和其他有关证明、财务印章或发票专用章的印模。

（3）持《发票购领簿》购买发票

购票申请报告经主管国家税务机关审查批准后，购票者领取国家税务机关核发的《发票购领簿》或者《增值税专用发票购领簿》，然后根据核定的发票种类、数量以及具体的购票方式，到指定的国家税务机关购领发票。购买专用发票的，还要在发票联和抵扣联上加盖发票专用章或财务印章。

拥有固定的生产经营场所、健全的发票和财务管理制度，发票使用量又比较大的公司，可以申请印有本公司名称的普通发票。如果普通发票式样无法满足业务需要，公司也可以自行设计本单位的普通发票样式，然后上报省、自治区、直辖市国家税务局批准，按照规定的时间、数量到指定的印刷厂进行印刷。另外，公司自行印制的发票应该交给国家税务机关保管。

2.2.3.7 在市场监督管理局开具转资证明和划转资金

应该到公司所在地的市场监督管理局开具转资证明，在企业的入资银行划转资金，这两项业务通常是不收费的。

办理这两项业务需要提供的材料有：

①入资时的原始进账单以及印签卡（副卡）。

②市场监督管理局开具的转资证明（出具《营业执照》正本或副本原件《开户许可证》原件、《交存入资资金凭证》的企业留存联、经办人身份证原件后，方可领取转资证明）。

③开户银行的开户许可证原件和交换号。

④股东之一（原办理入资的股东亲自来办）本人持身份证原件及复印件办理转资。

⑤营业执照正、副本、组织机构代码证书原件。

2.2.3.8 股东实际出资的，应向股东签发出资证明

公司登记后不可忽视的是向股东签发出资证明，在证明上要写清楚股东的姓名和出资额以及具体的出资时间。这份证明也可以证明股东在公司的身份和地位，同时也是办理股权转让的必备文件。注意，股东取得出资证明后，应该妥善保管，以备日后使用。

2.2.3.9 社会保险登记

社会保险登记是《社会保险费征缴暂行条例》规定的应该缴纳社会保险费的单位按照《社会保险登记管理办法》规定的程序进行登记，领取社会保险登记证的行为。

社会保险登记是社会保险费征缴的前提和基础，县级以上劳动保障部门的社会保险经办机构主管社会保险登记。

（1）进行社会保险登记需要提供的材料

公司申请办理社会保险登记时，应该填报《社会保险登记表》并出示以下证件和材料：

①企业持《企业法人营业执照》(副本)。
②外商投资企业还须持对外经济贸易委员会签发的《中华人民共和国外商投资企业批准证书》。
③国家市场监督监督管理部门颁发的组织机构统一代码证书。
④事业单位持《事业单位法人证书》(副本)。
⑤社会团体持《社会团体法人登记证》(副本)。
⑥国家机关持单位行政介绍信。
⑦其他核准执业的证件。
提交了上述材料后，如无意外，可以在规定的时间里获得相关部门颁发的《社会保险登记证》。

(2) 社会保险登记年检

市、区、县社会保险经办机构对已经核发的《社会保险登记证》实行定期检验制度，每两年核验一次，如果未经核验，那该证件自动失效。

案例分析

恒源祥如何放大利润池

恒源祥成立于1927年，曾经是上海滩上的知名商号。1991年，恒源祥绒线公司成立，当时的经理刘瑞旗随即花费900元注册了"恒源祥"商标。他通过定牌加工、广告宣传两大手段，开始让这一品牌获取利润，并开启了恒源祥二十多年利用品牌力量不断放大利润池的过程。

恒源祥以品牌作为合作筹码，借鉴国际奥运会运作模式，成为中国国家奥委会战略合作伙伴，不断和其他中小企业建立战略合作联盟体系，表面上看是获得了生产资源，实际上是在开拓自身的利润池。在打造出品牌力量之后，这家企业仅在长三角地区就控制了上百家加盟工厂，5000多个零售点。在这一过程中，恒源祥并没有进行任何投资，而是依靠其品牌对利润池进行扩大。

随后，恒源祥继续向价值链上下游寻求利润。

通过自身的品牌和渠道，恒源祥一方面从生产型合作企业那里获得质量较好却缺乏销售渠道的产品；另一方面，开始发展更多的零售店和经销商进入自身营销网络。随后，恒源祥一步步吃掉了他们原先的利润池，并将利润池的扩大和对资源的整合集中在一起，这样，恒源祥不仅提升了自身在整个战略合作中的价值和地位，也让其得到了越来越多的利润来源。

当然，恒源祥对利润池的扩大，并不仅依靠其品牌的建设推广，还在于其对价值的分享。对于合作伙伴而言，虽然他们要将销售比例分成给恒源祥，但他们从恒源祥的品牌中获得的利润池分享要比自己付出的更多。同样，进入渠道网络的零售商，也有着同样的分享。由于恒源祥和这些合作伙伴实现了双赢，才得到了更大的利润池共享。

除此之外，恒源祥的商业模式还能带来更低的成本。由于拥有更多的加盟工厂，集团可以将同样的产品分给相同类型的工厂同时生产，从而提高了效率，再加上专业环节的分工，大大节约了生产成本……这些也在无形中扩大了企业的利润池。

　　资料来源：周祺林.向模式要利润：商业模式颠覆、创新与重构[M].北京：人民邮电出版社，2014，11.

　　思考：结合案例分析恒源祥获取利润的模式？

课后复习题

1. 商业模式如何分类？
2. 商业模式的要素有什么？
3. 商业模式画布是什么？商业模式设计原则是什么？
4. 企业设立的方式有哪些？
5. 新创企业注册登记程序是什么？
6. 公司登记后需要注意哪些事项？

第 3 章

创业计划与创业计划书

学习目标
1. 了解创业计划的概念、评估创业项目、创业计划书的作用。
2. 理解创业计划书的编写原则和技巧。
3. 掌握创业计划书的核心内容。

3.1 创业计划

3.1.1 创业计划的概念

创业计划是创业者叩响投资者大门的"敲门砖",是创业者计划创立的业务的书面摘要,一份优秀的创业计划书往往会使创业者达到事半功倍的效果。

创业计划是由创业者准备的一份书面计划,用来描述所要创办企业的所有相关的外部和内部的要素,以及企业所要达到的目标和实现目标的方法与途径等。如果把创业计划当作路线图,就能够更好地理解它的意义。假设我们试图决策如何驱车从北京到上海,这里有很多可能的路线,走海路、走陆路和走空运,每条路线所花的时间和成本不同。旅行者必须做出一些重要的决策,然而在做出决策和制定规划之前必须收集足够的信息。例如,一些外部的因素,如紧急状况下的汽车修理、气候条件、路况等,这些因素是旅行者不可控的,但又必须在规划中考虑;同时旅行者还要考虑手中金钱、时间以及对高速公路、铁路班次、民用航班的选择等。这些反映在创业者这里,就体现在创业规划之中。

创业计划是一个策划过程,即创业策划,是指创业者在充分分析内外部环境因素的基础上,特别是对自己所拥有或能使用的人力资源、市场资源、技术资源、资金资源、原材料资源、信息资源等关键资源充分挖掘的情况下,制定出未来的发展目标、战略和策略的全过程。

3.1.2 评估创业项目

3.1.2.1 评估内容

(1)市场定位

一个好的创业机会,必然具有特定市场定位,专注于满足顾客需求,同时能为顾客带来增值的效果。因此,评估创业机会的时候,可由市场定位是否明确、顾客需求分析是否清晰、顾客接触通道是否流畅、产品是否持续衍生等,来判断创业机会可能创造的市场价值。创业带给顾客的价值越高,创业成功的机会也会越大。

(2)市场结构

针对创业机会的市场结构进行5项分析,包括进入障碍、供货商、顾客、经销商的谈判力量、替代性竞争产品的威胁。由市场结构分析可以得知新企业未来在市场中的地位,以及可能遭遇竞争对手反击的程度。

(3)市场规模

市场规模大小与成长速度,也是影响新企业成败的重要因素。一般而言,市场规模大者，进入障碍相对较低，市场竞争激烈程度也会略为下降。如果要进入的是一个十分成熟的市场，那么纵然市场规模很大，由于已经不再成长，利润空间必然很小，因此这项新企业恐怕就不值得再投入。反之，一个正在成长中的市场，通常也会是一个充满商机的市场，所谓水涨船高，只要进入时机正确，必须会有获利的空间。

（4）市场渗透力

对于一个具有巨大市场潜力的创业机会，市场渗透力（市场机会实现的过程）评估将会是一项非常重要的影响因素。聪明的创业家知道选择在最佳时机进入市场。

（5）市场占有率

从创业机会预期可取得的市场占有率目标，可以显示这家新创公司未来的市场竞争力。一般而言，成为市场的领导者，至少需要拥有 20% 以上的市场占有率。但如果低于 5% 的市场占有率，则这个新企业的市场竞争力不高，并且会影响未来企业上市的价值。尤其处在具有赢家通吃特点的高科技产业，新企业必须拥有成为市场前几名的能力，才比较具有投资价值。

（6）产品的成本结构

产品的成本结构，也可以反映新企业的前景是否明亮。例如，从物料与人工成本所占比重的高低、变动成本与固定成本的比重，以及经济规模产量大小，可以判断该企业创造附加价值的幅度以及未来可能的获利空间。

3.1.2.2 效益评估准则

（1）合理的税后净利

一般而言，具有吸引力的创业机会，至少需要能够创造 15% 以上税后净利。如果创业预期的税后净利是在 5% 以下，这就不是一个好的投资机会。

（2）达到损益平衡所需的时间

合理的损益平衡时间应该能在 2 年内达到，但如果 3 年还达不到，就不是一个值得投入的创业机会。不过有的创业机会确实需要经过比较长的耕耘时间，通过这些前期投入，创造进入障碍，保证后期的持续获利。在这种情况下，可以将前期投入视为一种投资，才能容忍较长的损益平衡时间。

①投资回报率。考虑到创业可能面临的各项风险，合理的投资回报率应该在 25% 以上。一般而言，15% 以下的投资回报率，是不值得考虑的创业机会。

②资本需求。资金需求量较低的创业机会，投资者一般会比较欢迎。事实上，许多个案显示，资本额过高其实并不利于创业成功，有时还会带来稀释投资回报率的负面效果。通常，知识越密集的创业机会，对资金的需求量越低，投资回报反而会越高。因此，在创业开始的时候，不要募集太多资金，最好通过盈余积累的方式来创造资金。而比较低的资本额，将有利于提高每股盈余，并且还可以进一步提高未来上市的价格。

③毛利率。毛利率高的创业机会，相对风险较低，也比较容易取得损益平衡。反之，毛利率低的创业机会，风险则较高，遇到决策失误或市场产生较大变化的时候，企业很容

易就遭受损失。一般而言，理想的毛利率是40%。当毛利率低于20%的时候，这个创业机会就不值得再予以考虑。软件业的毛利率通常都很高，所以只要能找到足够的业务量，从事软件创业在财务上遭受严重损失的风险相对会比较低。

④策略性价值。能否创造新企业在市场上的策略性价值，也是一项重要的评价指标。一般而言，策略性价值与产业网络规模、利益机制、竞争程度密切相关，而创业机会对于产业价值链所能创造的加值效果，也与它所采取的经营策略与经营模式密切相关。

⑤资本市场活力。当新企业处于一个具有高度活力的资本市场时，它的获利回收机会相对也比较高。不过资本市场的变化幅度极大，在市场高点时投入，资金成本较低，筹资相对容易。但在资本市场低点时，投资新企业开发的诱因则较低，好的创业机会也相对较少。不过，对投资者而言，市场低点的成本较低，有的时候反而投资回报会更高。一般而言，新创企业的活跃的资本市场比较容易创造增值效果，因此资本市场活力也是一项可以被用来评价创业机会的外部环境指标。

⑥退出机制与策略。所有投资的目的都在于回收，因此，退出机制与策略就成为一项评估创业机会的重要指标。企业的价值一般也要由具有客观鉴价能力的交易市场来决定，而这种交易机制的完善程度也会影响新企业退出机制的弹性。由于退出的难度普遍要高于进入，所以一个具有吸引力的创业机会，应该要为所有投资者考虑退出机制，以及退出的策略规划。

3.2 创业计划书

创业计划书是一份全方位的商业计划，其主要用途是递交给投资商，以便于他们能对企业或项目做出评判，从而使企业获得融资。它是用以描述与拟创办企业相关的内外部环境条件和要素特点，为业务的发展提供指示图和衡量业务进展情况的标准。通常创业计划是结合了市场营销、财务、生产、人力资源等职能计划的综合。

3.2.1 创业计划书的作用

当前世界正进入知识经济时代，知识取代自然资源和资本成为经济和社会发展的最重要和关键的要素，尤其是高新技术在推动经济和社会发展方面的巨大作用有目共睹。进行科技创业，投身战略型新兴产业发展，不仅是科技创业者的长远需求，也是国家长远发展目标的需求。所谓科技创业企业指的是那些具有开创性的商业理念，但在技术、市场和产业化前景上尚不成熟的新生科技企业。

大力发展科技创业型企业，提高科技企业经营与创新的能力与水平，培育和发展战略型新兴产业是我国转变经济发展方式、实现21世纪发展目标的关键所在。

科技创业型企业初期面临的最大挑战往往是资金缺乏。企业的创办通常是由少数人开始的，他们创业的基础可能是某一项高新产品或技术的构想方案，但是通常缺少把构想方案发展成为产品并将其推向市场的资金，也缺少实现构想的相关生产要素和市场要素的配置。由于科技研发往往前期投资大、周期长、市场风险较高，而且在生产管理模式、营销模式、新市场、消费习惯的建立，客户的认可等方面均面临重重挑战，创业企业又缺乏用以抵押担保的财产，很难从亲属朋友或是资本市场上获得及时、足够的资金支持。

在现实压力面前，科技创业企业必须妥善运用自身所掌握的研发、管理等智力资源要素，努力与各类有利于自身发展的市场要素结合，与外部资源进行良性整合与互动，走出一条利益共享、风险共担的发展之路。

当创业者处于创业阶段，或者准备开展一项新的经营活动时，总会面临各种各样的问题，被大量繁杂的工作所困扰。这个时候，创业者就需要一份完备的商业计划。"凡事预则立，不预则废"。创业计划书可以从以下几个方面为你提供帮助。

3.2.1.1　创业计划书是获得外部投资的敲门砖

大多数专业投资公司或投资人审查评估申请项目的第一关是项目有关计划书。要顺利获得风险资本的投入，避免在形式审查时就被筛选出局，一份规范完整的创业计划书是必不可少的，这是获得风险投资的敲门砖，仅凭专利证书或科技成果鉴定证书是不可能获得风险投资的。

美国一位著名风险投资商曾说过："创业企业邀人投资或加盟，如向离过婚的女人求婚，而不像和女孩子热恋。双方各有打算，仅靠空头许诺是无济于事的。"对于正在寻求资金的创业企业来说，创业计划书的好坏往往决定了投资交易的成败。

投资企业是一种十分严谨的经济行为，投资商通常都是在审阅完创业计划书之后，觉得有必要进一步了解企业的情况时才会与企业人员见面。只有在了解了企业的产品、管理策略、市场规划、盈利预测等之后，投资商才知道这家企业是否符合他们的兴趣，从而决定是否有必要进一步商讨合作的可能性。而且投资商看过计划书后，面谈更有针对性，避免浪费时间。所以说创业计划书是融资的试金石，计划书写得好，企业有吸引力，融资才会有希望。

3.2.1.2　更进一步认识项目，增大创业成功率

对初创的创业企业来说，提交创业计划书的重要性不仅仅体现在它是决定能否与风险投资商面谈的通行证，而且是创业企业对自己再认识的过程。一个酝酿中的项目，往往很模糊。通过制订创业计划书，把正反理由都书写下来，再逐条推敲。这样，创业企业家就能对这一项目有更清晰的认识。可以这样说，创业计划书首先是把计划中要创立的企业推销给创业企业家自己。

一位投资商说："如果你想踏踏实实做一份工作的话，写一份创业计划书能迫使你进行系统的思考。有些创意可能听起来很棒，但是当你把所有的细节和数据写下来的时候，

自己就崩溃了。"在写创业计划书的过程中，会对产品、市场、财务、管理团队等进行进一步的分析和调研，能及早发现问题，进行事先控制，去掉一些不可行的项目。进一步完善可行的项目，增大创业成功率。

创业计划书对已建的创业企业来说，可以为企业的发展定下比较具体的方向和重点，从而使员工了解企业的经营目标，并激励他们为共同的目标而努力。

3.2.2 创业计划书的编写原则和技巧

一个专业投资公司每月都要收到数以百计的、各式各样的创业计划书，每个投资人每天都要阅读几份甚至几十份创业计划书，而其中仅仅有几份能够引起他的进一步阅读的兴趣，更多的则被无情地扔到废纸篓中。所以为了确保创业计划书能够引起潜在投资者足够的注意力，创业者必须事前进行充分周密的准备工作。

不同的行业，风险点和运营特点不一样，创业计划书的结构形式和内容不必完全统一，但关键的要素必须具备，主要包括：产品和服务介绍、商业模式、市场分析、竞争分析、财务测算、融资需求、团队介绍和风险控制。不同模式的创业计划书应当包括以下共同点。

3.2.2.1 内容要简洁

一份《创业计划书》最长不要超过 50 页，最好在 30 页左右。写创业计划书的目的是为了获取风险投资者的投资，而非为了与风险投资商闲聊。因此，在开始写作创业计划书时，应该避免一些与主题无关的内容，要开门见山地直接切入主题。要知道风险投资者没有很多时间来阅读一些对他来说是没有意义的东西。这一点对于很多初次创业者来说，在写作创业计划书时是应当格外注意的。

3.2.2.2 披露信息要完整

要全面披露与投资有关的信息。因为按照证券法等相关法律，创业企业必须以书面形式披露与企业业务有关的全部重要信息。如果披露不完全，当投资失败时，风险投资人就有权收回其全部投资并起诉企业家。

3.2.2.3 条理要清晰

语言流畅易懂，意思表述精确。华尔街投资商们的成功有目共睹，而他们经常挂在嘴边的问题，其实跟小生意人的问题是一样的：产品是什么，消费对象是谁，成本是多少。而看似复杂的创业计划书，只要把住脉络，其中包括的无非还是企业（不论是传统企业还是高科技企业）经营中要回答的几个关键问题，即产品是什么，消费对象是谁，经销渠道在哪里，谁来卖，顾客群有多大，设计与制作成本是多少，售价多少，何时可损益平衡。在撰写创业计划书之前，若无法扼要地就这几个问题说出想法，要向别人解释清楚恐怕很困难。

因此，一份好的创业计划书，要使人读后对下列问题非常清楚：公司的商业机会，创业公司所需要的资源，把握这一机会的进程，风险和预期回报。创业计划书不是学术论文，它可能面对的是非技术背景，但对计划书有兴趣的人，如可能的团队成员，可能的投资人和合作伙伴、供应商、顾客、政府机构等。因此，一份好的创业计划书应该写得让人明白，避免使用过多的专业词汇，聚焦于特定的策略、目标、计划和行动。

3.2.2.4 呈现竞争优势与投资利益

商业计划不仅要将资料完整陈列出来，更重要的是整份计划书要呈现出具体的竞争优势，并明确指出投资者的利益所在。而且要显示经营者创造利润的强烈企图，而不仅是谋求企业发展自己。

3.2.2.5 呈现经营能力

要尽量展现经营团队的事业经营能力与丰富的经验背景，并显示对于该产业、市场、产品、技术以及未来营运策略已有完全的准备。

3.2.2.6 注重市场导向

明白利润是来自于市场的需求，没有依据明确的市场分析所撰写的创业计划书将会是空泛的。因此创业计划书应以市场导向的观点来撰写。

3.2.2.7 前后要一致

整份创业计划书前后基本假设或预测要相互呼应，也就是前后逻辑合理。例如，财务预测必须根据市场分析与技术分析所得结果，进行各种报表的规划。

3.2.2.8 数据要符合实际

一切数字要尽量客观、实际，切勿凭主观意愿估计。通常创业者容易高估市场潜力或报酬，而低估经营成本。在创业计划书中，创业者应尽量列出客观的可供参考的数据与文献资料。

3.2.3 创业计划书的核心内容

准备一个商业计划有可能花费上百个小时的时间，具体取决于创业者的经验和知识储备，以及商业计划所要满足的目标。它应该足够全面，以便投资者更好地了解初创企业，而且它也应该帮助创业者明确自己对创办这家新企业的想法。

商业计划的大纲在表3-1中已经列出，这个大纲只能起到参考作用。不同企业的创业计划都应该因计划的目的以及阅读计划的人的不同而有所差异。大纲中每一项的详细内容将在本节中接下来的段落中给出。

3.2.3.1 标题页

标题页包括创业计划书的标题和封面页。具体包括以下内容：

①公司名称和地址。
②创业者的姓名、电话、电子邮箱、主页地址。
③描述公司和业务性质的一段文字。
④资金需求量。创业者可能会提供有关股票和债务方面的数据。
⑤关于报告的保密声明。这是从安全目的的考虑，对创业者非常重要。例如，本报告书保密文件，并且属于上述共同所有人所有。它仅给指定的人士阅读，禁止在未经本公司书

面允许的情况下复制和泄露报告中的内容。

创业计划书的标题页囊括了创业者创设企业的初衷,这对于投资者来说非常重要,即使不阅读整篇创业计划书,投资者也能确定该项目需要投资的数目。

表 3-1　商业计划大纲

1. 标题页 　A. 企业名称和地址 　B. 负责人姓名和地址 　C. 企业性质 　D. 资金需求的说明 　E. 保密声明 2. 摘要——2~3 页的完整商业计划概述 3. 行业分析 　A. 未来前景和趋势 　B. 竞争者分析 　C. 市场细分 　D. 行业和市场预测 4. 企业描述 　A. 产品 　B. 服务 　C. 企业规模 　D. 办公设备和人事 　E. 创业者背景 5. 生产计划 　A. 生产流程(被分包的数量) 　B. 厂房 　C. 机械和装置 　D. 原材料供应商的名字 6. 运营计划 　A. 企业运营描述 　B. 产品和服务的订单流程 　C. 技术利用	7. 市场营销计划 　A. 定价 　B. 分销 　C. 推广 　D. 产品预测 　E. 控制 8. 组织计划 　A. 所有权形式 　B. 合伙人或主要股东的确定 　C. 负责人的职权 　D. 管理团队背景 　E. 组织成员的任务和责任 9. 风险评估 　A. 评估企业的劣势 　B. 新技术 　C. 应急计划 10. 财务计划 　A. 假设前提 　B. 利润试算报表 　C. 现金流预测 　D. 资产负债试算报表 　E. 盈亏平衡分析 　F. 资金来源与利用 11. 附录(包括补充材料) 　A. 许可证 　B. 市场研究数据 　C. 租赁协议或合同 　D. 供应商的价格表

资料来源:创业学(第9版),(美)罗伯特 D. 赫里斯,(美)迈克尔 P. 彼得斯,(美)迪安 A. 谢波德,著;蔡莉,等译. 北京:机械工业出版社,2016,12.

3.2.3.2　摘要

创业计划书的摘要是风险投资商阅读创业计划书时首先看到的内容。摘要是整个商业计划的第一部分,相当于对整个商业计划的浓缩,是整个商业计划的精华所在。由于风险投资商的时间和精力都有限,不可能把所有到手的商业计划都逐个地仔细研究。通常,他们都是先阅览商业计划的概要部分,通过从摘要部分获取的信息来判断是否有继续读下去的必要。也就是说,如果摘要部分不能激发起风险投资商的兴趣,那么,商业计划的后面部分就很有可能无缘与风险投资商见面了。因此,摘要往往是在整体的计划完成之后准备的。

根据不同企业情况，常用两种摘要格式：提纲性摘要和叙述式摘要。

（1）提纲性摘要

提纲性摘要结构简单，开门见山，内容单刀直入，一目了然，让投资者能立即了解创业者需要投资的目的。提纲性摘要的每一段基本上就是创业计划书每一章的总结部分。它的特点是容易撰写，缺点是语言比较干涩，文章没有色彩。提纲性摘要基本上包括了创业计划书的所有方面，面面俱到，各个部分在提纲性摘要中所占比例基本相等。

提纲性摘要的基本格式是用简短明晰的话摘选出来创业计划书的重点。每一个方面的描述不要超过三句话。只阐述与企业和项目关系最密切、给人印象最深刻的部分。提纲性摘要一般常常包括以下一些内容。第一和第二部分内容必须按照下边的顺序排列，其余部分的排列顺序并不太重要。关键是要给投资者留下一个最好的印象。为了突出重点，可以在每段的开头写上标题。为了压缩内容，精简篇幅，在摘要部分可以把有些内容合并。

①有关企业的描述。主要包括企业名称、企业类型、地点、法律形式（股份公司、个人公司、合伙人公司等）。

②申请投资目的。

③企业状况。是老企业或者新企业，或是正在准备成立的企业。企业成立的时间，项目所包括的产品或服务已经进行了多长时间，是否已经销售。

④产品和服务。列出已经销售或要销售的产品或服务。

⑤目标市场。列出产品将进入的市场，以及选择该市场的原因。同时还要提供市场调查研究和分析的结果。

⑥销售策略。主要侧重于叙述产品如何进入目标市场，企业如何做广告以及销售方式。特别要指出主要销售方式。产品促销的主要方式如参加展览、有奖销售、捆绑式销售，或其他可以促销的方法等。

⑦市场竞争情况和市场区分情况。简单介绍与产品有关的市场竞争、主要竞争对手，以及各自的市场划分和市场占有率。

⑧竞争优势和特点。阐述产品为什么能够在市场竞争中获得成功。列举任何可以表现产品或服务的优势，如专利、秘方、独特的生产工艺、大的合同、与用户签订的意向性信件等。

⑨优良的经营管理。简述企业管理队伍的历史和能力，特别是企业的创始人和主要决策人的有关情况。

⑩生产管理：简述关键性的生产特点，如地点、关键的销售商和供应商、节省成本的技术和措施等。

⑪财务状况：未来1~3年的预期销售额和措施等。

⑫企业的长期发展目标：企业未来五年的发展计划，如员工总数、销售队伍的建设情况、分支机构数目、市场占有率、销售额、利润等。

⑬寻求资金数额：项目需要资金总数、资金来源、筹集资金的方式，投资者如何得到报酬等。

（2）叙述性摘要

与提纲性摘要相比，叙述性摘要好像是给投资者讲一个优美动听的故事。可以把创业计划书写得有声有色，娓娓动听。

叙述性摘要的重点集中在描述企业的基本情况，突出项目特点上，较少描述管理细节。叙述性摘要特别适用于需要语言描述的新产品、新市场、新技术等，以及有良好历史或背景的企业。撰写叙述性摘要难度很大，它要求作者既要有对企业经营的知识和经验，还要有深厚的文学功底和很好的写作技巧。

叙述性摘要主要以文字调动投资者对企业的情绪，使投资者对企业和项目感到兴奋，所以在撰写时要重点选择一或两个最能够感动投资者的企业特点，重点叙述企业的创立者是如何建立企业并获得成功的，讲述企业是如何根据社会和技术的变革制造新产品或提供新的服务的，使投资者了解为什么企业能够成功。摘要要写得恰到好处，既要传达所有必要的信息，刺激投资者的激情，又不能夸张，要通过摘要使投资者看到企业的眼光、激情和经验。

叙述性摘要对各段落的关系没有明确的规定，各个部分的比重也不要求平均，重点是要能够在投资者面前明确地展示企业，给投资者留下深刻印象。

叙述性摘要没有统一的格式，但是主要包括以下几方面内容：

①企业简介。简单描述企业的组织机构，发展计划，法律形式，地点，企业目标等。

②产品的基本情况。包括企业背景，产品开发情况，产品是如何开发出来的，产品和服务特点，企业是如何认识到市场机会的等。

③市场情况。简述目标市场，市场发展趋势，市场需要，特别是阐述清楚为什么市场需要你的产品和服务，市场分析结果，市场竞争，市场开放情况。

④竞争优势和特点。为什么企业能够在竞争中获得成功，列举任何可以表现企业产品或服务的优势，如专利、大的合同、用户意向性信件。如果你是新的企业还要列举影响你进入市场的障碍。

⑤管理队伍（领导班子）的情况。描述企业的领导班子的主要经历和能力，特别是过去的成功经验。

⑥未来的阶段性计划。列出每个阶段的发展目标和如何达到目标的方法和日期，包括销售额、利润、市场占有率，第一批产品的出厂日期、员工人数、分支机构数目等。

⑦财务情况。包括资金来源、投资者如何回报等。

叙述性摘要不是必需的。多数创业计划书的摘要采用提纲性摘要，特别是当企业的基本情况比较容易理解时，市场和企业管理相当标准时更不必要采用叙述性摘要。提纲性摘要与叙述性摘要相比，写作风格不是很重要。如果不是写作能力很强，最好采用提纲性摘要，因为投资者第一关心的是如何通过投资项目可以赚到比投资其他项目更多的钱。

无论摘要怎样写，有几点一般是不可省的：管理团队、产品的独特性、市场需求、资本需求、收益和投资出路。

创业计划书的摘要一定要有感召力，能够打动投资商的心。因为在向风险投资公司推销自己的时候，有成百上千人在做着同样的事。因此，必须保证摘要能鹤立鸡群，才能有成功的机会。所以对计划书摘要反复推敲，力求精益求精，趋于完美，争取尽最大可能给风险投资商留下美好的第一印象。

3.2.3.3 环境和行业分析

（1）环境分析

环境分析（environmental analysis）是对影响新企业的国内和国外环境进行分析，这些环境因素的实例如下：

①经济。创业者应该考虑国民生产总值的走势、区域内的失业率和可支配收入等。

②文化。评估文化的变化趋势需要从人口统计学的角度考虑人口状况的转变，如人口老龄化问题的影响；观念的转变，如对环境的关注都将影响创业者的商业计划。

③技术。技术进步是很难预测的。身处一个会因技术进步而快速变化的市场，创业者需要谨慎选择短期营销策略，而且对于可能影响到自身产品和服务的技术进步要有长期的计划准备。

④法律。建立一家新企业有许多重要的法律方面的问题，创业者应该对未来任何可能影响产品、服务、分销渠道、价格和推广战略的法制有所准备。能够影响到营销计划的法律限制的例子是价格的放松管制、媒体广告的限制（如对香烟广告的禁止）、对产品或包装的安全规定等。

上面提到的这些外部因素通常都是不可控的。通过可靠信息了解并评估这些因素将会对创业机会给予很大的支持，并对制定合理的营销战略起到重要的作用。

（2）行业分析

创业者一旦完成了环境评估，就应该进行聚焦特定产业发展趋势的行业分析（industry analysis）。示例如下：

①行业需求。相关行业需求一般可以通过已公布的资料来源获得。市场处在成长或者衰退阶段、新竞争者的数量以及客户需求的可能变化都是新企业在确定未来业务过程中非常重要的问题。

②竞争。大多数创业者会面临来自大企业的潜在威胁。创业者必须对这些威胁做好准备，应该明确谁是竞争者以及他们的优势和劣势以便实行有效的营销计划。大多数的竞争者可以轻易通过经验、商业期刊文章、广告、网络甚至黄页识别出来。有很多资料来源可以为创业者提供完成商业计划这部分的总体行业和竞争者的数据。

商业计划这一部分，创业者应该考虑的几个关键问题，见表 3-2 所列。

表 3-2　环境和行业分析的关键问题

1. 国内和国际层面的主要经济、技术、法律和政治趋势如何
2. 过去五年的行业销售总额有多少
3. 本行业的预期增长量有多少
4. 过去三年内有多少新公司进入了本行业
5. 最近本行业研发出了什么新产品
6. 谁是最主要的竞争对手
7. 怎样能使你的企业运营得比竞争对手的更好
8. 你的每个主要竞争对手的销售额在上升、下降还是保持稳定
9. 你的每个竞争对手的优势和劣势是什么
10. 你所在的市场最近的发展趋势如何
11. 你的客户有何特征
12. 你的客户与你的竞争对手客户有哪些不同

资料来源：创业学（第9版），（美）罗伯特 D. 赫里斯，（美）迈克尔 P. 彼得斯，（美）迪安 A. 谢波德，著；蔡莉，等译．北京：机械工业出版社，2016，12．

3.2.3.4　新企业描述

商业计划的这个部分，对新企业的描述应该细化。这样才能使投资者了解企业的规模和范围。这部分应该从新企业的公司使命说明开始。这个说明主要描述企业的性质以及创业者希望企业达成的目标。这个使命说明和业务定义将对企业长期决策制定起到指导作用。在任务说明之后，需要提供一些能够概括和表述新企业的重要因素，包括产品、服务、企业位置与业务规模、所需要的人员与办公设备、创业者背景以及投资历史。

3.2.3.5　生产计划

如果新企业是生产制造企业，生产计划就很有必要。如果全部或者部分生产过程是要外包出去的，那么在这个计划中就应该描述承包方，包括承包方的地址选择的理由、费用以及已经签订的所有合同。如果生产制造过程全部或者部分由创业者完成，那么他就应该描述车间设计布局方案、进行生产作业所需的机器设备、原材料及供应商的名字、厂址和期限，还有生产成本与未来的设备投资的任何需求。任何潜在投资人在评估财务需求时，生产计划中的上述条款都是非常重要的。

3.2.3.6　运营计划

所有企业的商业计划都应该包含运营计划这部分。该部分的内容不仅局限于生产制造过程（当新企业包含生产制造活动时），还应描写货物或服务从生产传递到顾客那里的流程。它可能包括生产成品的库存水平和保存情况、运输、库存控制过程以及客户服务。非生产制造类企业（如零售商或者服务提供商）在商业计划中同样需要这一部分来陈述业务交易的先后步骤。例如，一项网上零售运动服装的业务，需要出售的产品是如何买入的？它们是怎样被储存的？对库存量是如何管理的？产品是怎样运输的？最重要的是消费者是怎样下订单并完成交易的？

3.2.3.7　市场营销计划

市场营销计划是商业计划中非常重要的一部分，它主要描述产品或服务如何分销，如

何定价，如何促销。任何对关键营销决策战略和销售预测有支持作用的营销研究结论都应该在这个部分呈现。专门就某个产品或服务进行预测是为了进一步预测新企业的盈利能力。因此，创业者应该认真地、尽可能全面和详尽地准备这个计划，以使投资者能够清楚新企业的目标以及执行什么样的战略来高效地达到这些目标。

3.2.3.8 组织计划

商业计划中组织计划描述的是新企业的所有权结构，即独资形式、合伙制形式和股份制形式。如果新企业属于合伙制，那么合作的条款需要包含进来。如果新企业是股份制结构，则需要详细说明额定版本和股份认购权的分配情况，以及公司董事及高级职员的姓名、地址和履历。一张包含权力结构和组织各成员的职责的组织结构图是很有用的。

3.2.3.9 风险评估

在特定的环境中，任何一家初创企业都可能面临风险。因此，风险评估（assessment of risk）是很有必要的。

首先，创业者应该指出新企业的潜在风险。例如，行业中不利趋势的影响、设计或制造成本超出预期、零部件或原材料交付期拖延、新竞争对手涌现等。

其次，创业者应该讨论如果这些风险发生造成的后果。例如，如果出现价格战、行业不景气、市场计划错误、预期销售未能实现、专利申请未获审批、管理团队解散等情况该怎么办？

最后，有针对性地提出备选方案。当然，计划延误、不准确、行业不景气等情况都可能发生，但从创业计划书中可看出创业者的危机意识以及所做的准备。

3.2.3.10 财务计划

财务计划也是商业计划中很重要的部分。它能确定新企业需要的潜在投资，并显示出商业计划在经济上是否具有可行性。

这一部分需向投资者说明企业的生存能力，包含3份财务报表：预计资产负债表、利润表、现金流量表。

（1）预计资产负债表

预计资产负债表反映的是为了某一特定时间的企业财务状况，分别在启动阶段、第一年的每半年、前3年的每年年末进行。预计资产负债表列出了支持未来经营的各项资产及其筹措方式（负债与所有者权益）。通过查阅此表，投资者可判断负债权益比率、营运资金、流动比率、存货周转率等指标是否符合未来财务计划。

（2）利润表

利润表可体现经营结果是盈利还是亏损，根据市场细分所形成的销售预测对于利润表是非常重要的，如果销售预测准确，生产成本便可根据预期利润进行预测，如原材料、人工、服务、生产费用（维修、变动成本），费用方面包括配送、仓储、广告、折扣、管理费用（工资、律师及会计咨询费、房租、共用设施、电话费）等。

（3）现金流量表

现金流量表是企业创建过程中最重要的报表，体现期望的现金流入、流出的时间与数量，应仔细考量。通过分析特定时期销售收入及费用支出状况，现金流量表可体现出需要额外进行融资的时间以及营运资金的最高需求。创业者应确定资金获取方式、期限及偿还方式等。在此基础上对现金流量进行预测。预测得当的话，详细的现金流量表可在危机来临前提醒创业者留心运营中的问题。

最后应进行盈亏平衡分析，体现收回成本时的销售（或生产）状况，并且对变动成本（生产人员工资、原材料、销售费用）与固定成本（房屋租金、利息、管理费用）予以区分。

3.2.3.11 附录

附录通常包含任何没有必要在文件正文中列出的备注资料。附录中涉及的任何文件都应该包含在计划之中。

例如，消费者、分销商、次级承包商的往来信件就是应该包含在附录中的例子。任何信息文件（如原始调研数据或者二手数据）都应该包含在内。签订的租赁契同或其他任何形式的协议同样可以在附录中出现。最后，供应商或竞争对手的产品价单也可以附加地放到附录中去。

案例分析

××科技有限公司是生产智能科技膜的一家公司。为了扩大规模，公司需要寻求5000万元的投资，以下即为该公司撰写的商业计划书。

××科技有限公司科技膜商业计划书

一、摘要

××科技有限公司（以下简称××公司）生产的科技膜（TL Film）是一种智能控制的功能薄膜，科技膜能够通过电场来调节光的通过状态，使其在全透明的光学状态和类似毛玻璃的散射光学状态之间自由切换。该科技膜可以广泛应用于汽车车窗贴膜、广告投影幕墙、室内隔断贴膜、智能家电触摸屏等领域。

在2020年，科技膜在智能窗市场的规模可达100亿元，在智能家具领域的市场规模可达1000亿元，在公装智能隔断市场的规模可达100亿元。

公司目前在市场上的竞争对手主要有两家，都是应用型企业，不具备核心材料的生产技术。与竞争对手相比，我公司产品的驱动电压最小，属于人体安全电压范围，而它们产品的驱动电压均高于人体安全电压。我公司产品能耗为1瓦特/平方米，远低于它们产品的能耗（6瓦特/平方米）。另外，我公司最显著的优势在于拥有核心材料的生产专利和多元化的产品。

公司将针对中高端产品领域，提供基于科技膜的系统集成增值服务及解决方案，逐渐建立品牌，并通过代理商和自主销售团队同时进行销售。同时，我们已着手量产第二代产品，研发下一代产品，保持市场和技术领先。

公司核心管理人员均参与了国家项目，具备扎实的技术和管理能力，拥有丰富的创业经验。团队成员均具有15年以上行业从业经验。

公司未来3年财务预测：第一年预计税前利润亏损60万元，第二年实现税前利润550万元，第三年实现税前利润1 330万元。

公司本次计划融资5000万元，转让公司20%的股权。本次融资主要用于补充中试线运营的资金及改进中试线、增加产能。

××公司致力于成为科技膜产品应用的整体方案提供商，公司拥有核心生产技术、优秀的管理团队和营销计划，在智能科技膜市场将会有很好的市场前景和发展空间！

二、公司简介

成立时间：2010年8月13日。

注册资本：400万元。

法人代表：张××。

公司面积：1200平方米。

厂房面积：800平方米。

公司定位：以市场为导向，以技术为基础，致力于成为卓越的中国科技膜产品技术引领者以及基于科技膜产品应用的整体方案提供商。

三、产品介绍

科技膜是一种智能控制的功能薄膜，是利用电场来调节光的通过状态的光阀产品。用户可以通过遥控器或手机软件对科技膜进行光学状态调节，既可以将其变成全透明的光学状态，也可以将其变成像毛玻璃一样的散射光学状态。

科技膜的应用范围非常广，可以用作汽车玻璃及全景天窗贴膜；可以用作背投方式的投影幕墙（并结合多媒体触控功能，实现商业广告橱窗等应用领域的人机互动效果）；可以用作住房、写字楼的室内隔断贴膜，替代传统的百叶窗；可以用在智能家具、智能家电等领域。

（详细介绍略）

四、市场分析

关于科技膜产品的市场容量，这里通过3个应用领域进行简单介绍。

1. 智能窗市场。根据××财务统计机构的预测，若按智能窗目前3000元/平方米的售价计算，预计2020年市场规模将增长至每年20亿元；如按2000元/平方米的售价计算，预计市场规模将增长至每年100亿元。

2. 智能家具市场。随着智能家居大环境的成熟，智能家具势必成为智能家居中非常重要的一环。有数据显示，2008年全国房地产市场直接带动的家居市场容量达到11800亿元，近3年家居市场容量的复合增长率为18%。就算智能家具只占10%的市场份额，也可达到上千亿元的市场规模。

3. 公装智能隔断市场。目前我公司正为一家酒店提供整体方案服务，该项目可以带来100万元左右的销售额。以1000家类似规模酒店计算，可以产生百亿元以上的市场规模。另外，全国有超过12万个银行营业网点，一个营业网点工程按15万元计算，当推广率达到50%时，将产生100亿元以上的市场规模。

五、主要竞争对手分析

目前市场上主要的竞争对手为甲公司和乙公司。它们都是应用型企业,核心材料基本都是通过采购取得,自身不具备核心材料的生产技术。它们通过采购液晶、聚合物、PET薄膜等材料,然后加工制成薄膜或夹胶玻璃进行销售。

我公司与甲、乙两公司的产品优劣势比较表3-3所示。

表3-3 产品优劣势比较

公司	驱动电压	能耗	特点	是否掌握核心材料技术
我公司	人体安全电压范围内,不超过36伏	1瓦特/平方米	产品多元化,能针对客户的不同需求提供个性化定制服务,如以不同光学状态显示公司商标等	拥有核心材料专利,技术团队是做材料出身的
甲公司	高于人体安全电压,55~75伏	4~6瓦特/平方米	产品单一,其产品出口业务做得比较好	液晶及聚合物核心材料为外购取得
乙公司	高于人体安全电压,60~110伏	6~10瓦特/平方米	产品单一,其产品在与投影及多媒体结合方面做得比较好	液晶及聚合物核心材料为外购取得

六、市场营销策略

1. 代理商分销和自主销售团队销售同时进行。业务拓展方面着重于满足终端客户个性化、差异化的产品定制需求,通过提高终端用户对产品增值服务的满意度,提高代理商的黏度。

2. 针对中高端产品领域,比如银行、商业橱窗、高档酒店、别墅、写字楼等场所,提供基于科技膜的系统集成增值服务及解决方案,逐渐建立品牌。

3. 基于科技膜的光学特性,针对智能家居产业链环节的智能家电及智能家具产品,开发并销售智能硬件。

4. 通过优化工艺、提高产量、降低成本,最终达到推广产品至普通家庭用户的目的。同时,量产第二代产品,研发下一代产品,实现市场和技术领先的目标。

七、团队介绍

公司管理组织结构如图3-1所示。

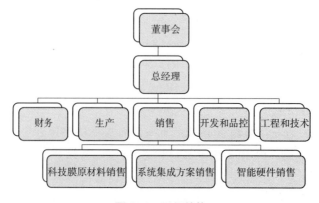

图3-1 组织结构

××公司核心团队成员均具有15年以上的液晶及聚合物体系开发经验及15年以上的LCD显示行业从业经验。同时,核心团队成员都有创业经历,创立的企业目前运营良好。

董事长:张××,男,正高职称,参加国家及省部级项目10余项,并作为主要负责人两次承担国家863项目;先后申请国家发明专利12项。

总经理:宋××,男,副高职称,理学学士学位;毕业后一直在LCD显示行业内工作,作为技术骨干两次参与国家863项目,多次获得科技进步奖;先后开发并申请了3项专利。

销售代理:刘××,男,副高职称;从业17年,对光学膜材应用及市场有很深的理解;2015年担任××科技有限公司副总经理,主要负责透明视窗玻璃屏蔽薄膜、低辐射功能薄膜、建筑装饰玻璃贴膜产品的推广及销售工作。

销售代理:李××,男,有在日本企业10年的工作经验;善于沟通,勤于分析,有良好的交际能力,对各个行业均有一定程度的了解,熟悉进出口贸易及国内贸易的各项流程。

八、近3年财务预测(表3-4)

表3-4 公司近3年的财务预测

财务预测	项目	2019年	2020年	2021年
收入(万元)		100	1800	3600
各项销售额度对总收入的占比(%)	科技膜	20	25	20
	系统集成工程	60	50	50
	智能硬件产品	20	25	30
成本各项对总收入的占比(%)	科技膜	15	15	15
	系统集成工程	45	42	40
	智能硬件产品	40	43	45
毛利润(%)		40	50	55
销售、管理、财务费用(万元)		100	350	650
税前利润(万元)		-60	550	1330

九、融资计划及资金使用

融资计划:通过转让20%的股权,融资5000万元。

资金用途:本次融资主要用于补充中试线运营资金以及改进中试线。

十、联系方式

联系人:王××。

电话:139×××××××。

传真:028-8564×××。

电子邮件:5110×××＠qq.com。

网址:www.TL××.cn。

地址:四川省成都市锦江区下东大街×××号。

资料来源：王琪. 商业计划书写作与通用模板[M]. 北京：人民邮电出版社，2021，1.

思考：学习完本章内容后，参考以上创业计划书，撰写一篇创业计划书。

课后复习题

1. 如何理解创业计划？
2. 评估创业项目的评估内容有哪些？
3. 效益评估准则包含哪些内容？
4. 创业计划书有什么作用？
5. 创业计划书的编写原则和技巧是什么？
6. 创业计划书的核心内容是什么？

第 4 章

企业战略管理

学习目标

1. 了解企业经营环境的概念、特征。

2. 学会对企业经营环境进行宏观因素分析和微观因素分析,并对企业经营环境做出评价。

3. 了解企业经营战略的概念和意义,掌握企业发展的一般战略和具体战略。

4.1 企业经营环境分析

任何企业都是在一个特定的环境中经营和成长的，如特定的区域、特定的行业、特定的市场、特定的时间。松下电器总裁松下幸之助谈及其经营成功的秘诀时说过："没有别的，看到下雨了，就要打伞。只不过是顺应天地自然的规律去工作而已。"这句看似简单的话语实则内涵丰富，将企业所处的经营环境发生的变化比作气候的变化，将应对企业经营环境变化做出的反应比作打伞，揭示了系统分析企业所处的环境并做出正确应对举措对企业发展的重要性。

企业与其他组织一样，是一个开放的系统，必须与环境相交换，以适应环境占据优势地位。本节在了解企业经营环境概念和特征的基础上，着重讲述如何对企业经营环境进行宏观因素分析和微观因素分析，以及如何评价企业的经营环境。

4.1.1 企业经营环境的概念

环境是指包围着某一中心的事物或状态，以及影响中心事物发展变化原因的综合。通过这个概念我们可以更好地去理解什么是企业经营环境，在企业经营环境中，中心事物就是企业，这一中心受到各种各样的事物和状态的包围并受到其影响，所以，我们可以认为，企业经营环境就是与企业有关的各种外部因素，包括市场因素以及对商品市场发生间接影响的其他因素。市场因素如同类或代用产品的数量、质量、价格，用户对商品需求变化趋势等。其他因素如社会环境，经济环境，技术环境，政治环境等。

4.1.2 企业经营环境的特征

不同于其他组织所处的环境以及自然环境，企业经营环境有其相对特殊的三大特征：

（1）环境差异性

环境差异性是指即使是两个经营范围相同的企业面对同一环境因素，对环境因素的影响也会有不同的体验和反应。环境的差异性决定了企业经营战略的多样性。需要注意的是，这里的差异并不是指不同企业所面对的环境不同，恰恰相反，在这个特征中，假设不同企业所面对的环境是相同的，这里的差异指的是不同企业面对同一环境受到的影响不同，做出的反应也不同。

（2）环境动态性

任何一种环境因素的稳定都是相对的，变化则是绝对的。市场供求关系变化的频率在不断加快。所有这些变化既有渐进性，又有突变性，都要求企业以相应的战略去适应这种变化。正如我们经常说的"商场如战场"，市场就像战场一样，"休战"是少有且短暂的，激烈的"交战"才是常态,企业身处市场也必须有身处战场的紧迫感和敏锐的嗅觉,主动去适应市场的变化,力求掌握主动权。

(3)环境可测性

各种环境因素之间是互相关联和互相制约的。因而某种环境因素的变化大都是有规律性的。不过,这种规律性有的比较明显,有的比较隐蔽,有的作用周期长,有的作用周期短。变化规律性明显且作用周期长的环境因素,其可测性也较高。企业要在长期的经营实践中去总结这些规律,时刻做到未雨绸缪。

4.1.3 宏观环境因素分析

4.1.3.1 宏观环境的定义

所谓宏观环境,是指可以广泛影响特定空间范围内所有市场、行业和企业战略行为的各种外部因素。这些因素对企业经营与企业前途具有战略性影响,是各类企业生存所处的共同空间,是企业环境因素中一个比较广泛的方面。决定企业胜负的很多因素都存在于宏观环境之中,这些因素不只是通过影响企业所在的行业改变着企业的生存与发展条件,有的还会对企业产生直接的影响。

4.1.3.2 宏观环境分析步骤

对宏观环境的分析一般包括四个步骤,即扫描(scanning)、监测(monitoring)、预测(forecasting)和评价(assessing),见表4-1所列。

表4-1 宏观环境分析步骤

步骤	功能
扫描	发现环境变化及其趋势的早期信号
监测	通过对环境变化及其趋势的持续和观察查明变化的意义
预测	根据所监测到的变化预测其发展结果
评价	明确环境变化及其趋势对企业战略管理的重要性与时效性

监测是观察由扫描所发现的环境变化,看是否有新的重要变化趋势发生。成功的监测关键在于使企业能够查明各种环境事件对企业经营的意义。

扫描和监测主要关心某一时刻已发生的环境事件,而预测则主要在于对作为扫描和监测所发现的变化及其趋势的结果,什么将会发生,何时将会发生的一种推测。评价的目的在于明确环境变化及其趋势对企业战略管理的重要性和时效性。扫描、监测和预测使企业能够了解一般环境;而评价则更进一步,力图确定这些了解对企业的意义。

离开了评价,所收集的各种外部信息都只是一堆素材,而不能为企业战略管理提供指导。

了解了宏观环境分析步骤后,我们为了更清晰、详细地介绍宏观环境因素对企业所产生的具体影响,以及如何有效地进行宏观环境分析,本节将详细介绍目前较为常用且被广泛认可的宏观环境分析工具为PESTEL分析方法(图4-1)。

4.1.3.3 PESTEL 分析方法

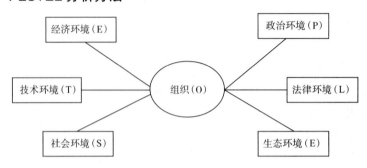

图 4-1 PESTE 分析模型

(1) 政治环境 (political)

政治环境是指对企业经营活动具有现存的和潜在的作用与影响的政治力量和对企业经营活动加以约束和要求的政策条文等。主要包括企业所在国家或地区的政治制度、经济政策、外交政策、国防政策、中央与地方政府的关系、执政党所要推行的基础政策和这些政策的稳定性与连续性以及国家与地区政局的稳定性。这些因素常常制约、影响着企业的经营行为，尤其是影响企业较长期的投资经营活动。这种影响具有直接性，难于预测性和不可逆转性。

(2) 经济环境 (economic)

经济环境是指一个国家的宏观经济的总体状况，是国民经济发展的总概况，是构成企业生存和发展的社会经济状况及国家经济政策，主要有以下 4 点：

①基本经济结构和特点。包括经济体制、经济结构、产业结构、生产力布局和对外开放的程度等。

②国民经济发展状况。包括国民经济增长、国际贸易增长、居民收入增长、资本市场和通货膨胀的状况等。

③政府的经济政策。包括财政政策、金融和货币政策、贸易政策和政府预算。

④国际经济形势、经济发展趋势以及企业面临的经济国际化、市场全球化等状况。

(3) 社会环境 (social)

企业宏观环境中的社会环境是指特定历史时期社会发展的一般状况，包括企业所处的社会结构、社会风俗、宗教信仰、价值观念、行为规范、生活方式、文化传统、消费偏好、人口规模与地理分布等因素的形成与变动状况等，这些因素源远流长又不断演化，它们以各种潜移默化的方式影响企业的各个利益相关团体，影响这些团体对企业的看法和要求，从而决定它们在多大程度上认同或者支持企业的战略选择，这同样要求企业改变自己的战略行为。

(4) 技术环境 (technological)

技术环境是指企业所处的社会环境中的科技要素及与该要素直接相关的各种社会现象

的集合，包括目前社会技术总水平及变化趋势、技术变迁、技术突破对企业的影响及技术与政治、经济、社会环境之间的相互作用的表现等。技术包括硬件技术和软件技术两个方面。硬件技术是指物质化的新技术，包括新材料、新工艺、新设备和新产品等；软件技术既包括可以直接用于生产产品的信息化技术，也包括管理思想、经营策略等。企业的技术环境大体包括以下四个基本要素：社会科技水平、社会科技力量、国家科技体制、国家科技政策和科技立法。

（5）生态环境（environmental）

生态因素要求企业去考虑生产经营活动的地理位置、气候特征、气候变化、公共基础设施、环保要求。在实际应用中，生态因素主要指"绿色环保"问题，生态环境因素对企业的影响主要体现在：对成本的影响，企业公众形象和厂区选址问题。

（6）法律环境（legal）

法律环境主要包括对与企业相关的社会法制系统及其运行状态所做的分析。法律环境主要有国家和地方的法律规范、国家司法、行政执法机关、企业的法律意识等。

①法律规范。主要有宪法、基本法律、行政法规、地方性法规等，其中与企业相关的法律规范构成企业法律环境中最基本的内容。

②国家司法、执法机关。指国家设立的法律监督、法律审判和法律执行部门，主要有法院、检察院、公安机关及各种行政执法部门。

③企业的法律意识。法律意识是法律观、法律感和法律思想的总称，是指企业对法律制度的认识和评价。与企业家的背景和经历有很大关系。

4.1.4　微观环境因素分析

微观环境是企业生存与发展的具体环境。与宏观环境相比微观环境因素更能够直接地给一个企业提供更为有用的信息，同时也更容易被企业所识别。

4.1.4.1　企业的微观环境

主要从企业、供应商、营销中介、市场、竞争者、公众6个方面进行。

（1）企业

企业主要分析以下3个方面：

①企业文化。所谓企业文化，从本质上说就是企业家及他率领的群体所拥有并积淀的赋予企业的性格。具体表现为价值标准、企业精神、管理制度、行为规范等。良好的企业文化环境氛围有助于增进企业全体员工对企业的好感，并可以通过员工向外辐射这种感情以美化企业的对外形象。

②治理机制。企业内部必须有许多职能部门，它们各司其职，各行其是。企业整体要求各部门之间要相互联系，有效配合。但是，一旦各部门形成以后，就有存在各自的利益关系，从而客观上存在着产生矛盾的可能。

③物质基础。企业以具备优秀的"人"资源为要，但还必须具有良好的"物"资源。

"人""物"双优,加之良好的机制,就能实现企业资源效能整体优化。

(2) 供应商

供应商就是向企业及其竞争者提供资源的企业和个人。供应商对企业的影响具体表现在两个方面:一是价格变动的影响;二是货源的充足性与质量。因此,企业一方面应与主要供应商保持长期稳定的关系;另一方面,应建立广泛的购货渠道,以免因过分依赖某些供应商造成被动局面。

(3) 营销中介

营销中介是指协助企业促销、销售以及把产品送到企业卖方的机构。它们包括中间商、物流机构、营销服务及金融中间机构。

(4) 市场

企业开展各种类型的营销活动,就是为了更好地向目标市场提供商品和劳务。目标市场有:消费者市场、生产者市场、经销商市场、政府市场和国际市场。

①消费者市场。由个人和家庭组成,他们仅为自身消费而购买产品和劳务。

②生产者市场。又叫工业市场,通过购买产品或劳务进行生产,形成其他产品或劳务,满足社会需求,实现盈利目的。

③经销商市场。经销商购买产品和劳务,用以转售从中盈利。

④政府市场。政府机构购买产品或劳务,用以提供公共服务。

⑤国际市场。由外国消费者、生产者、中间商及外国政府构成的市场。

(5) 竞争者

从与企业销售关系的密切程度看,有以下4个层次的竞争者:

①形式竞争者(如自行车中的山地车与城市车,男式车与女式车,就构成产品形式竞争者)。

②品牌竞争者(以电视机为例,索尼、长虹、夏普等众多产品之间就互为品牌竞争者)。

③同类竞争者(如自行车、摩托车、汽车都可用作交通工具,生产企业也就互相成为各自的同类竞争者)。

④愿望竞争者(如消费者要选择一种万元消费品,他所面临的选择就可能有计算机、电视机、摄像机、出国旅游等,这时计算机、电视机、摄像机以及出国旅游之间就存在着竞争关系,成为愿望竞争者)。

(6) 公众

公众是这样的一种群体,它对一个组织完成其目标的能力有着实际或潜在的影响。公众可能有助于增强也可能阻碍一个企业实现自己目标的能力,企业应处理好与公众的关系。企业公关部门负责公共关系的建设,通过收集涉及企业的公众意见和态度,发布和交流信息,树立企业信誉。围绕企业的公众有7类:金融界、媒介、政府机构、社会团体、地方公众、普通公众和内部公众。

了解了企业微观环境分析的6个切入点,我们来详细介绍如何使用波特的五力分析模型来具体分析企业经营的微观环境。

4.1.4.2 波特的五力分析模型

波特的五力分析模型的内容主要是分析本行业中的企业竞争格局及本行业和其他行业的关系（图4-2）。行业和结构及竞争性决定着行业的竞争原则和企业可能采取的战略，因此，这种分析是企业制定战略最主要的基础。波特认为，行业和结构及竞争性主要受5种力量的影响，分别是潜在竞争对手进入的风险、产业内现有企业的竞争强度、购买者讨价还价的能力、供应商讨价还价的能力、产业替代性产品的相似度。

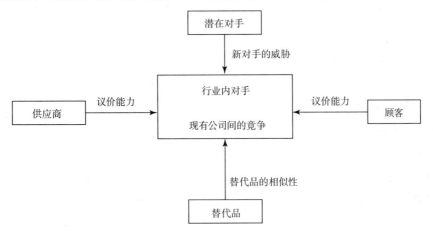

图4-2 波特的五力分析模型

具体分析5种力量的影响及不同力量的影响因素：

（1）行业新加入者的威胁

新进入某一行业或市场的竞争对手会带来新的生命力，他们具有在市场上站稳脚跟并获得市场份额的愿望，这就给现有企业带来威胁。一个行业的潜在进入者威胁的大小主要是指愿意进入该行业的企业数量的多少和进入该行业的容易程度。在行业的早期发展阶段，新进入者或许会带来新的资金和新的创意，促进整个行业的形成和发展。主要包括资金需求、规模经济、产品差异化及顾客的忠诚度、分销渠道、转换成本、技术、在位优势、绝对成本优势、预想的报复、政府的管制政策和法律约束。

（2）行业内现有竞争者之间的竞争

影响一个行业平均盈利水平的最重要力量来自本行业的竞争态势以及影响其战略的行业特点。在有些行业中，企业之间经常围绕着价格、广告、服务等进行"割喉式"的竞争，过高的竞争强度导致整个行业长期处于亏损状态。主要包括有众多势均力敌的竞争者、产能跨越式增长、行业增长缓慢、行业对企业兴衰至关重要、行业的产品没有差别或没有行业转换成本、固定成本高、高库存成本、竞争者经营目的多种多样、退出成本高。

（3）替代产品的威胁

替代产品是指那些与本行业的产品有同样功能的其他产品。替代产品的价格如果比较低,它投入市场就会使本行业产品的价格上限只能处在较低的水平,这就限制了本行业的收益。替代产品的价格越是有吸引力,这种限制作用也就越牢固,对本行业构成的压力也就越大。主要包括替代品性能价格表现、转换成本、替代程度。

(4) 顾客议价能力

一个行业平均盈利水平的高低还与其顾客讨价还价权力的大小密切相关。如果顾客讨价还价的权力比上游行业企业大,那么顾客会要求这个行业的企业降低产品价格、提高产品和服务的质量,上游行业的平均盈利水平就会下降。主要包括顾客所处行业的集中度高、购买方数量、顾客所购买的产品没有差异性、顾客没有转换产品的成本、价格敏感性、顾客更容易进行后向整合、所购产品对顾客的产品或者服务质量影响不大、购买方信息。

(5) 供应商议价的能力

一个行业平均盈利水平的高低与该行业上游的供应商讨价还价能力的大小密切相关,因为下游行业企业与上游行业供应商的关系就是讨价还价的关系。主要包括供应商所处行业集中度高、所供应的产品几乎没有替代产品、供应商所供应的行业无关紧要、供应商的产品是很重要的生产投入要素、供应商们的产品是非标准化的、供应商对买主行业来说可构成前向一体化。

(6) "波特的五力分析模型"的总结

一个行业中如果5种力量都很强大,该行业的平均利润率将会很低。如果这些力量较弱,该行业的平均利润水平将会很高,行业吸引力大。另外,行业竞争的五种力量在行业发展的不同时期表现不同,掌握五种力量在行业不同发展阶段的变化规律,对于企业制定有效的战略决策有着非常重要的作用。

波特的五力分析模型为行业环境中各种竞争力量的系统分析提供了强大的工具,帮助企业战略管理者进行战略性的思考。需要注意的是,5种竞争力量之间相互影响,在进行分析时必须同时考虑所有因素。

(7) "波特的五力分析模型"的局限性

"五力模型"作为一种战略分析工具,其重要性无论在理论上还是在实践中都毋庸置疑。然而需要指出的是,恰如任何一种伟大的管理分析工具都难免存在一定的缺陷一样,"五力模型"的局限也是明显的。该模型更多是一种理论思考工具,帮助企业经营者分析环境,制定战略,并不适合作为可以实际操作的战略工具。该模型建立在三个理论假设的基础之上:

①制定战略者需要了解整个行业的信息,显然现实中是难以做到的。

②同行业之间只有竞争关系,没有合作关系。但现实中企业之间存在多种合作关系,不一定是你死我活的竞争关系。

③行业的规模是固定的,因此,只有通过夺取对手的份额来占有更大的资源和市场。但现实中企业之间往往不是通过吃掉对手而是与对手共同做大行业的蛋糕来获取更大的资源和市场。同时,市场可以通过不断的开发和创新来增大容量。

从其理论假设我们不难看出，同时满足这3种条件假设的市场在现实生活中几乎找不到原型，在使用该模型时一定要注意。

4.1.5 企业经营环境的评价

4.1.5.1 对外部环境进行评价——外部因素评价矩阵

在分析了企业经营的宏观环境因素和微观环境因素后，我们要对企业经营环境进行一个整体的评价，为了评价企业经营环境，我们引入一个新的模型，即外部因素评价矩阵。

外部因素评价矩阵 EFE（external factor evaluation matrix）是对企业的关键外部因素进行分析和评价的常用方法，它可以把一个产业的政治、经济、社会、技术、生存、法律、环境等因素综合在一起，形成一个总体的判断。其做法是从机会和威胁两个方面找出影响企业未来发展的关键因素，根据各个因素影响程度的大小确定权数，再按企业对各关键因素的有效反应程度对各关键因素进行评分，最后算出企业的总加权分数。通过EFE，企业就可以把自己所面临的机会与威胁汇总，来刻划出企业的全部吸引力。具体操作分为5个步骤：

（1）列出在外部分析过程中确认的关键因素

因素总数在10~20，因素包括影响企业和所在产业的各种机会与威胁，首先列举机会，然后列举威胁，要尽量具体，可能时采用百分比、比率和对比数字。

（2）赋予权重

赋予每个因素以权重，数值由0.0（不重要）到1.0（非常重要），权重反映该因素对于企业在产业中取得成功的影响的相对大小性，机会往往比威胁得到更高的权重，但当威胁因素特别严重时也可得到高权重。确定权重的方法：对成功的和不成功竞争者进行比较，以及通过集体讨论而达成共识，要注意所有因素的权重总和必须等于1。

（3）评分

按照企业现行战略对关键因素的有效反应程度为各关键因素进行评分，分值范围1~4，4代表反应很好，3代表反应超过平均水平，2代表反应为平均水平，1代表反应很差。评分反映了企业现行战略的有效性，因此它是以公司为基准的，而步骤2的权重是以产业为基准的。

（4）加权分数

用每个因素的权重乘以它的评分，即得到每个因素的加权分数。

（5）总加权分数

将所有因素的加权分数相加，以得到企业的总加权分数。无论EFE矩阵包含多少因素，总加权分数的范围都是从最低的1.0到最高的4.0，平均分为2.5。高于2.5则说明企业对外部影响因素能做出反应。EFE矩阵应包含10~20个关键因素，因素数不影响总加权分数的范围，因为权重总和永远等于1。

下面我们举一个某糕点行业的例子来展示外部因素评价矩阵的使用（表4-2）。

表 4-2　某糕点行业的 EEF 矩阵

	关键外部因素	权重	评分	加权分数
机会	糕点行业的日益繁荣	0.10	2	0.20
	政府对民营企业融资提供便利	0.05	3	0.15
	各种节日对糕点、月饼的大量需求	0.10	4	0.40
	白领人群小资情调的推动	0.05	3	0.15
	糕点样式多样化发展	0.07	2	0.14
	成本低，利润高	0.09	3	0.27
威胁	政府对食品行业的管制	0.06	3	0.18
	糕点行业有区域垄断	0.07	3	0.21
	创新速度快	0.19	2	0.38
	糕点行业的信誉危机	0.14	1	0.14
	优秀品牌对市场的占领	0.05	2	0.10
	各地分店的合理管理	0.03	2	0.06
	总计	1.00		2.38

可以看出该行业最后的加权得分为 2.38 分，小于平均分 2.5 分，因此，我们可以认为该糕点行业对外部影响因素的反应程度相对较差，企业需要改进经营战略以适应外部宏观环境的变化。

4.1.5.2　对内部环境进行评价——杜邦分析法

内部环境是企业内部与战略有重要关联的因素，是企业经营的基础，是制定战略的出发点、依据和条件，是竞争取胜的根本。企业内部环境或条件分析目的在于掌握企业历史和的状况，明确企业所具有的优势和劣势。它有助于企业制定有针对性的战略，有效地利用自身资源，发挥企业的优势；同时避免企业的劣势，或采取积极的态度改进企业劣势。扬长避短，更有助于百战不殆。在此，我们利用杜邦分析法进行内部环境的评价。

杜邦分析法（DuPont Analysis）是利用几种主要的财务比率之间的关系来综合分析企业的财务状况。具体来说，它是一种用来评价公司盈利能力和股东权益回报水平，从财务角度评价企业绩效的一种经典方法。其基本思想是将企业净资产收益率逐级分解为多项财务比率乘积，这样有助于深入分析比较企业经营业绩。由于这种分析方法最早由美国杜邦公司使用，故名杜邦分析法。

（1）杜邦分析法的基本指标

①净资产收益率。一个综合性最强的财务分析指标，是杜邦分析系统的核心。

②资产净利率。影响权益净利率的最重要的指标，具有很强的综合性，而资产净利率又取决于销售净利率和总资产周转率的高低。

③总资产周转率。反映总资产的周转速度。

④销售净利率。反映销售收入的收益水平。

⑤权益乘数。表示企业的负债程度，反映了公司利用财务杠杆进行经营活动的程度。

（2）杜邦分析法的财务指标关系

杜邦分析法中的几种主要的财务指标关系为：

净资产收益率 = 资产净利率（净利润/总资产）× 权益乘数（总资产/总权益资本）

而

资产净利率（净利润/总资产）= 销售净利率（净利润/总收入）× 资产周转率（总收入/总资产）

即

净资产收益率 = 销售净利率（NPM）× 资产周转率（资产利用率，AU）× 权益乘数（EM）

（3）杜邦分析法的步骤

①从权益报酬率开始，根据会计资料（主要是资产负债表和利润表），逐步分析计算各指标。

②将计算出的指标填入杜邦分析图。

③逐步进行前后期对比分析，也可以进一步进行企业间的横向对比分析。

（4）杜邦分析法的优缺点

采用杜邦分析法可使财务比率分析的层次更清晰、条理更突出，为报表分析者全面仔细地了解企业的经营和盈利状况提供了方便，有助于企业管理层更加清晰地看到权益基本收益率的决定因素，以及销售净利润与总资产周转率、债务比率之间的相互关联关系，给管理层提供了一张明晰的考察公司资产管理效率和是否最大化股东投资回报的路线图。

但是，杜邦分析法也有以下缺点：

①对短期财务结果过分重视，有可能助长公司管理层的短期行为，忽略企业长期的价值创造。

②财务指标反映的是企业过去的经营业绩。衡量工业时代的企业能够满足要求，但在目前的信息时代，顾客、供应商、雇员、技术创新等因素对企业经营业绩的影响越来越大，而杜邦分析法在这些方面是无能为力的。

③在目前的市场环境中，企业的无形资产对提高企业长期竞争力至关重要，杜邦分析法却不能解决无形资产的估值问题。

4.2 企业经营战略分析

如今，机会的把握越来越依靠实力，依靠战略管理者的韧性、悟性、理性与学识、胆识、见识。企业家要把关注点放在战略定位、战略境界、战略思维、战略运营、战略底蕴等方面。

进行战略分析和战略规划加以合理的战略管理是保证一个企业长期生存和不断发展的基础，在新的互联网发展环境下，企业的崛起与破产，可能会因为方向问题，在一夜之内实现。

4.2.1 企业经营战略的概念和意义

战略，是一个古老而又有时代气息的词，远在战国时期的秦国，就存在"远交近攻"的战略思想，后来也出现过许多诸如诸葛亮这样伟大的战略家；战略的时代性，表现在即使在现在这样发展迅速、信息传播没有时间、空间限制的时代，公司的发展也依然需要制定正确的战略并进行管理与实施。

战略起始于军事，源于兵法。《辞海》中的解释为"军事名词,指对战争全局的各个方面，规定军事力量的准备和运用"。其在一开始是分开使用的，"战"为战斗和战争，"略"为策略、谋略、计划，后来合到一起使用，随着社会的发展，又逐渐被人们广泛地应用于军事以外的领域，如政治、经济、社会发展领域。战略，也被演绎为"泛指重大的、带全局性的或决定性的谋划"。

4.2.1.1 企业战略的概念

（1）安德鲁斯的定义

美国哈佛商学院教授安德鲁斯认为，企业总体战略是一种决策模式，它决定和提示企业的目的和目标，提出实惠目的的重大方针和计划，确定企业应该从事的经营业务，明确企业的经济类型与人文组织类型及决定企业应对员工、顾客和社会做出的经济与非经济的贡献。

（2）魁因的定义

美国达梯莱斯学院管理学教授魁因认为，战略是一种模式或计划，它将一个组织的主要目的、政策与活动按照一定的顺序结合成一个紧密的整体。一个制定完善的战略有助于企业组织根据自己的优势、劣势和环境中的预期变化及竞争对手可能采取的行动而合理地配置自己的资源。魁因对此定义做过进一步的解释，认为战略应包括以下内容：

①有效的正式战略包括3个基本因素：一是可以达到的最主要的目的（或目标）；二是指导或约束经营活动的重要政策；三是可以在一定的条件下实现预定目标的主要活动程序或项目。在魁因的定义中，确立一个组织的目标是战略制定过程中一个不可缺少的部分。

②有效的战略是围绕着重要的战略概念与推动力而制定的。

③战略不仅要处理不可预见的事件，也要处理不可知的事件。

④在大型组织里管理层级较多，每一个有自己职权的层次都应有自己的战略。

（3）安索夫的定义

美国著名的战略学家安索夫指出，企业在制定战略时，有必要先确定自己的经营性质。有的企业根据产品系列的特性确定经营性质；有的企业根据构成产品系列的技术来确定经营性质；还有的企业根据所有的市场确定自己的经营性质，如机床公司、钢铁公司、电器公司。

企业如果将自己的经营性质定义得过宽，则会失去共同的经营主线，也就无法制定合适的战略。

（4）明茨伯格的定义

加拿大麦吉尔大学管理学教授明茨伯格对于企业战略的定义有着自己的独到之处。他指出，生产经营活动中，人们在不同的场合以不同的方式赋予企业战略不同的内涵，说明人们可以接受各种不同的战略定义。

①战略是一种计划。从本质上讲，战略具有"行动之前"的含义。

②战略是一种计策。是指在特定的环境下，企业把战略作为威慑和战胜竞争对手的一种"手段"。

③战略是一种模式。

④战略是一种定位。

⑤战略是一种观念。强调了战略是一种抽象的概念，只存在于需要战略的人的头脑之中。把战略看作一种观念，就像同价值、文化和理想等精神内容为组织成员所共有一样，战略的观念要通过组织成员的期望和行为而形成共享。

结合以上的定义，我们可以概括得出企业经营战略是由企业最高管理层制定的，为实现企业的经营目标，谋求企业长期发展而做出的带全局性的经营管理计划，它关系到企业的长远利益，以及企业的成功和失败。

4.2.1.2 企业经营战略的特征

企业战略是设立远景目标并对实现目标的轨迹进行的总体性、指导性谋划，属于宏观管理范畴，具有指导性、全局性、长远性、竞争性、系统性、风险性六大主要特征。

（1）指导性

企业战略界定了企业的经营方向、远景目标，明确了企业的经营方针和行动指南，并筹划了实现目标的发展轨迹及指导性的措施、对策，在企业经营管理活动中起着导向的作用。

（2）全局性

企业的经营战略是以企业的全局为对象，根据企业总体发展的需要而制定的。它所规定的是企业的总体行动，所追求的是企业的总体效果。虽然它必然包括企业的局部活动，但是，这些局部活动是作为总体行动的有机组成部分在战略中出现的。这样也就使经营战略具有综合性和系统性。

（3）长远性

企业的经营战略，既是企业谋取长远发展要求的反映，又是企业对未来较长时期（五年以上）内如何生存和发展的通盘筹划。虽然它的制定要以企业外部环境和企业内部条件的当前情况为出发点，并且对企业当前的生产经营活动有指导、限制作用，但是，这一切也都是为了更长远的发展，是长远发展的起步。凡是为适应环境条件的变化所确定的长期基本不变的行动目标和实现目标的行动方案，都是战略。而那种针对当前形势灵活地适应短期变化，解决局部问题的方法都是战术。

（4）竞争性

竞争是市场经济不可回避的现实，也正是因为有了竞争才确立了战略在经营管理中的主导地位。面对竞争，企业战略需要进行内外环境分析，明确自身的资源优势，通过设计适体的经营模式，形成特色经营，增强企业的对抗性和战斗力，推动企业长远、健康的发展。

（5）系统性

立足长远发展，企业战略确立了远景目标，并需围绕远景目标设立阶段目标及各阶段目标实现的经营策略，以构成一个环环相扣的战略目标体系。同时，根据组织关系，企业战略需由决策层战略、事业单位战略、职能部门战略三个层级构成一体。

（6）风险性

企业做出任何一项决策都存在风险，战略决策也不例外。

4.2.1.3 企业经营战略的构成要素

一般来说，企业战略由以下四个要素构成，这也是进行企业战略管理的重要依据。

（1）经营范围

经营范围是指企业从事生产经营活动的领域。它是企业所处的行业，自己的产品和市场等所涉及的生产经营范围，反映企业目前与其外部环境相互作用的程度，也反映企业计划与外部环境发生作用的要求。

（2）资源配置

资源是企业从事生产经营活动的基础，包括实物资源、货币资源、人力资源、技术专利、商标信誉等。资源配置是指企业过去与目前资源和技能配置所达到的水平和模式。资源配置的好坏会极大地影响企业实现自己目标的程度。

（3）竞争优势

竞争优势是指企业通过其资源配置的模式与经营范围的决策，在市场上形成的与其竞争对手不同的竞争地位。竞争优势既可以来自企业在产品和市场上的地位，也可以来自企业对特殊资源的正确运用。

（4）协同作用

在制定战略时，企业力求利用已有的设备、专利、生产技术、销售网络、商标等，进行合理组合，以形成相互协同作用。

①投资协同。共同进行研究开发、共同出资开发新领域等。

②共享资源。共同利用人员与设备。

③销售协同。共同利用现有销售网络。

④管理协同。共同利用先进管理方法和经验。

4.2.1.4 企业经营战略的层次

企业战略是表明企业如何达到目标、完成使命的综合计划。而企业的目标和使命是多层次的，包括企业的总体目标、企业内各个事业部层次的目标及各职能层次的目标，各层次目标形成一个完整的目标体系。

（1）公司战略

公司战略（corporate strategy）的研究对象是一个由一些相对独立的业务或事业单位

（strategic business units，SBU）组合成的企业整体。

（2）竞争战略

竞争战略也称为事业部战略（SBU strategy），或者是分公司战略，是在企业公司战略指导下，各个战略事业单位（SBU）制定的部门战略，是公司战略之下的子战略，为企业的整体目标服务。

（3）职能战略

职能战略（functional strategy）是为贯彻、实施和支持公司战略与竞争战略而在企业特定的职能管理领域制定的战略。

公司战略、竞争战略与职能战略一起构成了企业战略体系。在一个企业内部，企业战略的各个层次之间是相互联系，相互配合的。企业每一层次的战略都构成下一层次的战略环境，同时，低一级的战略又为上一级战略目标的实现提供保障和支持。所以，一个企业要想实现其总体战略目标，必须把3个层次的战略结合起来。

4.2.1.5　企业经营战略的意义

（1）企业经营战略是决定企业经营活动成败的关键性因素

决定企业经营成败的一个极其重要的问题，就是看企业经营战略的选择是否科学、是否合理。或者说，企业能否实现高效经营的目标，关键就在于对经营战略的选择，如果经营战略选择失误，那么企业的整个经营活动必然会满盘皆输。所以，企业经营战略实际上是决定企业经营活动的一个极其关键的和重要的因素。

（2）企业经营战略是企业实现自己的理性目标的前提条件

企业为了实现自己的所谓生存、盈利、发展的理性目标，就必须要首先选择好经营战略，经营战略如果选择不好，最后的结果就可能是企业的理性目标难以实现。目标有赖于战略，战略服务于目标，这是贯穿于企业的全部经营活动的一个重要规律，因而企业经营战略是企业目标得以实现的重要保证。

（3）企业经营战略是企业长久且高效发展的重要基础

企业要长久且高效发展，一个极其重要的问题，就是要对自己的经营战略做出正确的选择。如果经营战略选择失误了，其结果必然是：即使是企业在某一段时间里具有较强的活力，但是最终却很难成为百年老店，只不过是一种过眼烟云式的短命企业。

（4）企业经营战略是企业充满活力的有效保证

在现实经营活动中，企业具有活力的一个关键性因素，就是企业要有效地发挥自己的比较优势，即在经营战略中充分体现自己的比较优势。如果一个企业选择了不能体现自己比较优势的经营战略，那么这个企业最后肯定就会失败，根本谈不到高效发展的问题。

（5）企业经营战略是企业及其所有企业员工的行动纲领

一个企业的负责人按照什么准则来安排企业的日常经营活动？只能是依据企业经营战略，企业的日常经营活动必须要服从于自身的经营战略，任何人都不能随意更改企业已经决定的经营战略。由此可见，如果企业没有一个作为行动纲领的经营战略，就会出现企业领导人"拍脑袋",随意改变企业的经营活动战略的情况,从而使得企业的经营活动没有一个有效的良好约束。

4.2.2 企业发展的一般战略

企业发展的一般战略如图4-3所示。

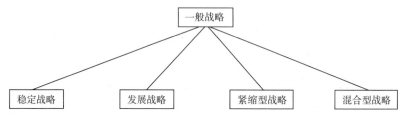

图4-3 企业发展的一般战略分类

4.2.2.1 稳定战略

企业稳定战略,是指限于经营环境和内部条件,企业在一定时期所期望达到的经营状况基本保持在战略起点的范围和水平上的战略中。稳定战略不是不发展、不增长,而是稳定的、非快速的发展。

(1)特征

稳定战略具有以下3个特征:

①企业满足于它过去的效益,继续寻求与过去相同或相似的战略目标。

②期望取得的成就每年按大体相同的百分数来增长。

③企业继续以基本相同的产品或服务来满足它的顾客,这也意味着其产品的创新较少。

稳定战略适用于对环境变化预测比较准确而又经营相当成功的企业。采用这种战略的企业不需要改变自己的宗旨、目标,只需按一定比例提高其销售、利润等目标即可。在这种战略下,企业只需集中资源于原有的经营范围和产品,并通过改进其各部门员工的表现来保持和增加其竞争优势。在公用事业、运输、银行和保险等行业的企业,许多都采取稳定发展战略。

(2)采用稳定战略的原因

一些企业之所以采用稳定战略是有多种原因的,主要原因如下:

①管理层可能不希望承担较大幅度地改变现行战略所带来的风险。

②战略的改变需要资源配置的改变。

③发展太快可能导致公司的经营规模走出其管理资源,进而很快发生低效率的情况。

④公司的力量可能跟不上或不了解可能影响其产品和市场的变化。

4.2.2.2 发展战略

(1)产品—市场战略

最著名的产品—市场战略是由战略管理研究的先驱安索夫提出的,见表4-3所列。在

20世纪70年代前半期,《企业经营战略》一书几乎成为美国、日本企业界经营战略的圣经。

表4-3 产品—市场战略

市　　场	现有产品	未来产品
现有市场	市场渗透战略	产品发展战略
未来市场	市场发展战略	全方位创新战略

①市场渗透战略。市场渗透战略是由企业现有产品和现有市场组合而成的战略。企业应该系统地考虑市场、产品及营销组合的策略,以促进市场渗透,并以此来增加现有产品的销售量。第一,扩大产品使用人数。第二,扩大产品使用人的使用频率和每次使用量,增加产品的新用途。第三,改进产品特性。

②市场发展战略。市场发展战略是由现有产品和新市场组合而产生的战略。发展现有产品的新顾客群或新的地域市场,从而扩大产品销售量的战略。这个新的市场开发可以是国内某个地区或国外的某个国家或地区的市场。第一,开发新市场。第二,寻找现有产品的潜在用户。第三,通过增加新的销售渠道开辟新市场。

市场发展战略比市场渗透战略风险性略大。这种战略模式要求企业能够拓展思路、放开眼界,能够准确有效地发现有特殊购物偏好的消费者,通过新渠道的建设把产品送到消费者手中。

③产品发展战略。产品发展战略是由现有市场与企业正准备投入生产的新产品组合而形成的战略,即对企业现有市场投放仿制新产品或利用新技术改造现有产品,以此扩大市场占有率和增加销售额的具有发展特征的战略模式。

④全方位创新战略。全方位创新战略是市场开发战略和产品开发战略的组合,是指企业向一个新兴市场推出别的企业从没有生产过的全新产品。

(2)一体化战略

一体化战略是指企业充分利用自己在产品、技术、市场上的优势,根据物流的方向,使企业不断地向深度和广度发展的一种战略。一体化战略是企业非常重要的成长战略,它有利于深化专业分工协作、提高资源的深度利用和综合利用效率。

①纵向一体化战略。纵向一体化又称为垂直一体化,是指企业将生产与原料供应,或者生产与产品销售联合在一起的战略形式,是企业在两个可能的方向上扩展现有经营业务的一种发展战略,是将公司的经营活动向后扩展到原材料供应或向前扩展到销售终端的一种战略体系。

②横向一体化战略。横向一体化战略也称为水平一体化战略,是指为了扩大生产规模、降低成本、巩固企业的市场地位、提高企业竞争优势、增强企业实力而与同行业企业进行联合的一种战略。

(3)多样化战略

多样化战略是指企业为了获得最大的经济效益和长期的稳定经营,开发有发展潜力的产品或者丰富与充实产品组合结构,在多个相关或不相关的产业领域同时经营多项不同业务的战略。

①相关多样化。相关多样化又称为同心多样化,是指虽然企业发展的业务具有新的特征,但它与企业的现有业务具有战略上的适应性,它们在技术、工艺、销售渠道、市场营销、产品等方面具有共同的或是相近的特点。

②不相关多样化。不相关多样化也称为集团多样化,即企业通过收购、兼并其他行业的业务,或者在其他行业投资,把业务领域拓展到其他行业中去,新产品、新业务与企业的现有业务、技术、市场毫无关系。

企业进行多样化发展的动因,主要有以下几个方面:产品系列化、开拓新领域、分散风险和调整企业的主业。多样化经营战略的优点包括可以充分利用企业内部优势,可以有效地规避企业经营风险;多样化经营战略也有不少弊端,如过分追求多样化经营有财务风险,容易出现决策失误,会造成管理质量下降。

实施多样化战略应注意:当企业规模较小而产品及市场都在不断增长的情况下,不宜采用多样化经营战略。企业必须决策采用哪种类型的多样化战略、多样化到什么程度。

4.2.2.3 紧缩型战略

企业的资源是有限的,既然企业采取了各种方式进入新的产业或扩大了业务范围,就需要在必要时退出某些业务,而且企业的经营环境在不断变化,原本有利的环境在经过一段时间后会变得不那么有吸引力,原来能容纳很多企业发展的产业会因进入衰退阶段而无法为所有企业提供最低的经营报酬,或企业为了进入某个新业务领域而需要大量投资和资源的转移等。所有上述情况的发生都会迫使企业考虑紧缩目前的经营,甚至退出目前的业务,或实施公司清算及考虑紧缩型战略态势。

(1)投资转向战略

投资转向战略是指企业在现有的经营领域不能维持原有的产销规模和市场的情况下,采取减小规模和减少市场占有率,或者企业在新的更好的发展机遇情况下,对原有的业务领域进行压缩投资,控制成本以改善现金流为其他业务领域提供资金的一种战略。

采取这种战略的目的是削减费用支出和改善公司总的现金流量,然后把通过这种战略获得的资金投入公司中更需要资金的新的或发展中的领域。

①适合采取投资转向型战略的情况有:第一,企业的某些领域正处于稳定和日益衰退的市场中;第二,企业某领域的市场占有率小且扩大市场占有率的费用又太高,或者市场占有率虽然很高,但要维持会花费越来越多的费用;第三,企业的某一领域不能带来满意的利润甚至还带来亏损;第四,如果减少投资销售额下降的幅度不会太大;第五,公司需减少该领域的投资才能更好地利用闲散资源;第六,企业的某领域不是公司竞争的主要部分。

②针对这些情况投资转向战略可以采取的措施有:调整企业组织,降低成本和投资,减少资产,加速收回企业资产。

（2）调整战略

调整战略是指企业试图扭转财务状况欠佳的局面，提高运营效率，而对企业组织结构、管理体制、产品和市场、人员和资源等进行调整，使企业能够度过危机，以便将来有机会再图发展。

①适用调整战略的情况包括以下4种情形：第一，企业仍具有一定实力，但在一段时间内不能实现原有的目标；第二，外部条件急剧恶化，如市场需求下降或经济衰退，工资和原材料成本升高，使得企业原有的战略方针难以应付；第三，企业内部管理混乱，效益低、效率低；第四，企业以往的战略决策出现了重大的失误，导致长时期的亏损。

②调整战略可采取的措施有调整企业组织、降低成本和投资、减少资产、加速回收。

（3）放弃战略

放弃战略是指将企业的一个或几个主要部门转让、出卖或停止经营。这个部门可以是一个经营单位、一条生产线或一个事业部。

放弃战略的目标是清理、变卖某些战略业务单位，以便把有限的资源用于经营效益较高的业务，从而增加盈利。这种战略特别适用于没有前途或妨碍企业增加盈利的问题类业务。

（4）清算战略

清算战略又称为清理战略，是指企业受到全面威胁、濒临破产时，通过将企业的资产转让、出卖或者停止全部经营业务结束企业的生命。也是指企业由于无力偿还债务，通过出售或转让企业的全部资产，以偿还债务或停止全部经营业务，从而结束企业生命的一种战略。

制定清算战略，企业可以有计划地逐步降低企业的市场价值，尽可能多地收回企业资产，从而减少全体股东的损失。对任何企业的管理者来说，清算是最无吸引力的战略，也是所有战略中最为痛苦的选择。

4.2.2.4 混合型战略

混合型战略是稳定型战略、增长型战略和紧缩型战略的组合，事实上，许多有一定规模的企业实行的并不只是一种战略，从长期来看是多种战略的结合使用。

（1）混合型战略的特征

①从采用情况来看。一般是较大型的企业采用混合型战略较多，因为大型企业相对来说拥有较多的战略业务单位，这些业务单位很可能分布在完全不同的行业和产业群中，他们所面临的外界环境、所需要的资源条件完全不相同，因而若对所有的战略业务单位都采用统一的战略态势，就有可能导致由于战略与具体的战略业务单位不相一致而导致企业的总体效益受到伤害。所以，混合型战略是大型企业在特定的历史阶段的必然选择。

②从市场占有率等效益指标来看。混合型战略并不具有确定变化的方面，因为采用不同的战略态势的不同战略业务单位市场占有率的变化方向和大小并不一致。

③在某些时候，混合型战略也是战略态势选择中不得不采取的一种方案。

（2）混合型战略的分类

①按战略的构成分类。可分为同一类型的战略组合和不同类型的战略组合。

②按战略组合的顺序分类。同时性战略组合是指不同类型的战略被同时在不同战略业务单位执行而组合在一起的混合型战略。顺序性战略组合是指一个企业根据生存与发展的需要，先后采用不同的战略方案，从而形成自身的混合型战略方案，因而这是一种在时间上的战略组合。

（3）混合型战略适用情况

①较大规模的企业或者产品系列较多的企业，可能有较多的业务单位，并跨行业经营，对有的产品采用增长型战略，同时对有的产品采用收缩型战略。

②市场区域较为宽泛的企业，在不同的市场上可能面临不同的具体情况，因而根据不同的市场采用不同的战略，有的可能强化而增长，有的可能收缩。

③技术进步较快的企业，如技术领导者，相应的产品更新也快，为了推广其强势产品或者与对手拉开更大的距离，往往会对处于生命周期不同的产品实施不同的战略。

④实力有限的企业可能也会采用混合型战略，一边致力于业务和业绩的快速增长，一边可能会做一些战略铺垫，为将来打好基础。

⑤企业处于不同的发展时期，适当采用不同的战略模式，如从企业初创时期到壮大的各个阶段，采用"增长—稳定—增长—稳定—收缩调整—增长—稳定"的顺序战略组合。

4.2.3 企业经营的具体战略

企业经营的具体战略如图4-4所示。

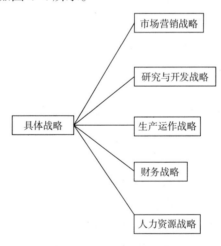

图4-4 企业经营的具体战略分类

4.2.3.1 市场营销战略

市场营销战略关系到企业市场声誉的建立、维持和提高，是企业整体竞争力得以最终表现和实现的关键途径。市场营销是企业重要的职能战略，有效的市场营销战略是企业成功的基础。市场营销活动涉及市场调研与预测，分析市场需求，确定目标市场，制定营销战略，实施和控制具体营销战略的全过程。

（1）市场细分战略

市场细分，是根据消费者的需求和购买习惯的差异，把整体市场划分为不同的小子目标市场，并且针对目标市场的共性，调整和配合适当的营销战略，以更有效地满足消费者需求，实现企业使命、目标和战略的过程。市场细分的实质是需求的细分。

①市场细分的模式。按照顾客对产品不同属性的重视程度划分，就会形成三种模式的细分市场，即同质偏好、分散偏好和集群偏好。

②市场细分的依据。市场细分的作用是否能够得到充分发挥，往往取决于企业能否采取对整个市场进行划分的方法。第一，地理因素，即按照消费者所处的地理位置的自然环境来细分市场，包括国家、地区、民族、城市规模、人口密度、地形、气候、自然资源等。这些因素对消费者的生活方式、风俗习惯都有重要的影响。第二，人口因素，是指各种人口统计变量，包括年龄、婚姻、职业收入、教育程度、家庭、生命周期、国籍、宗教、社会阶层等。第三，心理因素，即按照消费者的心理特征细分市场，包括个性、购买动机、生活格调、追求的利益等变量。第四，行为因素，即按照消费者的购买行为细分市场，包括消费者进入市场的程度、使用频率、偏好程度、品牌忠诚度等变量。

③市场细分的有效条件。有效的市场细分应具备以下3个特征：第一，可衡量性，是指用来细分市场的标准和变数及细分后的市场是可识别、可衡量的，即有明显的区别，有合理的范围。第二，可进入性，是指企业能够进入所选定的市场部分，能进行有效的促销和分销，实际上就是考虑营销活动的可行性。第三，可盈利性，是指细分市场的规模要大到能够使企业足够获利的程度，使企业值得为它设计一套营销规划方案，以便顺利地实现其营销目标，并且有可拓展的潜力，以保证按计划能获得理想的经济效益和社会服务效益。

（2）市场选择战略

一般而言，企业有以下4种目标市场选择模式：

①单一市场集中化。是最简单的一种模式，企业只选择一个细分市场进行集中营销。

②选择性专业化。是指企业有选择性地进入几个不同的具有吸引力且符合企业目标和资源水平的细分市场。采用此法选择若干个细分市场，其中每个细分市场在客观上都有吸引力，并且符合公司的目标和资源。

③产品专业化。是指企业同时向几个细分市场销售同一产品。用此法集中生产一种产品，公司向各类顾客销售这种产品。

④市场专业化。是指当市场发展到一定程度，客观上要求一种与之相适应的专业化，正如随着分工的不断扩大，市场化的不断成熟，人们业务能力不断提高，也就使得专业化水平不断提高，整个市场得以稳定发展。

（3）市场进入战略

市场进入战略，根据不同情况和条件，可以采用不同的战略方式。

①强化营销。首先要有一个职能明确、分工合理、紧跟市场规范动作的机构,其次是要有一支稳定的、有朝气的、有实力的队伍。

②一体化营销。即在营销观念、营销组织、营销模式上实施一体化营销。

③多元化营销。此战略又称为多角化、多样化营销,它是指企业的营销范围超越了自身原有的营销领域而同时营销两个以上行业的营销战略。

4.2.3.2 研究与开发战略

企业进行生产运作,首先要确定向市场提供的产品或服务,就是产品或服务选择或决策问题。产品或服务确定之后,就要对产品或服务进行设计,确定其功能、型号、规格和结构;其次要对制造产品或提供服务的工艺进行选择,对工艺过程进行设计。

（1）产品或服务的选择策略

提供何种产品或服务,最初来自各种设想。在对各种设想进行论证的基础上,确定本企业要提供的产品或服务,这是一个十分重要而困难的决策。产品选择需要考虑以下因素：

①市场需求的不确定性。

②外部需求与内部能力之间的关系。

③原材料、外购件的供应。

④企业内部各部门工作目标的协调。

（2）产品或服务的设计与开发策略

在产品或服务的设计与开发方面,有以下4种策略:

①做跟随者还是领导者。

②自己设计还是请外单位设计。

③买技术或专利。

④做基础研究还是应用研究。

4.2.3.3 生产运作战略

生产运作战略是指在企业（或任何其他形式的组织）经营战略的总体框架下,决定如何通过运作活动来达到企业的整体经营目标。它根据对企业各种资源要素和内外部环境的分析,对与运作管理及运作系统有关的基本问题进行分析与判断,确定总指导思想以及一系列决策原则。有五种常用的生产运作战略:

（1）自制或外购

这是首先要决定的问题。如果决定制造某种产品或由本企业提供某种服务,则需要建造相应的设施,采购所需要的设备、配备相应的工人、技术人员和管理人员。自制或购买决策有不同的层次。

（2）低成本和大批量

早期福特汽车公司就是采用这种策略。在零售业,沃尔玛公司也是采取这种策略。采用这种策略需要选择标准化的产品或服务,而不是顾客化的产品和服务。

（3）多品种和小批量

对于顾客化的产品，只能采取多品种和小批量生产策略。当今世界消费多样化、个性化，企业只有采用这种策略才能立于不败之地，但是多品种和小批量生产的效率难以提高，对大众化的产品不应该采取这种策略，否则，遇到采用低成本和大批量策略的企业，就无法去竞争。

（4）高质量

质量问题日益重要。无论是采取低成本、大批量策略，还是多品种、小批量策略，都必须保证质量。

（5）混合策略

将上述几种策略综合运用，实现多品种、低成本、高质量，可以取得竞争优势。现在人们提出的"顾客化大量生产"或称"大量定制生产"，或称"大规模定制生产"，既可以满足用户多种多样的需求，又具有大量生产的高效率，是一种新的生产方式。

4.2.3.4 财务战略

企业财务战略，是指为谋求企业资金均衡有效的流动和实现企业整体战略，为增强企业财务竞争优势，在分析企业内外环境因素对资金流动影响的基础上，对企业资金流动进行全局性、长期性与创造性的谋划，并确保其执行的过程。企业财务战略关注的焦点是企业资金流动，这是财务战略不同于其他各种战略的质的规定性；企业财务战略应基于企业内外环境对资金流动的影响，这是财务战略环境分析的特征所在；企业财务战略的目标是确保企业资金均衡有效流动而最终实现企业总体战略；企业财务战略应具备战略的主要一般特征，即应注重全局性、长期性和创造性。

（1）企业财务战略研究的重点

现代企业财务管理的核心内容主要包括筹资、投资及收益分配。因此，企业财务战略研究的重点应是筹资战略、投资战略及收益分配战略。

①筹资战略。筹资战略就是根据企业的内外环境的现状与发展趋势，适应企业整体战略与投资战略的要求，对企业的筹资目标、原则、结构、渠道与方式等重大问题进行长期的、系统的谋划。

②投资战略。投资战略主要解决战略期间内投资的目标、原则、规模、方式等重大问题。它把资金投放与企业整体战略紧密结合，并要求企业的资金投放要很好地理解和执行企业战略。

③收益分配战略。本来企业的收益应在其利益相关者之间进行分配，包括债权人、企业员工、国家与股东。然而前三者对收益的分配大都比较固定，只有股东对收益的分配富有弹性，所以股利战略也就成为收益分配战略的重点。

（2）财务战略的路径

一般来说，财务战略有3种路径选择：快速扩张型、稳健发展型和防御收缩型。

①快速扩张型财务战略。是指以实现企业资产规模快速扩张为目的的一种财务战略。

为了实施这种财务战略，企业往往需要在将绝大部分乃至全部利润留存的同时，大量地进行外部筹资，更多地利用负债，大量筹措外部资金，以弥补内部积累相对于企业扩张需要的不足；更多地利用负债而不是股权筹资，是因为负债筹资既能为企业带来财务杠杆效应，又能防止净资产收益率和每股收益的稀释。

②稳健发展型财务战略。是指以实现企业财务绩效的稳定增长和资产规模的平稳扩张为目的的一种财务战略。实施稳健发展型财务战略的企业，一般将尽可能优化现有资源的配置和提高现有资源的使用效率及效益作为首要任务，将利润积累作为实现企业资产规模扩张的基本资金来源。

③防御收缩型财务战略。是指以预防出现财务危机和求得生存及新的发展为目的的一种财务战略。实施防御收缩型财务战略的企业，一般将尽可能减少现金流出和尽可能增加现金流入作为首要任务，通过采取削减分部和精简机构等措施，盘活存量资产，节约成本支出，集中一切可以集中的人力，用于企业的主导业务，以增强企业主导业务的市场竞争力。

4.2.3.5 人力资源战略

自20世纪初起，人力资源管理的性质发生了巨大的变化，技术性活动的范围不断拓展，对职能和技术的要求随着管理思想的发展而不断增加。然而，面对日益加剧的全球竞争和成本、效益、质量的要求，20世纪80年代，人力资源管理走到了十字路口。大多数经理人员越来越多地将质量、联盟、独有竞争力等视为其竞争优势的源泉，而管理咨询专家和实践研究者则更多地关注人力资源的战略管理，他们认识到，对人力资源的有效管理是保证其质量和竞争优势核心资源的关键。因此，从20世纪80年代开始，越来越多的人力资源管理研究者呼吁将组织的人力资源管理系统与组织战略结合起来，注重发挥众多人力资源管理措施的协同作用，确保与组织的整体需求一致。

（1）关注重点不同的四类人力资源战略

目前，根据关注的重点不同，西方的人力资源战略可以归为4类：利用战略、聚集战略、促进战略和投资战略，见表4-4所列。

表4-4 西方的4类人力资源战略

人力资源战略	重点关注
利用战略	怎样利用好每一个人，更多的是从挖掘现有人才的角度去思考问题
聚集战略	通过现有人员进行人才的积累
促进战略	企业对个人投资，促进其成长
投资战略	企业在员工身上大量地投入，同时对员工的期望和要求也非常高，即相互投资

（2）特点和实施条件不同的3类人力资源战略

根据人力资源战略的特点和实施条件，西方的人力资源战略大致可以分为3种模式：以美国为代表的劳动契约型、以日本为代表的资源开发型和权变模式，见表4-5所列：

表 4-5 西方人力资源战略的 3 种模式

名称	定义	特点	实施条件
以美国为代表的劳动契约型	整个人力资源管理体系建立在以雇佣关系为基础的契约之上,企业与员工的关系完全是一种合同关系,或者说是一种契约关系,一切制度都以这个契约为前提	特别强调个人能力,不管过去和未来,只管契约合作的这一段时间,因此晋升特别快	整个社会的劳动雇佣体系是自由的
以日本为代表的资源开发型(也叫作资历模式)	通过个人能力的积累达到提高整体实力的目标	稳步晋升,终身雇佣制	劳动力市场非常发达,雇主有充分的选择的余地,劳动力供大于求
权变模式	把能力和资历结合起来	以上两种类型的结合	文化必须是个人主义的,因为合同是针对个人签订的

(3) 人力资源管理与企业战略的 4 种关系类型(表 4-6)

人力资源是企业发展的基础,经营战略是企业发展的导向,对于企业来说,两者都很重要,两者中任何一个出现不足或偏差,都会影响到企业的可持续发展。

①人力资源管理状况是制定企业战略的出发点。企业在制定经营战略时,要评估企业人力资源现状,并根据企业内外劳动力市场预测未来企业的人力资源配置状况。企业所制定的经营战略应当具有一定的挑战性,才能够激起员工的奋斗激情。

②人力资源管理实践是实现企业战略的途径。企业的人力资源管理实践要紧贴经营战略,通过专业化的手段与方法,为员工提供优质的人力资源产品与服务,以实现对企业经营战略的强有力支撑。

表 4-6 人力资源管理与企业战略之间的关系

	人力资源管理活动	人力资源部门的地位	人力资源管理部门对企业战略的参与	后果
行政关系	孤立的人事日常事务处理	较低层次服从	无机会,不参与企业战略形成和实施	停留在人事管理的水平,企业战略难以有效实施
单向关系	人力资源部门根据企业战略制定和实施人力资源战略	中高层次服从为主	参与战略实施,不参与战略形成	由于没有参与企业战略制定,导致企业战略不能成功实施
双向关系	在形成企业战略过程中提出建议,将人力资源问题包括在内,实施企业战略	较高层次服从和建议	既参与战略形成,也参与战略实施	彼此相户依赖,较好地保证战略制定,企业战略能成功实施
一体化关系	人力资源管理活动完全融入企业战略的制定、实施中	决策层决策、执行	持续、全面地参与企业战略的制定、实施	使企业在竞争中处于有利地位,保证企业战略的成功实施

案例分析

21 世纪的 SONY 危机和拯救

SONY 是日本一家全球知名的大型综合性跨国企业集团，其在视听、电子游戏、通信产品和信息技术等领域久居世界领先的地位，是世界上最大的电子产品制造商之一，也是世界上最早的便携式数码产品的开创者。但是受到 2001 年全球经济衰退，网络泡沫化，索尼在 21 世纪初期遭受了严重的挫折，2003 年 4 月，索尼公布 2002 年财政年度报表，公司巨额亏损的消息披露后，索尼危机开始浮出水面，引发了索尼震撼（Sony Shock），索尼股票连续 2 天跌停 25%，并诱发日本股市的高科技股纷纷跳水，带动日经指数大幅下跌，震撼了日本股市，高科技公司的股票纷纷遭到抛售。

斯金格的失败"拯救"

霍华德·斯金格于 2005 年担任 SONY 董事长兼首席执行官，这个没有任何技术背景的媒体人开始了他对于 SONY 的"拯救"，斯金格在上任后立即提出了以电子、娱乐、游戏三大核心业务为中心，试图"通过内容来拯救技术"，并且，斯金格还打破了日本终身雇佣制度，进行了裁员。在完成底层人员结构的重组后，斯金格希望借着这股势头进一步加大改革力度，即将市场部门、软件开发以及其他产品的生产整合为一体，以打破索尼各个不同部门"各自为政"的局面。但是无奈拥有 17 万名员工、41 座工厂以及 2000 多种产品的索尼过于庞大和笨重，涉及的产业过多也过于庞杂，调整起来的难度可想而知，最终的效果也确实一般。斯金格出任 CEO 的 7 年里，曾经独创包括晶体管收音机、随身听、平面电视 WEGA 等风靡世界的产品的索尼，居然再没推出有同等有影响力的产品了。不仅如此，这 7 年间，索尼的数字音乐、视频游戏、电视机等领域全线衰退，在数字音乐领域输给了苹果，在视频游戏机领域败给了任天堂，在电视机业务领域更是即将面临连续第八年亏损的惨淡局面。

平井一夫"新政"

当索尼陷入亏损泥潭无法自拔，年迈的斯金格也开始为索尼寻找新一代的领导核心，而与斯金格有些类似职业背景、曾经在索尼收购的 CBS 工作的平井一夫成为其看好的接班人。2012 年，平井一夫取代斯金格，正式接手 SONY，开始了大刀阔斧的改革。

对于那些已经过时、廉价、附加值又低的产品，平井一夫将其逐步剥离，并对公司进行大规模的裁员。平井一夫认为，医疗是未来的核心业务，索尼在此领域占有有利位置。在传感器、信号处理、光学透镜、显示设备领域，索尼有大量创新，可用在胃镜、X 射线诊断设备及超声波仪器等设备上。

为了强化索尼的执行力，平井一夫还高调打造"一个索尼"，加强对索尼集团各项业务板块的把控，各个业务板块的负责人直接向平井一夫汇报。

为了推动核心的电子业务的增长，索尼总部将原来的"消费产品及服务""专业及部件解决方案"两大业务集团,分拆为十大二级集团,具体来说就是:数码影像、游戏和移动三大板块。此外,索尼音乐、索尼影视娱乐和索尼金融控股等部门,依然保持为独立的业务。

对于索尼最为核心的电视机业务,并没有被平井一夫列在上述整改计划之中,而是由他亲自挂帅,在生产上依托代工的方式轻资产运行,彻底退出液晶面板业务,全力攻占 OLED 从而抢占下一个技术制高点。平井一夫的一系列措施,让索尼电视机业务的运营成本开始不断降低。

平井上任第一年的 2012 财年,SONY 止住亏损,实现 400 多亿日元的净利润。但盈利主要来自资产甩卖,SONY 的核心业务还有待改善。2016 年 4 月 29 日,SONY 公司公布了 2015 年的业绩报告,营收 717.32 亿美元,终于实现真正的转亏为盈,净利润 13.08 亿美元。这是平井一夫就任 4 年交出的最亮丽的一份成绩单。

思考:结合案例,分析企业应如何制定经营战略?

课后复习题

1. 何为企业经营环境?
2. 说明企业经营战略的内容。
3. 说明竞争战略的内容。
4. 说明 PESTEL 分析方法包含的内容。
5. 企业经营的微观环境因素的分析从哪几方面入手?
6. 说明"产品—市场"战略的内容。
7. 说明市场营销战略的内容。

第 5 章

企业风险与创业资源

学习目标
1. 了解创业风险,掌握创业风险防范。
2. 理解并运用创业中的法律知识。
3. 掌握创业资源的获取及整合方式。

5.1 创业风险防范

5.1.1 创业风险

任何事物都有正反两面,创业有可能成功,也有可能失败。创业风险是贯穿于整个创业过程中的,尤其是在创业初期,企业更是处于风险的高危期。据统计,发达国家中小高新技术企业创业的失败率高达70%,而服务行业的创业者5年内的创业失败率更是高达95%。由此可见,创业失败率很高,风险很大。

5.1.1.1 创业风险的定义

通俗地讲,风险就是发生不幸事件的概率。换句话说,风险是指一个事件产生我们所不希望的后果的可能性。某一特定危险情况发生的可能性和后果的组合。从广义上讲,只要某一事件的发生存在着两种或两种以上的可能性,那么就认为该事件存在着风险。

"风险"一词的由来,最为普遍的一种说法是,在远古时期,以打鱼捕捞为生的渔民们,每次出海前都要祈祷,祈求神灵保佑自己能够平安归来,其中主要的祈祷内容就是让神灵保佑自己在出海时能够风平浪静、满载而归;他们在长期的捕捞实践中,深深地体会到"风"给他们带来的无法预测、无法确定的危险,他们认识到,在出海捕捞打鱼的生活中,"风"即意味着"险",因此有了"风险"一词的由来。

而另一种据说经过多位学者论证的"风险"一词的"源出说"称,风险(risk)一词是舶来品,有人认为来自阿拉伯语、有人认为来源于西班牙语或拉丁语,但比较权威的说法是来源于意大利语的"risque"一词。在早期的运用中,也是被理解为客观的危险,体现为自然现象或者航海遇到礁石、风暴等事件。大约到了19世纪,在英文的使用中,风险一词常常用法文拼写,主要是用于与保险有关的事情上。

现代意义上的风险一词,已经大大超越了"遇到危险"的狭义含义,而是"遇到破坏或损失的机会或危险",可以说,经过两百多年的演绎,风险一词越来越被概念化,并随着人类活动的复杂性和深刻性而逐步深化,并被赋予了哲学、经济学、社会学、统计学甚至文化艺术领域的更广泛更深层次的含义,且与人类的决策和行为后果联系越来越紧密,风险一词也成为人们生活中出现频率很高的词汇。

企业在实现其目标的经营活动中,会遇到各种不确定性事件,这些事件发生的概率及其影响程度是无法事先预知的,这些事件将对经营活动产生影响,从而影响企业目标实现的程度。这种在一定环境下和一定限期内客观存在的、影响企业目标实现的各种不确定性事件就是风险。简单来说,所谓风险就是指在一个特定的时间内和一定的环境条件下,人们所期望的目标与实际结果之间的差异程度。

创业风险，即创业中存在的风险，是指由于创业环境的不确定性，创业机会与创业企业的复杂性，创业者、创业团队与创业投资者的能力与实力的有限性，而导致创业活动偏离预期目标的可能性及其后果。

5.1.1.2 创业风险的特点

（1）创业风险的客观存在性

创业风险是客观存在的，是不以人的意志为转移的。也就是说，在创业过程中，由于外部事物发展的不确定性是客观存在的，所以创业风险也必然是客观存在的。而且，由于创业风险是处处存在、时时存在的，人们不可能完全回避和消除，所以要承认和正视创业风险，并积极对待创业风险，通过各种技术、管理手段来减少损失。

（2）创业风险的不确定性

创业的过程往往是将创业者的奇思妙想或创新技术变为现实的产品或服务的过程。在这一过程中，创业者面临着各种各样的不确定因素。如可能遭受到已有市场竞争对手的排挤，进入新市场面临着需求的不确定等外在的社会经济环境的不确定性。又如新技术难以化为生产力、资金不足、自身管理上的缺陷等内在环境的不确定性。这些内外部环境不确定性就造成了创业风险的不确定性。

（3）创业风险的可预测性

有些风险可以根据过去的统计资料，通过定性或定量的方法来判断其发生的概率以及造成的不利影响的程度，这样的创业风险就是可以预测的。但这种可预测的创业风险的源头可能会与预测的结果存在一定的偏差，这是由于受到创业风险的不确定性的影响。

（4）创业风险的可控制性

控制，是指可以通过适当的技术来规避风险，或控制风险发生导致的不利影响的程度。现代管理科学为风险识别和风险控制提供了理论、技术和方法。

（5）创业风险的损益双重性

创业风险意味着可能会出现坏的结果。即事件或结果的不确定性可能导致费用的增加、损失和损害的发生，但如果能够正确认识并有效地管理创业风险，就有可能将创业风险转化为高额的收益。

（6）创业风险的关联性

创业风险的关联性是指创业者面临的风险与其创业行为及决策是紧密联系的。同一风险事件对不同的创业者会产生不同的风险，而同一创业者由于其决策或采取的策略不同，将会面临不同的风险结果。

5.1.1.3 创业风险的来源

研究表明，由于创业的过程往往是将某一构想或技术转化为具体的产品或服务的过程，在这一过程中，存在着几个基本的、相互联系的缺口，它们是上述不确定性、复杂性和有限性的主要来源，也就是说，创业风险在给定的宏观条件下，往往就直接来源于这些缺口。

（1）融资缺口

融资缺口存在于学术支持和商业支持之间，是研究基金和投资基金之间存在的断层。其中，研究基金通常来自个人、政府机构或公司研究机构，它既支持概念的创建，还支持概念可行性的最初证实；投资基金则将概念转化为有市场的产品原型（这种产品原型有令人满意的性能，对其生产成本有足够的了解并且能够识别其是否有足够的市场）。创业者可以证明其构想的可行性，但往往没有足够的资金将其实现商品化，从而给创业带来一定的风险。通常，只有极少数基金愿意鼓励创业者跨越这个缺口，如富有的个人专门进行早期项目的风险投资，以及政府资助计划等。

（2）研究缺口

研究缺口主要存在于仅凭个人兴趣所做的研究判断和基于市场潜力的商业判断之间。当创业者最初证明一个特定的科学突破或技术突破可能成为商业产品基础时，他仅仅停留在自己满意的论证程度上。然而，这种程度的论证后来不可行了，在将预想的产品真正转化为商业化产品（大量生产的产品）的过程中，即具备有效的性能、低廉的成本和高质量的产品，在能从市场竞争中生存下来的过程中，需要大量复杂而且可能耗资巨大的研究工作（有时需要几年时间），从而形成创业风险。

（3）信息和信任缺口

信息和信任缺口存在于技术专家和管理者（投资者）之间。也就是说，在创业中，存在两种不同类型的人：一是技术专家；二是管理者（投资者）。这两种人接受不同的教育，对创业有不同的预期、信息来源和表达方式。技术专家知道哪些内容在科学上是有趣的，哪些内容在技术层上是可行的，哪些内容根本就是无法实现的。在失败案例中，技术专家要承担的风险一般表现在学术上、声誉上受到影响，以及没有金钱上的回报。

（4）资源缺口

资源与创业者之间的关系就如颜料和画笔与艺术家之间的关系。没有了颜料和画笔，艺术家即使有了构思也无从实现。创业也是如此。没有所需的资源，创业者将一筹莫展，创业也就无从谈起。在大多数情况下，创业者不一定也不可能拥有所需的全部资源，这就形成了资源缺口。如果创业者没有能力弥补相应的资源缺口，要么创业无法起步，要么在创业中受制于人。

（5）管理缺口

管理缺口是指创业者并不一定是出色的企业家，不一定具备出色的管理才能。进行创业活动主要有两种：一是创业者利用某一新技术进行创业，他可能是技术方面的专业人才，但却不一定具备专业的管理才能，从而形成管理缺口；二是创业者往往有某种"奇思妙想"，可能是新的商业点子，但在战略规划上不具备出色的才能，或不擅长管理具体的事务，从而形成管理缺口。

5.1.1.4 创业风险的类型

由于创业风险特点与创业风险来源的复杂性，对创业风险的分类也可以从多种角度用多种标准来划分。

（1）按风险来源的主客观性划分

按照风险来源的主客观性，创业风险可分为主观创业风险和客观创业风险。主观创业风险是指在创业阶段，由于创业者的素质与心理等主观因素导致创业失败的可能性。客观创业风险是指在创业阶段，由于客观因素导致创业失败的可能性。如市场的变动，政策的变化，竞争对手的出现，资金实力薄弱等。

（2）按创业风险的内容划分

按创业风险的内容，创业风险可分为技术风险、市场风险、政治风险、管理风险、生产风险和经济风险等。技术风险是指由于技术方面的因素及其变化的不确定性而导致创业的可能性；市场风险是指由于市场情况的不确定性导致创业者或创业企业损失的可能性；政治风险是指由于战争、国际关系变化或有关国家政权更迭、政策改变而使创业实际收益蒙受损失；管理风险是指因创业企业管理不善而产生的风险；生产风险是指创业企业的产品或服务从小批试制到大批量生产的风险；经济风险是指由于宏观经济发生大幅度波动或调整而使创业者或创业投资者蒙受实际经济损失的风险。

（3）按创业投资的影响程度划分

按风险对所投入资金即创业投资的影响程度，创业风险可分为安全性风险、收益性风险和流动性风险。创业投资的投资方包括专业的创业投资者与投入自身财产的创业者。安全性风险是指从创业投资的安全性角度来看，不仅预期实际收益有损失的可能，而且创业投资者与创业者自身投入的其他财产也可能会蒙受损失，即投资方财产的安全存在危险；收益性风险是指创业投资方的资本和其他财产不会蒙受损失，但预期实际收益有损失的可能；流动性风险是指投资方的资本财产和预期实际收益不会蒙受损失，但资金有可能不能按期转移或支付，造成资金的停滞，使投资方蒙受其他方面的损失。

（4）按创业过程划分

按创业过程，创业风险可分为机会的识别与评估风险，准备与撰写创业计划风险，确定并获取创业资源风险和新创企业管理风险。机会的识别与评估风险是指在机会的识别与评估过程中，由于各种主客观因素，如信息获取量不足、把握不准确或推理偏差等都可能使创业面临一开始方向就错误的风险。准备与撰写创业计划风险是指创业计划的准备与撰写过程带来的风险。创业计划往往是创业投资者决定是否投资的依据，因此创业计划是否科学合理将对具体的创业项目产生影响。创业计划制定过程中各种不确定因素与制定者自身能力的限制，也会给创业活动带来风险。确定并获取创业资源风险是指由于存在资源缺口，无法获得所需的关键资源或即使可获得，但获得成本较高，从而给创业活动带来的风险。新创企业管理风险，主要包括管理方式、企业文化的选取与创建，发展战略的制定，组织、技术、营销等各方面的管理中存在的风险。

（5）按创业与市场和技术的关系划分

按创业与市场和技术的关系，创业风险可分为改良型风险、杠杆型风险、跨越型风险和激进型风险。改良型风险是指利用现有的市场、技术进行创业所存在的风险。这种创业风险最低，但要想得以生存和发展，获取较高的经济回报也比较困难。一方面会受到已有市场竞争者的排斥或进入壁垒，另一方面即便进入，想要占有一定的市场份额也会非常困难。杠杆型风险是指利用新的市场、现有的技术进行创业存在的风险。该风险稍高，对一个全球性公司来说，这种风险往往是地理上的。多见于挖掘未开辟的市场，如彩电行业，利用原有技术进入农村市场。跨越型风险是指利用现有的市场、新的技术进行创业存在的风险。该风险稍高，主要体现在创新技术的应用，这种情况往往反映了技术的替代，是一种较常见的风险情况，常见于企业的二次创业。领先者可获一定的竞争优势，但模仿者很快就会跟进。激进型风险是指利用新的市场、新的技术进行创业而存在的风险。该风险最大。如果市场很大，可能会带来巨大的机会。对第一个行动者而言，其优势在于竞争风险较低，但是知识产权保护力度很弱，市场需求很不确定，产品性能指标的确定有很大的风险。

（6）按创业中主要影响因素划分

按创业中主要影响因素，创业风险可分为技术风险、市场风险和代理风险。其中，技术风险和市场风险在前面已提到，这里不再赘述。代理风险是指高级经营管理人才、组织结构以及生产管理等能否适应创业企业的快速增长，或战胜创业企业危机阶段的动态不确定性因素等。这3类风险之间相互作用，使得创业企业运作的各个层面上的诸多因素的不确定性更加复杂，并且在创业企业不同的发展阶段，各要素的风险性质也将产生一定的变化。

（7）按创业结果的风险属性划分

按创业结果的风险属性，创业风险可分为沉船风险（sinking-the-boat risk）和丢船风险（missing-the-boat risk）。沉船风险是指创业企业没有达到满意的绩效水平的可能性，它与追随错误机会的成本有关，在新创企业初始阶段处于最高水平，并随着创业企业的运营而逐渐下降；丢船风险是指没有"从事可能成功的企业"的风险，它与不追随最佳机会的成本，或者与不采取潜在有力行动的机会成本有关，并随着时间的推进而不断上升。

（8）按创业过程风险的时间维度划分

按创业过程风险的时间维度，创业风险可分为短期创业风险和长期创业风险。短期创业风险主要是指创业活动中的确定风险，因为这种风险扩张得相当快，在本质上是短期的。长期创业风险主要是指那些只能在长期范围内测量的风险，包括创业者个人关系和心理收获的风险等。例如，沉船风险在短期内表现得比较明显，而丢船风险则更可能是一种长期创业风险。

5.1.2 创业风险防范

为避免造成重大经济损失和社会不良影响，每个创业者都应花大力气进行风险预防。创业风险是繁杂多变的，创业者应选择发生概率大、后果严重的事件进行重点的防范。

5.1.2.1 创业投资风险的防范

创业投资风险是指在创业投资过程中由于对外部因素估计不足，或对创业投资过程无法控制及控制失误，造成结果与预期目标发生偏离并导致利益损失，致使创业投资活动失败的可能性。

（1）搜寻信息

创业者首先做一个创业计划，包括开展业务的方式、存在的风险、资金的运用、投资项目各个部分的关系等，搜集到相关的准确、可靠的信息可以降低不确定性。

（2）使投资最小化

创业者要降低投资的风险，就要尽量使不可回收的投资最小化。如可以通过租赁而不是购买来满足对某些大型、回收率低设备的需求。

（3）保持灵活性

要使企业的投资有一定的弹性，这样可以在不同情况下做出及时的应急反应，或是扩大生产或是迅速撤出，这样可以使企业的损失降到最低。

（4）多元化投资

投资者可以将自己的资金分别投在不同的项目上，或者投资一个风险度不同的、相互之间独立的项目组合，这样即使在某个项目上遭受损失，也可以保证在其他项目上获益，不至于破产或者是血本无归。

（5）强投资的抗风险能力

可以寻找具有收账、催账等专业知识的合伙人一起投资，这样可以及时做出反应、采取措施，和专业人士合伙可以更可靠、更踏实。

5.1.2.2　创业企业技术风险的防范

（1）保险

创业企业通过向保险公司投保的方式，向保险公司缴纳一定的保险费，若新产品、新技术开发失败，员工意外受伤，公司财产意外损失等，都可以在责任范围内由保险公司负责赔偿。

（2）转移风险

通过技术转让、技术交易等方式，向其他主体转让风险。如新产品在生产阶段失败时，就可以将技术卖给有能力生产该产品的人。

（3）风险分散

通过多元化经营，开发多个项目，使风险得到分散。

5.1.2.3　创业市场风险的防范

坚持以市场为导向的经营理念。创业企业不一定有最好的产品和最先进的技术，但是一定要拥有正确的营销理念和最好的营销策略。所生产的产品或提供的服务除了要进行切实细致的市场分析和经济评估外，还要对产品生命周期的各个阶段可能引发的风险，制定合理的对策。加强营销管理，对于售后服务、市场推广的风险完全可以通过加强管理来克服。强化售后服务意识和加强营销队伍的建设是防范该类风险的有效办法。

5.1.2.4　创业财务风险的防范

①为防范财务风险，创业者必须采用科学的决策方法，选好投资项目。如对固定资产

投资、投资收益率等指标,并对计算结果进行综合评价,制定合理的资金结构,做出正确的筹资决策,降低失误,从而降低财务风险。

②创业者要通过优化资金配置来降低财务风险,同时要建立一系列的风险监管体制,理顺内部各种财务关系。做到权、责、利相统一,使企业内部各种财务关系明晰清楚。

5.1.2.5 创业法律风险的防范

法律风险是企业面临的最大风险,因此,商业活动必须依靠法律的规范,企业应该建立起法律风险防范管理体系,遵循"事前防范为主、事中化解和事后补救为辅"的原则,构建企业法律风险的"防火墙"。

(1) 创业法律风险的类型

①创业商事主体形式选择的风险。创业者在开始创业的时候首先要对建立的商事主体的形式进行选择。从目前我国现行法律规定来看,大学生创业可以选择的商事主体的形式有公司、个人独资企业、合伙企业或者个体工商户,而这些不同的商事主体的出资要求、设立程序、税收要求以及责任承担方式都是不一样的,如果对这些主体的相关法律知识不了解,就很容易导致创业不成功甚至承担巨额的债务。

②创业商事主体经济往来过程中面临的合同风险。创业者创业商事实体确定以后,要获得收益,要和其他商事主体签订各种各样的合同,如果不了解合同方面的相关法律就会产生各种合同法律风险。如在订立合同时没有采取书面形式,导致发生纠纷时无证据可查验,或者因为没有去审查对方的主体资格、资信情况以及对方履行合同能力等导致被骗,甚至没有仔细审查合同的内容导致履行合同过程中发生争议遭受损失。经调查发现,合同法律风险是大学生创业过程中遭遇的最主要的风险。

③创业商事主体管理过程中的劳动用工风险。创业者创业商事实体成功注册登记以后,就会涉及用人的问题。什么是劳动关系、什么是雇佣关系、什么是全职聘用、什么是兼职关系。诸此种种,这些制度都要深刻了解,对职工社会保险制度以及特殊群体权益保护等都要贯彻实施,但是往往因为创业者初创企业劳动规章不完善、劳动合同存在漏洞、特殊用工对象得不到有效保障等,遭遇一系列的劳动用工风险。

④创业商事主体运营中的税务风险。纳税是每一个公民和企业的基本法律义务,创业这个创业商事实体可以按照国家优惠政策进行合理避税,但不可逃税漏税,不然会受到《中华人民共和国刑法》或者《中华人民共和国行政法》的处罚。但是,很多创业者创业刚起步,因为相关税收法律的淡薄,遭受复杂的税务风险。

⑤创业商业主体发展中的知识产权风险。在知识经济时代,企业要在市场经济的条件下立于不败之地,知识产权是最重要的核心竞争力。现实中,创业者在创业初期面对各种技术问题时往往为了解决技术难题而不经过相关专业许可的情况下私自使用而导致一些法律纠纷。同时,创业者在创业过程中也会拥有自己的商标、专利等知识产权,但由于没有及时注册采取措施进行保护,使自己遭受经济损失,从而创业最终走向失败。

⑥发生经济纠纷时法律维权过程中的风险。创业者创业过程中不可避免会与别人发生

经济纠纷，为了解决这些纠纷，需要采取一些措施来维护自己的权益。但是，大部分创业者往往因为不了解相关诉讼制度而导致维权失败。如我们知道打官司就是打证据，完整有效的证据是维权成功的必备条件，所以一定要妥善保管证据。

（2）创业法律风险的防范途径

创业者的法律风险意识必须得到强化；建立健全企业的规章制度和业务流程；建立健全企业内部的责任体系和监督体系；加强企业相关人员的配备和培训；建立定期审查公司法律风险的制度。

5.1.2.6 创业管理风险的防范

在创业中，人是管理的主体。提高管理者的素质对于防范管理的风险是至关重要的。

①要有丰富的专业知识和实践经验。创业企业要具有经济、管理、法律等不同的专业人才，这是必备的条件。

②要有杰出的领导和管理能力。企业在创业过程中会遇到各种困难，需要协调各方面的关系。因此，创业者必须掌握现代管理的理念和方法，能从系统整体观念出发，统筹、协调、控制和优化各项资源。

③要有创新意识。成功的创业者们具有突破常规、勇于创新的能力，在处理问题的时候能够选择新的思路和方法，找到企业发展的捷径，在"新"字上做文章，为消费者提供新商品，为自己创造新市场和新机遇，在商海中占据主动。

总之，世上没有万无一失的事，何况对于风险的防范和管理，只是一种对于规律的把握，并不能保证什么，创业的风险与诱惑是同在的，它引诱着、也激励着一个个富有强烈的事业心和百折不挠精神的创业者去成就心中那一份光荣与梦想，去书写一个个创业的传奇！

5.2 创业中的法律知识

2021年1月1日，《中华人民共和国民法典》（以下简称《民法典》）正式施行。作为助力市场经济发展的法律重器，《民法典》确立了调整经济关系的各项法律规范，为我国经济高质量发展提供了制度供给与法治保障。《民法典》将进一步促进各类生产要素高效配置，保障各类交易活动顺利进行。《民法典》不仅是一般民众社会生活的百科全书，也是市场主体经济活动的百科全书。《民法典》是发展社会主义市场经济的法律重器。市场经济的发展是《民法典》的社会基础，而《民法典》所确立的调整经济关系的各项法律规范，为我国经济高质量发展提供了制度供给与法治保障。创业者在创业中会遇到很多法律风险，其中创业者对创业中的法律知识的缺乏是重要因素之一，因此，创业者在创办企业时一定要遵照《民法典》，规范民事行为、明确法律后果和责任，尤其要注意以下法律问题。

5.2.1 谨慎选择合作伙伴

建议通过公司的工商档案了解公司的章程及基本股权架构，了解该公司股东的权利与义务，对加入公司之后的公司运营及利润分配有所预期。还可通过中国裁判文书网，查找是否存在目标公司的涉诉案件，通过相关案件情况，加深对公司真实现状的了解。

案例1　股东知情权的行使及限制

原告甲是A公司的股东，持有公司20%的股权。甲称A公司自2002年开始并未按照《公司法》的规定向其提供账簿，其向公司递交了查账的申请后，公司仍未提供，故诉至法院要求A公司提供会计账簿供其查阅、复制。A公司答辩称，原告甲虽是公司的股东，但其亲兄弟乙所设立的B公司，与A公司经营同类业务，甲查账的目的就是为了便于乙全面掌握A公司的商业秘密，具有不正当目的，故不同意其诉讼请求。一审法院以甲作为公司的股东，享有知情权为由，判决支持了其诉讼请求。A公司不服，提起上诉。

二审期间，A公司举证证明了B公司与A公司经营相同业务，并且甲还在B公司担任监事职务。二审法院认为，根据A公司的证据可以认定B公司与A公司的经营范围和经营项目基本相似，甲与乙为亲兄弟关系，并且甲还在B公司任职，基于上述内容，若允许甲查阅A公司的会计账簿，将有可能导致A公司的商业秘密被B公司所知悉，从而可能侵犯A公司的合法权益，故二审法院改判驳回了甲的诉讼请求。

法官提示

对于不掌控公司经营权的小股东而言，我国《公司法》规定了其享有知情权，小股东为了保护自己的权益，可以依法积极行使权利。但股东知情权的行使并非无条件、无限制的，《公司法》第三十三规定，股东要求查阅公司会计账簿的，应当向公司提出书面请求，说明目的，公司有合理根据认为申请有不正当目的，可能损害公司合法权益的，可以拒绝提供查阅。从该条规定可以看出，由于股东的知情权可能涉及股东与公司之间的利益冲突，会计账簿中的信息涉及公司的商业秘密，所以《公司法》对股东查阅会计账簿的权利予以适当的限制，要求股东遵循诚实信用原则，合理行使知情权。

通过这个案例，需要提醒创业者注意的是，现代社会中公司之间的竞争愈演愈烈，往往公司的会计账簿等重要文件关系着公司的生死存亡，因此股东在行使知情权的同时也不可滥用权利，以免影响公司的正常运营，损害公司的合法权益。

5.2.2 谨慎制定公司章程

开办公司是一项商事活动，与个人情感无关，公司业务的开展需要有明确规则。公司章程是公司的自治规范，约束股东及公司行为，也是股东保障自身权利的重要依据。需要格外注意的是，修订后的《公司法》将股东的出资问题交由股东自己决定，并不意味着免除股东的出资义务。股东应当严格依照公司章程履行出资义务，否则也会承担相应的责任。

案例 2　股东请求公司进行盈余分配的条件

甲公司共四名股东，华某持有公司 15% 的股权，甲公司自 2012 年开始向华某以外的其他三名股东按投资比例进行了分红，但未向华某分红。故华某将甲公司诉至法院，请求法院判令公司向其支付 2012 年开始的分红款 100 余万元。甲公司答辩称，公司章程规定了公司分红需要由董事制定公司的利润分配方案，股东会予以审议，上述程序并未进行，故不同意华某的分红请求。

法院经审理认为，公司股东享有按照实缴出资比例分红的权利，甲公司的章程虽然规定了公司利润分配需由董事制定分配方案，并经股东会审议通过，但该公司在实际经营中，系直接向股东进行分红，除华某之外的其他三名股东均已经按利润分配表的金额实际取得了分红，故也应对华某同等对待，最终华某的诉讼请求得到了法院的支持。

法官提示

本案属于公司盈余分配纠纷，也就是我们通常所说的分红权纠纷，根据《公司法》的规定，股东享有按照实际出资比例分取红利的权利，这是股东盈余分配权的法律依据。同时，公司章程一般也都会对分红进行规定，这些规定可以视为股东盈余分配权的合同依据。股东有权请求公司分红，但一般公司章程对分红都规定了前置程序，常见的限制大多为需经股东会审议，按照股东会的分红决议方可进行分红。司法实践中经常出现公司常年盈利，但股东会却不做出分红决议的情况，此时，由于分红的程序性条件并未成就，即使股东起诉公司要求分红，也往往无法得到判决的支持。

通过这个案例需要提示广大创业者注意：第一，公司盈余分配属于公司自治的范畴，为尊重公司的自治权，司法审判一般不强行介入。但在本案中，尽管甲公司股东实际分取红利的程序和方式，同章程的规定不符，但全体股东之间协同一致、实际领取红利的行为，可视为股东对章程的一致性调整。第二，公司盈余分配应注重股东间权利的平等性，避免个别股东权益受损。本案中，甲公司的各个股东应当按照持股比例享有同等的权利，履行同等义务，在其他三名股东已然取得红利的情况下，对华某也应同等对待，不能因为华某的小股东身份而剥夺其权利。第三，股东在享受公司分红的同时，不能损害公司及外部债权人的利益，不能以分红为名而抽逃出资，否则将会因此而承担相应的法律责任。

5.2.3　谨慎处理股东纠纷

从案例可以看出，案件发生原因多为股东之间关系破裂等法律调整范围之外的纠葛，矛盾化解难度较大。很容易导致公司经营受制于股东矛盾，因而公司利益得不到有效保护，陷入经营困境，最终进入清算程序。因此，建议股东在遇到问题时，首先寻求协商解决，并及时合理地行使自己的股东权利，通过法律途径维护合法权利，实现诉求。此外，股东应当谨慎提起公司解散诉讼或申请公司清算。因为此类诉讼程序一旦开启，股东之间的矛盾一般会更加激化，公司很难存续。

案例 3　一人公司股东责任的认定

甲公司是侯某设立的一人有限公司。2009 年，甲公司欠付乙宾馆租金、水电费等共计 60 余万元，经过诉讼，法院判决甲公司偿还上述款项。因甲公司无财产可供执行，乙宾馆认为侯某的个人财产与甲公司的财产混同，故诉至法院，要求判令侯某对于甲公司的债务承担连带责任。侯某答辩称，甲公司有专用银行账户，资金清楚，不存在混同，其不应对公司债务承担连带责任。

一审法院认定，侯某虽提交了甲公司的记账凭证与原始凭证，但其记载内容确有不规范之处，故判决支持了乙宾馆的诉讼请求。侯某不服，提起上诉。二审法院认为，甲公司拥有独立的账户，侯某提供了自其成为股东以来的全部记账凭证、原始凭证及每年的审计报告，从形式上已经能够证明其个人资产与公司资产相互独立。甲公司账目存在的瑕疵属于公司账目是否规范的问题，尚未达到公司与股东财产无法区分的程度，故不能据此认定甲公司与侯某的财产构成混同，故撤销一审判决，改判驳回了乙宾馆的诉讼请求。

法官提示

本案主要涉及一人公司中股东责任认定的问题。一人公司只有一个自然人股东或者一个法人股东，具有内部治理结构简单，决策效率高等特点，也正是因为其结构的特殊性，使得传统公司股东之间相互制约的机制难以实施，从而极易造成公司财产与股东财产混同的现象，导致公司独立人格被弱化。

为防止一人公司的股东利用公司有限责任规避合同义务、滥用公司法人的独立地位，《公司法》第六十三条规定，一人有限责任公司的股东不能证明公司财产独立于股东自己的财产的，应当对公司债务承担连带责任。根据上述规定，对于一人公司，只要债权人提出公司财产与股东个人财产混同，股东就需要提交公司账册、记账凭证、原始凭证等证据证明个人财产与公司财产相互独立，否则就需要对公司债务承担无限连带责任，即采取了举证责任倒置的方式，意在严格规范一人公司的财务制度。但是，如果能够证明不存在混同的，股东仍以其投资额为限承担有限责任。

通过这个案件提示的是，创业者若准备以一人公司形式创业，则需注意《公司法》对一人公司的特殊规定。这意味着一人公司应当更加严格的规范公司财务制度，保证公司账目完整、清晰，并依法进行年度审计，避免因财产混同而承担无限连带责任。

5.2.4　掌握公司解散清算流程

公司强制清算的相关流程：首先，根据《公司法》的规定，公司应当在解散事由出现后 15 日内成立清算组，自行进行清算。如果公司逾期没有成立清算组的，债权人、公司股东也可以申请法院指定有关人员组成清算组进行强制清算。法院可以通过摇号的方式选定中介机构组成清算组，负责公司的强制清算工作。其次，在清算组成立后，涉及通知已知债权人、发布公告、申报债权、召开第一次债权人会议等程序性工作。同时，在清算期间，清算组将会查找、接收公司财产、账册、重要文件等，并对公司进行审计，查明资产、负债等情况，并根据审计结果，确定清算的依据，出具清算意见书。在经过债权确认、审计以及财产分配等程序后，法院将根据清算组出具的申请书做出相关裁定，终结强制清算程序。

案例4　公司解散的司法裁判标准

魏某持有甲公司20%的股权，其他五位股东共计持股80%。魏某起诉称，甲公司在管理上存在诸多漏洞，从未进行过分红，经营早已陷入困境，公司治理机制已经失灵，如果继续存续，将导致股东利益遭受巨大损失，故要求法院判令解散甲公司。甲公司及其他五位股东称，持公司80%股权的其他股东，曾多次召开过股东会并形成有效决议。公司目前经营状况良好，继续存续不会损害股东利益。

法院经审理认为，根据《公司法》的规定，公司经营管理发生严重困难，继续存续会使股东利益受到重大损失，通过其他途径不能解决的，持有全部表决权10%以上的股东，可以请求法院解散公司。魏某持有公司20%股权，故有权起诉要求解散公司。但持有公司80%股权的其他股东均不同意解散公司，且召开过股东会，并形成了有效决议，公司治理机制的运行并无实质性障碍，不存在治理失灵的困境。至于公司能否对外正常开展经营业务，与强制解散公司并无必然因果关系。因此，判决驳回了魏某的诉讼请求。

法官提示

本案涉及的是公司解散诉讼。《公司法》赋予了股东请求法院强制解散公司的权利，规定在公司经营管理发生僵局，继续存续会使股东利益受到重大损失的情形下，股东可以向法院起诉要求解散公司，以维护自身的权益。

根据《公司法》及其司法解释的规定，法院判决解散公司需符合以下条件：

第一，作为原告提起诉讼的股东，须持有公司10%以上的表决权。

第二，出现了公司僵局，如公司持续两年以上无法召开股东会，或者虽然能够召开股东会，但持续两年以上不能做出有效的决议，或者公司董事长期冲突，无法通过股东会解决，致使公司经营管理发生严重困难等，公司继续存续会使股东利益受到重大损失。

第三，上述困难无法通过股权转让、股权回购或者公司减资等其他途径予以解决。只有同时满足以上几个条件的，股东的请求才能得到法院的支持。并且，上述条件旨在强调公司经营管理方面出现不可调和的僵局状态，至于公司是否经营亏损、是否分红，并不属于判决解散公司的法定理由。

通过这个案例需要向大家说明的是，虽然股东有诉请公司解散的权利，但是法院在审理该类案件时会严格审核是否符合法律规定的解散条件。公司作为市场的重要主体，对于我国市场经济的繁荣和健康发展具有十分重要的作用，如果股东之间已经产生矛盾，建议尽可能通过协商等方式解决。

案例5　公司强制清算案件审理流程

甲公司是一家中外合资公司，中方股东持股40%，外方股东持股60%。2011年10月，甲公司因未在规定期限内接受公司年检，被工商局吊销营业执照。后中方股东以甲公司被吊销营业执照后未按期自行成立清算组进行清算为由，向法院申请对甲公司进行强制清算。

法院经审查，认为中方股东的申请符合法律规定，裁定受理了其清算申请，并以摇号的方式确定了乙会计师事务所作为清算组，对甲公司展开全面的清算工作。鉴于清算组未能找到甲公司的任何财产、账册以及重要文件，并且甲公司的人员下落不明，导致无法清算，故请求法院终结强制清算程序。最终，法院依据清算组的申请，裁定终结了甲公司强制清算程序。

法官提示

公司作为现代企业的主要类型，在参与市场竞争时，不仅要严格遵循市场准入规则，也要严格遵循市场退出规则。公司强制清算程序是公司有序退出市场的重要途径之一，同时，申请强制清算既是股东的一项权利，也是股东避免被公司外部债权人追究责任的一项重要途径。

资料来源：云法律网站. 从6个典型案例看公司创业风险 [EB/OL].（2016-7-11）[2020-10-21]. http://www.yunfalv.com/AboutUs-775.htm.

5.3 创业资源的整合

5.3.1 创业资源的概念与特征

资源是人类开展任何活动所需要具备的前提。要把握创业机会，同样必须具备相应的资源条件。资源包括人力资源，如管理团队、董事会、律师、会计师和顾问，财务资源，资产，如厂房和设备等。

产生创业机会的资源是企业竞争优势的来源之一。理解可持续竞争优势的来源可以让我们深入了解创业者在长时间内保持高绩效的原因。理解资源是企业运作和获得良好绩效的基石。企业在生产过程中投入的资源包括机器、财务、技术以及人力资源。资源以不同方式组合形成资源束，为企业取得良好绩效提供原动力。例如，当作为重要资源之一的熟练劳动力，一旦与能够促进沟通、团队合作和创新的组织文化相结合，对企业的贡献就会增大。能够使企业在一段时间内产生优于竞争对手绩效的资源，必须具备以下特点：价值性，它能引导企业寻找机会，减轻威胁，为消费者提供有价值的产品和服务；稀缺性，它是独有的，或者仅被少量潜在竞争者拥有；不可模仿性（包括不可替代性），对竞争者或潜在竞争者来说，无法替代这些资源，复制这些资源组合相当困难或者成本极高。

例如，清风技术公司就拥有有价值的、稀缺的、不可模仿的资源束。该公司发明了一种旨在降低脚温度的、可通风的运动鞋。一款可通风的运动鞋，之所以可能会受到消费者的欢迎是因为现有的运动鞋的设计存在很大的缺陷。如果脚出汗或者发热，现有的运动鞋会引起脚长水泡、真菌感染和产生异味。这款产品对清风技术公司的管理团队也是有价值的，这是因为该产品为进入一个庞大的、利润丰厚的市场提供了途径。

该技术也具有稀缺性和不可模仿性。说它具有稀缺性是因为其他厂商都没有成功发明一款可以充分使人的脚部得到充分通风的产品。有一些厂商试图让空气吹入鞋中但发现这样做能提高脚的温度。当前，各大厂商都在尝试间接为脚通风的鞋产品，但多孔鞋不能达到该鞋达到的效果，不仅如此，多孔鞋还会导致鞋易进水。这也就是说，如果你走进一个水坑，你的脚会被弄湿。清风技术公司的真空鞋就是在鞋通风技术上的一个创新尝试。

这项技术对客户有价值，新颖，所以说它就是一项专利。专利的目的就是保护专利权，使专利不被别人窃取。和其他诸如版权、商标的知识产权保护措施一样，清风技术公司已经有了一个可以免于竞争的产品专利。也就是说清风技术公司拥了有价值的、稀缺的、不可模仿的资源束。而大多数企业所面临的关键问题是：如何创造一组有价值的、稀缺的且难于模仿的资源束？如何最大限度地开发、利用资源束？

创业资源（entrepreneurial resource）是能够获取的资源并将其重组为有价值、稀缺且难模仿的资源束。本身具有价值的知识是创业资源的基础，它建立在实践基础上并且存在于创业者的脑海中以及管理层和员工的记忆中。基本上，经验是一种特质，只属于个体，是稀缺的。进一步来看，这种知识难以与他人交流，这就使得竞争者或潜在竞争者难以复制。

因此，知识对于产生资源束有着重要的作用，并将持之以恒地引导新企业的创建。但是否意味着只有经验丰富的管理者或企业才能创造创业机会呢？恰恰相反，实践表明，那些最主要的机会往往不是他们发现、创造的。例如，开发山地自行车的先驱是自行车爱好者，而自行车的行业巨头如施文和赫菲却在相当长的时间之后才察觉到这产品的商机。

而现有的自行车厂商似乎难以"跳出来思考"，或者它们根本没有这样做的动力。我们注意到发明山地自行车的就是自行车爱好者。他们拥有关于现有技术和在现有的技术条件下产生的问题（也包含他们本身）的知识。这种独特的、基于个人经验的知识为他们创新奠定了基础，因而促成了发明。

希望在创新上有所作为的人们，应该去寻找他们自身和团队成员所具有的独特经历以及所拥有的独特知识。尤其是那些与创业机会产生有关的知识往往与市场及技术密切，不可能存在于书本或课堂中，否则的话，每个人都可以获得，就没有独特性可言。

5.3.1.1 市场知识

市场知识（marketing knowledge）是指创业者所拥有的那些能帮助他们洞察市场和消费信息、技术、诀窍及技能。做到对市场和客户了如指掌，使创业者能够深入地认识现有产品。事实上，使创业者与客户共同分享产品使用与效用方面的知识，可以引导创业者整合资源以解决客户不满意的问题。在这种情况下，创业者的市场知识较市场研究所获得的知识更为重要。市场研究如调查，并不一定有效，因为对于消费者来说，清楚地说出产品和服务中存在的问题很困难。如果创业者缺乏关于市场、消费者态度及行为的知识，就无法识别和创造出更具价值的新产品或新市场。

但是，市场调研无法揭示有关现有技术不足的信息，人们也难以清楚地说出对那些不存在事物的需求。

5.3.1.2 技术知识

技术知识（technological knowledge）也是创业机会产生的基础之一，是指那些创业者所掌握的、能帮助他们洞察新知识产生路径的信息、技术、诀窍以及技能。尽管技术知识的市场应用性并不显而易见，但它可能成为一种技术，成为产生创业机会的基础。30多年前问世的激光经过不断改进开辟了潜在的、颇具吸引力的市场，创造了许多创业机会。目前，激技术已经被应用于导航、精密测量、音乐录制和光学化纤中。在手术过程中，激光技术也用于修复脱落的视网膜和治疗失明。这些创业机会均是首先源于激光技术知识的应用，其次才是市场适用性。

类似地，人们最初也认为计算机发明的应用是有限的，而事实上新的市场已经随着计算机技术的深化而进一步得到扩展。在航空工业领域，计算机被广泛应用于研究高效的飞机设计方案、自动驾驶仪等自动化导航和驾驶系统、空中管制的雷达系统、航线飞行反应器，及计算机联网售票与行李追踪系统。

可见，技术知识能够引导技术进步，发明一项新技术不只是满足市场需求，而是可以多方面地开辟新市场。为了取得通过知识进步不断进行的技术发明，创业者可能没有考虑其商业可行性。但由于一个微不足道的原因发明的一项技术，随后可能被发现有更为广泛的应用范围。例如，魔术贴、特氟龙都是因太空计划而被发明的产品，但之后都有了除此之外更广泛的应用。

总之，资源束是创业的基础，源于创业者的市场知识、技术知识和其他资源。若所依托的资源束是有价值的、稀缺的且难以模仿的，创业行为就可能成为企业持久的竞争优势和更高绩效的源泉。

5.3.2 资源整合的重要性

成功的创业者大多是资源整合的高手，创造性地整合资源是成功的关键。在知识经济、经济全球化的今大，资源整合不仅是创业者的专利，更是企业经理人甚至每个人的职业生涯发展都需要的。

哈佛大学商学院教授史蒂文森（Stevenson，1990）强调，创业是不拘泥于当前资源条件限制下的对机会的追寻，将不同的资源进行组合以利用和开发机会并创造价值的过程。同时他认为，创业者在企业成长的各个阶段都会力争用尽可能少的资源来推进企业的发展，他们需要的不是拥有资源，而是控制这些资源。因此，在创业的视角下，要求创业者具备独特的整合能力，运用少量资源，控制更多资源，创造更大价值。

蒙牛创业初期，显性的资源，即资金、奶源、厂房、销售渠道等几乎是一无所有。牛根生和他的团队利用自己在伊利创建的人脉资源、信息资源以及内部团队的智力资源等隐性资源，把各种显性资源整合配来。到了 2009 年年初，蒙牛实现增长 575 倍。

牛根生认为蒙牛企业文化中有 4 个 98%：资源的 98% 是整合，品牌的 98% 是文化，经营的 98% 是人性，矛盾的 98% 是误会。在这里，第一个 98% 就是资源整合，可见在牛根生眼中，资源整合是多么重要。

纵观中国和世界著名的成功企业家，无一不是资源整合高手。海尔的张瑞敏认为，最重要的是利用多少科技资源，而不是拥有多少科技资源。企业要具备整合各种科技资源为自己所用的能力，整合力即竞争力。

5.3.3 创业资源整合的原则

5.3.3.1 尽可能发现和确定可供整合的资源提供者

要整合到资源，就要寻找到可以提供资源的对象。对此，一种办法是找到少数的拥有富资源的资源提供者，如政府、大公司等，这方面创业者往往没有优势；另一种办法是尽量多找潜在的资源提供者。例如，创业园不仅可提供场地，也可利用其具备的优势为创业者寻找合适的合作对象，帮助创业者谈生意、介绍客户甚至是融资担保，也可以开展服务外包。服务外包是指企业将其非核心业务外包出去，利用外部最优秀的专业化团队来承接其业务，从而使企业专注于核心业务的一种管理模式。服务外包可以使企业获得多方面收益，包括共享其他企业优质人力资源，节约成本，提高效率，增强企业核心竞争力和对环境应变的能力。当然，潜在的资源提供者还包括专家、学者、师长、智者、亲朋好友、同事、同学、同乡、下属、客户和各类社会团体等。

5.3.3.2 分析并寻找潜在资源提供者的共同利益所在

商业活动强调利益。要做到资源整合，就需要认真分析潜在资源提供者各自关心的利益所在。

5.3.3.3 让对方先赢自己再赢的整合机制

资源能够整合，需要合作，合作需要双赢甚至是共赢。合作总要有一个开始，在没有合作基础的前提下，一开始就双赢不容易。修天桥的小伙子成功的关键在于他想到的是让对方先赢，以此换取对方的信任。他明确告诉政府，自己出钱修天桥还不标明是自己建的，政府不花钱还让老百姓高兴，当然是件好事情；有人主动为世界级著名企业在大都市繁华的街道上立广告牌，为大公司做广告，这当然也是件好事情。

约翰·洛克菲勒的一句名言：建立在商业基础上的友谊永远比建立在友谊基础上的商业更重要。经济全球化的重要特征是资源的全球性流动。资源整合可以突破空间、组织和制度等方面的限制，从而在更加广阔的范围内开展，这也是创业活动活跃的重要原因。要成功地整合资源，创业者必须要有创新的思维，要兼顾各利益相关者的利益，达到多赢、共赢。

5.3.3.4 强化沟通

具有较强的沟通能力是创业者成功整合资源的关键因素。两个 70% 可以很直观地反映沟通的重要性。第一个70%，是指创业者70%的时间用在沟通上。开会、谈判、协商、拜见投资者或约见客户等是最常见的沟通形式，撰写计划书和各类文字材料实际上是一种书面沟通的方式。管理者大约有70%的时间花在此类沟通上。第二个70%，是指企业中70%的问题是由于沟通障碍引起的。例如，创业企业常见的效率低下的问题，往往是由于缺乏沟通或不懂得沟通所引起的。另外，企业里执行力差、领导力不强的问题，归根到底，都与沟通能力的欠缺有关。创业企业的资源整合，在很大程度上就是通过企业与外部和企业内部间的沟通来实现的。与外部的沟通，主要包括与投资者、银行、政府部门、媒体、业界、客户、供应商等，主要目的是通过沟通建立联系，获得信任，与对方达成共识，争取对方的支持或帮助，取得一个双赢的结果；在企业内部，通过有效的沟通，凝聚人心，降低内部冲突，提升整个企业的效率和业绩。

5.3.4　创业资源整合的方式

从非物质资源的角度，创业资源整合包括人脉资源、信息资源、技术资源、行业资源和政府资源等方面探讨创业资源的整合方式。

5.3.4.1　人脉资源整合

在个人创业过程中人脉资源是第一资源。人脉是一个人通往财富与成功的入场券。有了各种良好的人脉关系，创业者可以方便地找到投资、技术与产品、渠道等各种创业机会。整合人脉资源是创业成功的基本条件。

美国成功学大师卡耐基经过长期研究得出结论：专业知识在一个人成功中的作用只占15%，而其余的85%则取决于人际关系。由此可见，人脉资源在一个人的成就里扮演着重要的角色。

（1）人脉资源

根据重要程度可以分为核心层人脉资源、紧密层人脉资源和松散备用层人脉资源。

①核心层人脉资源。指对职业和事业生涯能起到核心、关键、决定作用的人脉资源。例如，一个营销部门经理的核心层人脉资源，可能是他的顶头上司、公司老板、关键同事和下属、对公司业务和自身业绩有重大影响的重要客户，以及其他可能影响其职业与事业发展的重要人物。

②紧密层人脉资源。指在核心层人脉资源基础上的适当扩张。公司董事会成员、其他部门领导、一般下属、次重点客户以及对自己有影响的老师、同学与朋友等。

③松散备用层人脉资源。指根据自己的职业与事业生涯规划，在将来可能对自己有一定影响的人脉资源。如公司未来可能的接班人选、有发展潜力的同事、一般客户、一般关系的同学和朋友等。

（2）人脉资源整合的要点

①人脉资源结构要科学合理。不少创业者人脉资源结构太单一，导致人脉资源的质量不高。例如，有人只重视公司内部的人脉资源，而忽略公司外部的人脉资源，造成圈子狭窄、信息闭塞、坐井观天；有的人只重视眼前的人脉资源，而忽视未来的人脉资源，结果

随着事业的发展和环境的变化，造成关键时刻人脉资源的缺位断档。

②注意长期投资性和关联性。长期投资性是指平时要注意人脉资源的积累，因而创业者必须从现在开始建立联系，人脉资源的形成需要很多时间和精力，这本身就是一种投资。而人脉资源是可以通过合作、交流、关心、帮助、友情、亲情等方式进行维护的，并会不断巩固，同时在维护中可以不断地发展新的人脉关系。关联性是指借用朋友的朋友或他人的介绍拓展你的人脉资源。创业者的朋友可能帮不了你，但是朋友的朋友或许可以帮你，千万不要有人脉的"近视症""功利症"。

③兼顾事业和生活。不能只顾职业的发展、事业的成功，而忽视生活的丰富多彩和紧急需要。例如，尽管有些人在你创业事业的发展上起不到什么作用，但他们可能是日常生活、养身健体甚至是柴米油盐等诸事上的好帮手。

④重视心智方面的需要。在日常工作、生活中，要注意结交一些专家、学者、实力高手和智者，定期与他们交流，将会使你开阔眼界，受益匪浅。

（3）人脉资源整合的途径

人脉资源的整合在某种程度上来说就是做人，做一个让他人快乐同时也让自己获益的人。需要注意的是，人脉资源的整合一定要整合健康的人脉资源，以自身的人格魅力来积聚，酒肉、投机、贿赂、侥幸得来的不会长久，为此创业者自身的素质、人格、品质也需要不断提升。

①参与社团活动，扩张人脉链条。参与各类社团活动来经营人际关系十分有效。平时如果太主动接近陌生人，由于人的防卫心理，很容易遭拒。但是，在参加各类社团活动时，人与人之间的交往会在自然的情况下变得相当顺畅。人与人的交往互动最好在非强求、无所求的情况下发生，这样有助于建立情感和信任。如果参加了某个社团，最好能谋到一个组织者或能为大家服务的机会。在为他人服务的过程中，自然就增加了与他人联系、交流、了解的机会和时间，人脉之路就得以不断延伸。

②参加培训，搭建人脉平台。参加培训对于创业者有三大好处，一是走出去方知天外有天，人外有人，才能结交到"高手"；二是"学而知不足"，经常充电、深造才知道自己才疏学浅、孤陋寡闻；三是借此机会拓展人脉资源，搭建平台，扩大圈子。近年来，各类工商管理硕士（MBA）、高级管理人员工商管理硕士（EMBA）、总裁研修班如雨后春笋、遍地开花，无论学费多么昂贵，人们还是趋之若鹜。当然，在培训课程中的确能够学习到一些经典的商业案例。但是，总裁们真正看重的其实是里面的"人脉"。他们并不在乎老师是谁，反之则更注重同学有谁。他们所渴望并营造的是一种氛围，一种充分交流和交际的空间。通俗点说，就是"圈子"。

③了解人脉，满足需求。人脉资源整合需要合作，合作需要双赢或共赢，而且往往要让对方先赢。首先，创业者需要了解人脉对象的基本情况，如家庭环境、收入状况、学历教育背景、兴趣爱好、价值观、事业目标、工作生活习惯、性格特点等，必要的话可以在备忘录或数据库中记录；其次，了解人脉对象目前工作生活中的最大需求和最看重什么，

看看自己能为对方做些什么或提供什么建议参考；最后，即便人脉对象的需求千差万别，但有些基本需求是相同和相通的，那就是被赞美、被尊重、被关心、被肯定、被理解、被帮助等。由此根据自身的条件和可能，采取适当的行为满足人脉对象的需求，对方自然获得一种满足感，感受到对他的重视和他对创业者的重要，创业者也就获得了对方的信任和人脉忠诚。

④日积月累，细心呵护。人脉网络需要长期的积累、精心培育、细心呵护。"人脉用时方恨少"。因此，平时就应该将人脉资源经营管理纳入创业者长期的事业规划中，逐渐培养积累。例如，根据不同层次的人脉资源分类，确定相应的联系、拜访、聚会的节假日或对方特殊重要的日子，打一个问候的电话，发一条祝福的短信，或寄上一份精美的贺卡、小礼品等。

人脉资源是创业必不可少的关键元素，创业者整合人脉资源能力的大小基本上决定了创业的成败。

5.3.4.2 信息资源整合

随着信息技术的发展，信息与日常生活、工作越来越密不可分，最直接的体现就是信息库，大量信息充斥在我们周围，如何整合信息成为一大挑战。因为现在信息太多如何在最短的时间内获得最有效的内外部信息，从而抓住成功创业的机遇事实上很难。信息资源与人力、物力、财力以及自然资源一样，都是创业企业的重要资源，因此，应该像整合其他资源那样整合信息资源。对创业者而言，了解分析包括竞争对手、政府行业、合作伙伴、客户等在内的周边环境的变化信息，才能做到"知己知彼，百战不殆"，才能做到有的放矢，集中精力、财力、人力抓住转瞬即逝的成功机遇。

5.3.4.3 技术资源整合

创业核心竞争力是技术，因为它决定了所需创业资本的大小、创业产品的市场竞争力和获利能力。美国的微软公司和苹果公司，最初创业资本都不过几千美元，创业人员也只有几人，它们之所以走向成功，就是因为它们拥有独特的创业技术。所以，创业企业成功的关键是寻找到成功的创业技术。

技术资源的主要来源是人才资源，重视技术资源的整合也就是注重人才资源的整合。技术资源的整合，不仅要整合、积聚企业内部的技术资源，还要整合外部可利用的技术资源。而且整合技术资源只是起点，技术资源整合是为了不断创新，自主研发并拥有自主知识产权，保持技术的领先，占领市场，壮大企业。

5.3.4.4 行业资源整合

整合行业资源，需要了解掌握该行业各种关系网，如业内竞争对手、供货商、经销商、客户、行业管理部门等。所以，创业的一个成功类型，就是做自己熟悉的行业。创业者同时还需要对科研机构、行业协会、行业杂志、行业展会、业内研讨会、专业书籍等资源加以关注，发掘其价值为企业发展服务。

市场竞争没有永远的对手，也没有永远的伙伴，更没有敌人。凡以为有敌人的竞争者，大多是竞争中的失败者。创业企业不可避免地存在诸多方面的不足。因此，同行之间或者产业上下游之间的创业企业通过策略联盟或股权置换等方式整合资源，使人力资源、研发能力、市场渠道、客户资源等方面实现优势互补，对内相互支持，对外协同竞争。这种方式往往是以几家创业企业为核心，同时带动一批创业企业，形成利益共同体。

5.3.4.5 政府资源整合

掌握并充分整合政府资源、享受政府扶持政策，可使创业少走许多弯路。政府资源对创业者而言是不可多得的成功创业的助推器。政府资源即各项优惠扶持政策，包括财政扶持政策、融资政策、税收政策、科技政策、产业政策、中介服务政策、创业扶持政策、对外经济技术合作与交流政策、政府采购政策、人才政策等。了解政府扶持政策、整合政府资源的方式途径：一是上政府公网查询；二是到公共服务机构进行政策咨询；三是注意与有关部门保持密切的沟通；四是可指定专人负责有关政策信息的收集。

案例分析

清算义务人怠于履行清算义务的法律后果

甲公司设立于 1996 年，具有五名股东，乙公司是甲公司的债权人。2002 年 11 月，甲公司被吊销营业执照，但未办理注销手续也未进行清算。由于甲公司一直未偿还债务，2014 年乙公司将甲公司的五名股东起诉至法院，要求上述股东对于甲公司的债务承担连带清偿责任。

法院经审理认为，甲公司是有限公司，营业执照被吊销后，即出现了法定的解散情形，此时公司股东负有对公司进行清算的法定义务。公司股东作为清算义务人，并未及时启动清算程序。现各股东均不能提供公司的财产、账册以及其他重要文件，由此可以认定甲公司已无法清算，故股东应对甲公司欠付乙公司的债务承担连带清偿责任。基于此，法院判决支持了乙公司的诉讼请求。

资料来源：云法律网站．从 6 个典型案例看公司创业风险 [EB/OL]．（2016-7-11）[2021-2-20].http：//www.yunfalv.com/AboutUs-775.htm.

思考：该案例给我们什么启示。

课后复习题

1. 创业风险的定义是什么？
2. 创业风险有哪些类型？
3. 如何防范创业风险？
4. 如何防范创业法律风险？
5. 创业资源有哪些？
6. 如何整合创业资源？

第 6 章

企业人力资源管理

学习目标

1. 理解人力资源的含义及特点。
2. 了解人力资源管理的主要内容。
3. 掌握组织中人员招聘的过程。
4. 掌握组织中人员培训的过程、类型与方法。
5. 掌握绩效考核的基本方法。
6. 理解薪酬体系的设计原则、基本构成。

6.1　企业人力资源管理概述

6.1.1　企业人力资源管理的概念

6.1.1.1　人力资源的概念及特征

资源是创造社会财富的源泉和动力，是一切社会财富的基础。

广义的人力资源（human resources，HR）指在一个国家或地区中，处于劳动年龄、未到劳动年龄和超过劳动年龄但具有劳动能力的人口之和。或者表述为一个国家或地区的总人口减去丧失劳动能力的人口之后的人口。人力资源也指一定时期内组织中的人所拥有的能够被企业所用，且对价值创造起贡献作用的教育、能力、技能、经验、体力等的总称。狭义讲就是企事业单位独立的经营团体所需人员具备的资源。

6.1.1.2　企业人力资源管理的概念

人力资源管理是指为实现组织的战略目标，组织利用现代科学技术和管理理论，通过不断地获得人力资源，对所获得的人力资源进行整合、调控及开发，并给予他们报酬从而有效地利用人力资源。

6.1.2　企业人力资源管理的任务

企业人力资源管理的任务包括：制订人力资源计划；人力资源成本会计工作；岗位分析和工作设计；人力资源的招聘与选拔；雇佣管理与劳资关系；入职教育、培训和发展；工作绩效考核；帮助员工的职业生涯发展；员工工资报酬与福利保障制度设计；保管员工档案。

6.1.3　企业人力资源管理的职能

从人力资源管理的定义中，可以看到人力资源管理包括5项基本的职能，即获取、整合、奖酬、调控和开发。

6.1.3.1　获取

获取主要包括人力资源规划、招聘与录用。为了实现组织的战略目标，人力资源管理部门要根据组织结构确定的职务说明书与员工素质要求，制订与组织目标相适应的人力资源需求与供给计划。并根据人力资源的供需计划而开展招募、考核、选拔、录用与配置等工作。只有首先获取了所需的人力资源，才能对其进行管理。

6.1.3.2　整合

整合是使员工之间和睦相处、协调共事、取得群体认同的过程，是员工与组织之间个人认知与组织理念、个人行为与组织规范的同化过程，是人际关系的协调职能与组织同化职能。现代人力资源管理强调个人在组织中的发展，个人的发展势必会引发个人与个人、个人与组织之间冲突，产生一系列问题，主要包括：组织同化，即个人价值观趋同于组织理念、个人行为服从于组织规范，使员工与组织认同并产生归属感；群体中人际关系的和谐，组织中人与组织的沟通；矛盾冲突的调解与化解。

6.1.3.3 奖酬

奖酬是指为员工对组织所做出的贡献而给予奖酬的过程，是人力资源管理的激励与凝聚职能，也是人力资源管理的核心。根本目的在于增强员工的满意感，提高劳动积极性和劳动生产率，增加组织的绩效。

6.1.3.4 调控

调控是对员工实施合理、公平的动态管理的过程。是人力资源管理控制与调整职能。它包括：科学、合理的员工绩效考评与素质评估；以考绩与评估结果为依据，对员工使用动态管理，如晋升、调动、奖惩、离退、解雇等。

6.1.3.5 开发

广义上的人力资源开发包括人力资源数量与质量的开发。人力资源的数量开发，从宏观上看，主要方法有人口政策的调整、人口的迁移等；而对于组织而言，其人力资源数量的开发方法有招聘等。本书中讲述的人力资源开发主要是指人力资源质量开发，指的是对组织内员工素质与技能的培养与提高，以及使他们的潜能得以充分发挥，最大地实现其个人价值。主要包括组织与个人开发计划的制订、组织与个人对培训和继续教育的投入、培训与继续教育的实施、员工职业生涯开发及员工的有效使用。

6.2 企业人力资源的规划

6.2.1 企业人力资源规划的概念

6.2.1.1 规划

规划是对未来整体性、长期性、基本性问题的思考、考量和设计未来整套行动方案的总称。

①按内容性质分为总体规划和专业规划。

②按时间分为远景规划和短期规划。

③按管辖范围分为全国发展规划和机关、企事业单位发展规划。

规划与计划的区别：规划具有长远性、全局性、战略性、方向性、概括性和鼓动性。而计划是规划的一个环节、一个部分。

6.2.1.2 人力资源规划

广义上，是对企业所有各类人力资源规划的总称。狭义上，指企业从战略规划和发展目标出发，根据其内外部环境的变化，预测企业未来发展对人力资源的需求，以及为满足这种需求所提供的人力资源活动的过程。

企业的发展战略、目标是人力资源规划制定的依据；企业内外部环境的变化是人力资源规划制定的制约因素，也是制定规划时必须要考虑的内容；人力资源规划要把制定必要的人力资源政策和措施作为主要工作来抓；人力资源规划要达到使企业人力资源供需平衡的目的，以保证企业的持续稳定发展和员工个人利益的实现。

6.2.2 企业人力资源规划的目标和原则

6.2.2.1 人力资源的目标

①帮助企业预先知道未来对人力资源的需要程度和状况。

②通过招聘、筛选、培训、薪酬福利、员工关系、激励等手段，帮助企业预先知道哪些人力资源的管理实践能帮助企业实现其自身的战略目标和发展规划。

6.2.2.2 人力资源规划的原则

①实事求是原则。是制定准确人力资源规划、企业正确发展、对组织内外各种因素客观评价的前提和基础。

②目标定位原则。明确当前目标和战略目标，才能更准确、更精确地衡量组织目标和现状之间的差距，进而制定、实施缩小此差距的具体措施和方法。

③手段整合原则。选择各种有效手段并把它们整合起来，建立一个综合性的体系。

④效果评估原则。在每一项规划制定后，要密切跟踪实施过程，及时检查规划，以便及时修改规划，确保规划的目标能够实现。

6.2.3 企业人力资源规划的程序

人力资源规划的程序即人力资源规划的过程，一般可分为以下几个步骤：收集有关信息资料、人力资源需求预测、人力资源供给预测、确定人力资源净需求、编制人力资源规划、实施人力资源规划、人力资源规划评估、人力资源规划反馈与修正。

6.2.3.1 收集有关信息资料

人力资源规划的信息包括组织内部信息和组织外部环境信息。组织内部信息主要包括企业的战略计划、战术计划、行动方案、本企业各部门的计划、人力资源现状等。组织外部环境信息主要包括宏观经济形势和行业经济形势、技术的发展情况、行业的竞争性、劳动力市场、人口和社会发展趋势、政府的有关政策等。

6.2.3.2 人力资源需求预测

人力资源需求预测包括短期预测和长期预测，总量预测和各个岗位需求预测。人力资源需求预测的典型步骤如下：

步骤一，现实人力资源需求预测。
步骤二，未来人力资源需求预测。
步骤三，未来人力资源流失情况预测。
步骤四，得出人力资源需求预测结果。

6.2.3.3 人力资源供给预测

人力资源供给预测包括组织内部供给预测和外部供给预测。人力资源供给预测的典型步骤如下：

步骤一，内部人力资源供给预测。
步骤二，外部人力资源供给预测。
步骤三，将组织内部人力资源供给预测数据和组织外部人力资源供给预测数据汇总，得出组织人力资源供给总体数据。

6.2.3.4 确定人力资源净需求

在对员工未来的需求与供给预测数据的基础上，将本组织人力资源需求的预测数与在同期内组织本身可供给的人力资源预测数进行对比分析，从比较分析中可测算出各类人员的净需求数。这里所说的"净需求"既包括人员数量，又包括人员的质量、结构，即既要确定"需要多少人"，又要确定"需要什么人"，数量和质量要对应起来。这样就可以有针对性地进行招聘或培训，就为组织制定有关人力资源的政策和措施提供了依据。

6.2.3.5 编制人力资源规划

根据组织战略目标及本组织员工的净需求量，编制人力资源规划，包括总体规划和各项业务计划。同时要注意总体规划和各项业务计划及各项业务计划之间的衔接和平衡，提出调整供给和需求的具体政策和措施。一个典型的人力资源规划应包括：规划的时间段、计划达到的目标、情景分析、具体内容、制订者、制订时间。

①规划时间段。确定规划时间的长短，要具体列出从何时开始，到何时结束。若是长期的人力资源规划，可以长达5年以上；若是短期的人力资源规划，如年度人力资源规划，则为1年。

②规划达到的目标。确定达到的目标要与组织的目标紧密联系起来，最好有具体的数据，同时要简明扼要。

③情景分析。目前情景分析：主要是在收集信息的基础上，分析组织目前人力资源的供需状况，进一步指出制订该计划的依据。未来情景分析：在收集信息的基础上，在计划的时间段内，预测组织未来的人力资源供需状况，进一步指出制订该计划的依据。

④具体内容。这是人力资源规划的核心部分，主要包括以下几个方面：项目内容、执行时间、负责人、检查人、检查日期、预算。

⑤规划制订者。规划制订者可以是一个人，也可以是一个部门。

⑥规划制订时间。主要指该规划正式确定的日期。

6.2.3.6 实施人力资源规划

人力资源规划的实施，是人力资源规划的实际操作过程，要注意协调好各部门、各环节之间的关系，在实施过程中需要注意以下几点：

①必须要有专人负责既定方案的实施，要赋予负责人拥有保证人力资源规划方案实现的权利和资源。

②要确保不折不扣地按规划执行。

③在实施前要做好准备。

④实施时要全力以赴。

⑤要有关于实施进展状况的定期报告，以确保规划能够与环境、组织的目标保持一致。

6.2.3.7 人力资源规划评估

在实施人力资源规划的同时，要进行定期与不定期的评估。从以下3个方面进行：

①是否忠实执行了本规划。

②人力资源规划本身是否合理。

③将实施的结果与人力资源规划进行比较，通过发现规划与现实之间的差距来指导以后的人力资源规划活动。

6.2.3.8 人力资源规划的反馈与修正

对人力资源规划实施后的反馈与修正是人力资源规划过程中不可缺少的步骤。评估结果出来后，应进行及时反馈，进而对原规划的内容进行适时的修正，使其更符合实际，更好地促进组织目标的实现。

6.3 企业员工的招聘与培训

6.3.1 企业职务分析

6.3.1.1 职务分析的含义

职务分析也叫工作分析，是指了解组织内的一种职位并以一种格式把与这种职位有关的信息描述出来，从而使其他人能了解这种职位的过程。简言之，就是一个确定职务的任务、活动和责任的过程。职务分析的结果是形成工作描述与任职说明及相关文件，以便管理人员使用，其本身也构成人力资源管理信息库的主要内容。它既是人力资源开发与管理中必不可少的环节，又是其前提。

由于组织的总体任务过于庞大，任何个人都无法完成，那么如何把总体目标分解成个人力所能及的个人任务及责任？这些任务需要有什么样能力、技巧和个人特征的人员去完成？需要招聘多少人员？在挑选人员时，需要注意什么因素？如何训练员工？用什么标准测量员工的绩效？我们在做出这些决策之前，必须先对有关工作做出明确规定，然后进一步确定完成这些工作需要怎样的行为，这个过程就是职务分析。因而工作分析的主要内容就是了解各种工作的特点以及胜任各种工作的人员的特点。这是一个企业有效地进行人力资源开发与管理的重要前提。

国外人事心理学家从人事管理角度，提出了职务分析公式（the job analysis formula），即：用谁（who），做何事（what），何时（when），何地（where），如何做（how to do），为何（why），为何人（for whom）。这也就是职务分析所要研究的事项。

总之，职务分析就是职务分析人员通过收集的数据和信息，描述工作中如何使用设备，安排工作和分工，叙述工作程序、绩效标准等的作业过程，是规定工作人员需要完成什么任务，如何完成这种任务及为什么这样做等，然后再根据这种信息，进一步确定从事这种工作所需要的知识、技能、能力和其他因素。简言之，它是说明职务的任务和完成任务的条件。

6.3.1.2 职务分析的内容

职务分析的内容取决于职务分析的目的与用途。有的组织的职务分析是针对现有的工作进行分析，为了使现有的工作内容与要求更明确或合理化，以便制定切合实际的奖励制度，调动员工的积极性；而有的是对新的工作规范做出规定，以便选择合适的人选，还有的是为了改善工作环境，提高安全性。因此，这些组织所需要进行的职务分析的内容和侧重点就不一样。另外，由于组织的不同，各组织内的各项工作不同，因此各项工作的要求与组织提供的工作条件也不一样。但是，一般来说，职务分析包括两个方面的内容：确定工作的具体特征和找出工作对任职人员的各种要求。前者称为职务描述，后者称为任职说明。

（1）职务描述

工作描述具体说明了工作的物质特点和环境特点，主要解决工作内容与特征、工作责任与权利、工作目的与结果、工作标准与要求、工作时间与地点、工作岗位与条件、工作流程与规范等问题。工作描述无统一的标准，但通常包括以下几个方面：

①工作名称。指组织对从事一定工作活动所规定的工作名称或工作代号，以便于对各种工作进行识别、登记、分类以及确定组织内外的各种工作关系。工作名称应当简明扼要，力求做到能识别工作的责任以及在组织中所属的地位或部门，如一级生产统计员、财务公司总经理就是比较好的工作名称，而统计员、部门经理则不够明确。如果需要，工作名称还可有别名或工作代号。

②工作活动和工作程序。它是职务描述的主题部分，必须详细描述，列出所需的内容。包括所要完成的工作任务与承担的责任；执行任务时所需要的条件，如使用的原材料和机器设备；工作流程与规范；与其他人的正式工作关系；接受监督以及进行监督的性质和内容等。

③物理环境。工作描述要完整地描写个人工作的物理环境。包括工作地点的温度、光线、湿度、噪声、安全条件等，此外还包括工作的地理位置，可能发生意外事件的危险性等。

④社会环境。这是迎合当前人力资源管理的实际而提出来的，是工作描述的新趋势。它包括工作群体中的人数及相互关系，工作群体中每个人的个人资料，如年龄、性别、品

格等；完成工作所要求的人际交往的数量和程度；与各部门之间的关系；工作点内外的公益服务、文化设施、社会习俗等等。

⑤聘用条件。主要描述工作人员在正式组织中有关工作安置等情况。它包括工作时数、工资结构及支付方法、福利待遇、该工作在组织中的正式位置、晋升的机会、工作的季节性、进修机会等。

（2）任职说明

任职说明也即任职要求，它说明担任某项职务的人员必须具备的生理要求和心理要求。通常包括以下几方面：

①一般要求。包括年龄、性别、学历、工作经验。

②生理要求。包括健康状况、力量与体力、运动的灵活性、感觉器官的灵敏度。

③心理要求。包括观察能力、集中能力、记忆能力、理解能力、学习能力、解决问题能力、创造性、数学计算能力、语言表达能力、决策能力、交际能力、性格、气质兴趣爱好、领导能力等。

表 6-1 为一任职说明范例。

表 6-1 某银行贷款助理任职说明

工作名称：公司贷款助理 年　　龄：25~35 岁 性　　别：男女不限 工作经验：在银行工作 3 年以上
体能要求（属生理要求范畴）:(即在手指的下方出现"你认为有哪些要求呢？请思考后点击对比"，则当再次点击时，出现下面内容) 听力良好，能听见 6 米以外的说话声；对数字口头表达能力强；有充沛的体力巡访客户；能用手书写；无严惩（重）的疾病和传染病
知识与技能（属心理要求范畴）： 良好的语言沟通能力，如倾听与提问能力；具有一般会计能力；有良好的财务能力；有良好的综合分析能力，能对财务文件进行研究分析；有能力代表公司形象；具有销售技能；具有企业管理与财务知识，具有银行信用政策和知识，熟悉和银行相关的法律知识与术语；能熟练运用计算机；有独立工作能力，能适应高强度的工作；具有面试能力；对经济／政治事件有分析能力
其他特性： 具有驾驶执照；愿意偶尔在下班后或周末加班，能每月／周出差；愿意在下班后参加各种活动；平时衣着整洁

6.3.1.3 职务分析的意义

职务分析对于组织和个人都是很重要的。对组织而言，它是人力资源管理最基本的工具，通过职务分析，能够确定完成组织目标的职务和人员特点；对个人而言，职务分析能够向个人提供资料，帮助个人判断自己是否能获得和胜任该职务，以便明确自己努力的方向。综合来看，职务分析通常对组织起到以下作用：

（1）为组织结构及其设计提供基础

组织有目标，为达到目标有一系列的任务、职责。所以，组织有各种职位。通过职务分析，组织可以分清各种职务的角色及其行为，为组织结构和设计打下基础。职务分析通过明确组织中职务的性质、职责、要求以及职务间的相互关系，合理地设计职务，尽量避免工作重叠和劳动重复，提高组织的工作效率与和谐气氛。

（2）是制定人力资源计划的依据

人力资源计划的目标是保证组织发展中对人员的需求，而面对未来，组织需要什么样的人、需要多少人，这只有在职务分析的基础上才能确定。职务分析中的职务描述，介绍了有关工作任务、性质、职务、职责等多方面的内容；工作说明书对从事该工作的工作人员的知识、技能、经验等多方面的要求做出了明确规定。从而为人员培训计划、晋升计划、配置计划等人力资源计划的制订提供了客观依据，有利于组织发展中"人"与工作的相互适应。

（3）使职务评价和报酬达到公平和公正

职务分析能够为职务评价和员工报酬决策提供信息。我们知道分配原则之一是"按劳分配""同工同酬"。然而"劳"如何衡量，某一职务的劳动量是多少、劳动难度有多大、应负的责任有多大，从而应该获得多少报酬，这些都需要通过职务分析来确定。所以，职务分析能帮助有关人员客观地评价职务状况，确定这个职务中员工的劳动强度、所负责任、所需知识的多少或能力的大小等，有助于各项职务合理报酬的确定。

（4）使招聘活动有明确的目的

职务分析还是组织招聘员工的依据。员工招聘是组织补充人员的主要方法，所招聘的人员应该满足组织的需要，能够胜任所要从事的工作。因而要求招聘者清楚胜任该项工作应具备的资格条件，否则招聘活动将漫无目的，结果也会很糟糕。而工作说明书恰好相应地说明了某项工作任务对任职者在生理和心理等各方面的要求，为设计招聘面试和笔试的内容提供了参考依据，使员工招聘任用有了一个明确的目的和标准，有利于组织选拔合格人才。

（5）使人员换岗更有效率

录用员工并不总被分配在固定的岗位上，随着员工工作能力的变化，他们的工作岗位要作相应调整。那么到底指派从事何种工作？要回答这个问题，首先要有一个非常清楚的职务条件的轮廓和完成这些职务需要什么样的人；如果对职务描述是模糊的，则指派员工的决策应（去掉）会不正确，换岗的工作效果也差。

（6）使培训和开发员工有合理的方向

培训一个员工需要较高的成本。使用职务分析能帮助人力资源管理部门确定员工的能力和技术、需要训练的内容，从而使培训开发具有针对性，节省培训人员的支出。

（7）为业绩评价提供客观标准

业绩考评是人力资源管理的主要内容之一。员工业绩评价标准应根据其完成的工作确定。职务分析的结果可以作为区别有效与无效操作的标准，以保证比较合理、公平地评价员工的业绩。

（8）帮助明确劳动关系

职务分析提供的信息有助于企业主和工人之间的劳务谈判，同样也有益于解决劳资纠纷司法方面的争议。因为职务分析提供与职务有关的信息，业主和工人都可以利用这些信息，合理争取自己的权益。

（9）有利于工程设计和方法的改进

设计设备时，必须了解操作者的潜力，协调好设备与设备操作者之间的关系。由于职务分析能明确人与设备的关系，因而有助于改进工程的设计和方法。

（10）有利于重视作业的安全

有些工作在没有分析以前，其安全性如环境条件与个人劳动保护防范常常被忽略；而进行职务分析，则会发现其中的一些不安全因素，将这些不安全因素记录下来，以便应用新技术来改变不安全情况或告知员工注意防范。

6.3.1.4　职位分析的步骤

职位分析时需要观察职务活动行为的特征，与有关人员面谈，编制和审查职务分析材料，编写职务说明书。一般程序为准备、调查、分析和完成4个阶段。

（1）准备阶段

首先是确定职务分析的目标，如可能是企业为了制定培训政策或薪金政策而需要了解各职务的特点。即企业明确职务分析目标就是明确职务分析的结果将用于何处。

然后围绕着已明确的职务分析目标，人力资源部门需要解决以下4个方面问题：一是确定需要哪种类型信息类型，二是信息的形式，三是使用什么方法收集职务分析所需资料，四是由谁来分析资料。

（2）调查阶段

调查阶段是一个收集信息的实质性过程，要全面地调查工作过程、作业环境、工作性质、难易程度、责任、人员条件等内容。分析人员应该通知被调查的员工，利用问卷调查法和功能分析法等收集与工作有关的信息。这种调查分析一般针对工作和人员两个方面展开。

关于工作的调查分析要针对工作本身来进行的。对某项职务应承担工作的各个构成因素进行调查、分析，确定和描述该职务的工作性质、内容、任务和环境条件；同时还要研究一个职务的具体工作活动，考察与这个工作有关的所有方面，明确此职务工作本身的特点。

针对人员进行的调查分析，要研究每一职务的任职者所应该具有的基本任职条件。它是在工作描述的基础上，分析、研究和确定担任该项职务的人员应具备的工作能力、知识结构、经验、生理特征和心理特征等方面，它解决的问题是什么样的人可以从事这项工作。应当说明的是人员的调查分析只是分析了解从事工作的人员的最低要求，而不是从事工作的最佳人选的要求。

（3）分析阶段

分析阶段的主要任务是对前阶段围绕工作和人员所做的调查分析进行深入全面的总结

分析。具体工作如下：

①仔细审核、整理获得的各种信息。

②创造性地分析、发现有关工作和工作人员的关键成分。

③归纳、总结出工作分析的必需材料和要素。

（4）完成阶段

完成阶段是工作分析的最后阶段。此阶段的任务就是根据工作分析规范和信息编制"职务描述书"与"任职说明书"。具体工作如下：

①根据工作分析规范和经过分析处理的信息草拟"职务描述书"与"任职说明书"。

②将草拟的"职务描述书"与"任职说明书"与实际工作对比。

③根据对比结果决定是否修正和如何修正，甚至是否需要进行再次调查研究。

④若需要，则重复第二步和第三步工作，尤其是特别重要的岗位，可能对"两书"做多次修订。

⑤形成最终的职务分析的"职务描述书"与"任职说明书"。

⑥将"两书"运用于实际工作中，并收集运用的反馈信息，以不断完善"两书"。

⑦对工作分析的工作本身进行总结评估，并将"两书"归档保存，为今后的工作分析提供借鉴和信息基础。

6.3.2 企业员工的招聘

6.3.2.1 员工招聘的含义与意义

（1）员工招聘的含义

企业为了适应经营环境的变化，会力求不断提高企业的竞争能力和发展新业务，而这些都相应要求企业在人力资源的数量和质量上提出新要求，进而使得企业在发展中需要不断补充或更新员工；而招聘是企业补充人员的主要方法，也是保持企业生存与发展的重要手段，成功和有效的员工招聘意味着组织有更强的人力资源优势，从而为企业带来竞争优势；否则企业将因人才危机而使生产经营受挫，因为毕竟企业间的竞争终究是人才的竞争。

因而，员工招聘是指组织为了发展的需要，根据人力规划和工作分析的数量与质量要求，从组织内部或外部发现和吸引有条件、有资格和有能力的人员来填补组织的职务空缺的活动过程。

（2）员工招聘的意义

①招聘工作决定了企业能否吸纳到优秀的人力资源。

②招聘工作影响着人员的流动。

③招聘工作影响着人力资源管理的费用。

④招聘工作还是企业进行对外宣传的一条有效途径。

6.3.2.2 新时代员工招聘的特点

总体来说，与传统的员工招聘相比，新时代员工招聘有以下特点：

①双向选择性。即员工招聘是被招聘者与组织间相互选择的过程，成功的招聘应是组织与应聘者双方对所申请的职务达成了共识。传统的员工招聘是以组织为中心的单向过程，组织在招聘中占主动地位，应聘者只能被动等待组织的挑选。

②现代招聘除了强调职务申请者的技术、知识和能力满足组织的需求外，还要求申请者的人格、兴趣和爱好应适合职务说明书、组织文化和价值观等。

③职务申请者更多地考虑组织环境、组织技术、组织发展及能否发挥自己的潜能等因素，而传统招聘中的职务申请者则更多地考虑经济方面。

④用人部门起决定作用。传统的员工招聘，其决策与实施完全由人事部门负责，用人部门的职责仅仅是负责接受人事部门所招聘录用的人员及其安排，完全处于被动地位；而在现代员工招聘中，起决定性作用的是用人部门，它直接参与整个招聘过程，因而完全处于主动的地位，而人力资源部门只在其中起组织、服务和监控作用。

⑤注重从组织内部发现挖掘人才，重视组织内部人力资源的开发和利用；而传统的员工招聘则把重点放在从组织外部寻找人才，引进人才。美国一位企业家发表了他对留人和引进人才的看法，"公司不是总能明白吸引人才与留位人才间的关系，这一点很可笑。这些公司不断地从外部招聘人，其结果却见不到公司有什么改善"。另外，人力资源经理们也估计，在考虑所有因素后——不仅包括付给猎头公司的费用，还包括营销人员离职，则可能由此丢掉了一些客户，新雇员在学习阶段的低效率，以及同事指导他们所花费的时间——替换雇员的成本可以高达辞职者工资的1.5倍。因此，对于一个组织来说，更重要的应是先留住人。

6.3.2.3 员工招聘程序

①与公司人力资源部门协调，以了解人力供需，做好招聘规划。要本着符合工作需要的原则，根据企业的长远目标、规模等来确定选聘什么样的人才。很多企业因为未从长远规划入手，在经济萧条时，人员过多，企业背上沉重的包袱；而在经济繁荣时，又招不到企业急需的人才，阻碍了企业发展。

②设计巧妙的招聘广告，以吸引应聘者。如果广告内容、设计等能别出心裁，就会吸引更多的招聘广告。譬如，美国头号服务公司诺氏公司在开发南加州市场时的招聘广告，题头是"招聘：人力"，题头两边是公司要求："充满爱心；乐于助人；工作勤奋；有敬业精神。"这则广告吸引了约1500人前往公司应聘。

③从公司中选出经验丰富的员工作为招聘人员。在招聘主管的安排下，这些人再分头去招募所需的各种人才。这些富有工作经验的公司职员，可以向应聘者介绍公司的运作、自己在公司中的工作经历和所取得的成就，能获得很好的效果，以激励应聘者。

④拟订招聘标准——智商和情商标准。一定的智商是做好工作及有效沟通的前提，可以通过智力测验、考试等手段测定。测定情商是为了了解应聘者情绪的稳定性，这也是顺利、有效工作的必要条件，可以通过性向测试、面谈等测定。此外，还要了解应聘者的道德记录，防患于未然，招聘者可以通过个案模拟或角色扮演法，让应聘者身临其境，以观察其道德感如何。

⑤招聘结束后的管理。主管或公司员工应给那些没有被录用的应聘者回复，对他们抽

出时间去公司应聘表示感谢，这样可以使他们今后能够成为公司的顾客。经过选聘合格的应聘者在进行体格检查后就可以参加新员工培训、等待任用。

6.3.2.4 招聘的渠道

（1）内部招聘

内部招聘即所招聘员工来自组织内部。前面新时代员工招聘新特点中提到：注重从组织内部发现和挖掘人才是新时代员工招聘区别于传统员工招聘的特点之一，它能提高组织招聘的效益，因而大多数组织在需要人力资源时通常先在内部进行人员的调配，如增加或减少某些部门的人员数量。内部招聘主要有员工晋升、平级调动、工作轮换和招回原职工等形式。

（2）外部招聘

外部招聘指所需要招聘的人员来自组织的外部。具体来源有：

①内部人员介绍推荐。是指组织内部人员推荐和介绍职位申请人到组织中来。它实际上是内部员工以口头方式传播招聘信息，将组织外部人员引进组织适当的岗位。

内部介绍推荐的操作重点：一是组织公布招聘信息，通知员工拟招聘的职位、招聘数量及各类人员的应聘条件；二是鼓励他们推荐和介绍所了解的外部人员来申请职位；三是设立能调动内部员工有效地介绍外部员工的积极性的鼓励措施。

此方法的优点：引进的员工相对较可靠、稳定，因为内部介绍人对职位申请者较了解，因而能结合组织拟聘职位所需要的知识、能力进行推荐；录用者能较快地适应组织环境和应聘的岗位，因为受聘者与介绍人联系较密切，受聘者能从介绍人那儿得到更多有关组织的信息。

②上门求职者。指从主动上门求职者中寻找所需要的员工，它通常适用于招聘营业员、职员和保管员等技能和知识要求都比较低的工作人员，而对招聘管理人员或监督人员，此种方法不适合。

由于组织与上门求职者彼此不了解，因而较难融洽地合作，但这种方法招聘成本最低，因而组织应很好地保持上门申请者的申请记录及联系方式，以便在需要时能及时取得联系。

③劳务中介机构。劳务中介机构是专门向组织提供人力资源的机构。我国劳务中介机构的形式有临时劳务市场、固定劳动介绍机构、各类各级人才交流中心和专门从事提供高级管理人员的猎头公司等。这些机构有些由国家和政府设立，有些由企业、集团和集体开办，有些则纯属商业性的劳力中介公司；这些机构对人员的提供也有侧重，有些主要向社会提供熟练工人和技术工人，有些向社会提供管理人员、高级专家和留学回国人员，有些则专门帮助组织发掘高级行政主管。

组织利用劳务中介机构获取所需人员，可以实现以较低的费用快速地找到所需的人员，是组织从外部获取员工的重要途径。

目前，我国劳务中介机构正迅速发展，对我国人力资源优化配置，促进经济发展有重要作用。劳务中介机构将人员配置纳入市场配置的范围，为组织提供了物色人才的场所，为求职者提供了选择工作的广泛机会，提高了全社会的人员配置效率；劳务机构向招聘单位和应聘者发布信息，组织劳务供需双方见面，并提供一系列的招聘服务，提高招聘应聘的成功率。

④教育机构。是组织从外部获取人力资源，尤其是新生人力资源的主要来源。

不同学校培养的毕业生在技术、能力和知识水平方面均有差异，因而组织应根据不同职务选择不同教育机构的毕业生；通常毕业生没有实践经验，因而使用前往往需要岗前培训，他们年轻，富有朝气和活力，能给组织带来"新鲜人气"。

通过上述外聘方式的讲述，我们可看出外聘既有优点，也有缺点。

6.3.2.5　招聘方式

由于内部招聘与外部招聘的各具特点，因而，它们的招聘方式不同。

（1）内部招聘方式

内部招聘方式主要有职务招聘海报、口头传播、从公司的人员记录中选择、以业绩为基础的晋升表等，其中常用的是职务招聘海报。

招聘海报通常通过布告栏、内部报纸、广播和员工大会等发布招聘消息，邀请所有人员应聘新职位。所发布信息中应描述空缺职位、招聘此职位的重要性、报酬、应聘者应具备的条件等，增加职位透明度，让员工了解组织的需要；需要时也可说明希望员工介绍和推荐适合人选应聘，并给介绍人一定的奖励。招聘结束后，组织需要向员工宣布应聘人及被聘理由，以保证招聘工作的公正、公平和透明。

海报招聘给员工提供平等的成长和发展机会，员工自由、自愿申请，不必事前得到其直接领导的批准；能吸引更多有资格的员工参加应聘和竞争，因而能使组织以较低成本配置员工进入最适应的位置。当然，也要防止有些员工不顾个人知识、技能，利用此招聘机会在组织内部连续"跳槽"，影响员工在某些职位上的稳定性。

（2）外部招聘方式

①招聘广告。是指利用报纸、杂志、电视和电台发布招聘信息。

②网络招聘。是指通过计算机网络向公众发布招聘信息。组织利用局域网、国际互联网发布有关招聘信息，职务申请者可以通过网络寻找到适合自己的职业。

网络招聘的主要优点是能快速及时地传递信息，已越来越受欢迎，运用效果也越来越受认可，因而这种方法会有很大发展潜力。

③企业兼并中的招聘。是指通过企业兼并直接聘用被兼并企业的员工，达到人员扩充的目的，是成长型组织为迅速扩大而采用的招聘方式。

这种招聘能在最短时间内获得训练有素的技术人员、经营人员和管理人员，但需要花一定时间来适应新组织的组织文化和组织程序，有时可能会与组织产生冲突。

6.3.3　企业员工的培训与开发

6.3.3.1　培训与开发的含义

企业员工的培训与开发是指企业通过各种方式使员工具备完成现在或者将来工作所需要的知识、技能并改变他们的工作态度，以改善员工现在或将来职位上的工作业绩，并最终实现企业整体绩效提升的一种计划性和连续性的活动。

6.3.3.2 培训与开发的主要方法
（1）在职培训

在职培训包括学徒培训、辅导培训、工作轮换等。

（2）脱产培训

脱产培训包括授课法、讨论法、案例分析法、工作模拟法、网络培训授课法等。

6.4 企业员工的考核与激励

6.4.1 企业员工的绩效考核

6.4.1.1 绩效考核的含义
（1）绩效的含义

绩效是指员工在一定时间与条件下完成某一任务所表现出的工作行为和所取得的工作结果。对组织而言，绩效是任务在数量、质量及效率等方面完成的情况；对员工个人而言，绩效则是上级和同事对自己工作状况的评价。

（2）绩效的特点

①多因性。指绩效的优劣不是取决于单一因素，而是受主客观多种因素的影响。

②多维性。指应沿多种维度或方面去分析和考评绩效。

③动态性。指员工的绩效是会变化的。

（3）绩效考核的含义

绩效考核是企业绩效管理中的一个环节，是指考核主体对照工作目标和绩效标准，采用科学的考核方式，评定员工的工作任务完成情况、员工的工作职责履行程度和员工的发展情况，并且将评定结果反馈给员工的过程。常见绩效考核方法包括 BSC、KPI 及 360 度考核等。绩效考核是一项系统工程。绩效考核是绩效管理过程中的一种手段。

6.4.1.2 绩效管理的意义
（1）为员工薪酬管理提供依据

薪酬管理是企业对它的员工为企业所做贡献给予相应回报和答谢的活动过程；而绩效考评对员工某时期的工作结果、行为与表现进行评定，以说明员工在该时期对企业所做的贡献，因而绩效评估为薪酬管理提供依据。

（2）是员工调迁、升降的重要依据

因为通过考绩可以评估员工对现任工作的胜任程度及其发展潜力。

（3）为员工培训提供依据

通过考绩能发现员工的长处与不足，对其长处应发扬和保护，对其不足，应实行辅导和培训，因而，考绩结果能为培训计划与培训措施的制定提供依据。

（4）促进组织的团队建设

考绩结果通过多种渠道反馈给员工，并同时听取员工的反映、申诉，从而促进上、下级间的沟通，了解彼此间的期望，从而增强组织向心力和凝聚力。

6.4.1.3 绩效考核的方法

（1）比较法

①个体排序法。将员工绩效按评估因素由最好的员工到绩效最差的员工进行排序，是一种相对比较的绩效评估方法。

操作：将所有参加评估的人选列出来，分别针对每一个评估要素开展评估，首先找出该因素上表现最好的员工，将其排在第一位置，找出最差员工，将其排在最后一个位置，然后找出次最好的员工，将其排在第二位置，然后找出次最差的员工，将其排在倒数第二位置，依次类推。然后以同样方法就第二个因素进行排序，直到排完所有评估要素。

②配对比较法。是在每一个评估要素上将每一个员工与其他员工比较。它是一种相对的绩效评估方法，适用于少量人员的评估。

（2）量表法

①评级量表法。评价要素或绩效指标按照给定等级进行评估，最后给出总评价分。表6-2所列是一等级评定法的例子。

表6-2 等级评定法

员工姓名：	评价登记说明	
员工职位：	A：卓越（工作绩效非常突出，能创造性地解决问题，得到公司内部一致公认）	
所属部门：	B：优秀（工作一贯质量高，大多数方面超绩效标准）	
评价人姓名：	C：良好（达到工作绩效标准，称职和可信赖）	
评价人职位：	D：需改进（在绩效的某一方面存在不足，需要进行改进）	
工作职责	绩效标准	评估等级
录入、打印各种文件（文字材料）（25%）	※※ 基本绩效标准：	等级
	一个月内由于错误而被返回的文件次数不超过5次；一个月内没有在承诺的期限之内完成的文件数不超过5次；秘书的主管通过向其他客户调查发现秘书的文件打印没有文字上和语法上的错误，能够在认同的期限内完成	评语
	※※ 优秀绩效标准：	等级
	主动采取一些排版方式提高文件的信息交流质量，如采用一些字体和格式的变化等；能够主动纠正原文中的语法、文字错误；采用节省耗材的做法	评语
起草通知、便笺或日常信件（40%）安排会议（20%）	※※ 基本绩效标准：	等级
	主管认为仅对草稿做微小的修改就可以在会议开始前能准备好会议所需的设备和材料，会议过程顺利，与会者不至于离开会议去解决由于实现准备不充分而造成的问题	评语
	※※ 优秀绩效的标准：	等级
	起草文件时仅极少需要指导，一些日常的信件无须主管干预就可以正确处理会议材料和安排无须主管监控	评语
评价：等级评定法简便易操作；但易做表面工作；较多的人被评为较高等级；有时等级评价的标准表述也比较抽象和模糊		

②行为锚定评定法。基于关键事件法一种量化的评定方法，它建立起一个行为性的评定量表，对每一个等级运用关键事件进行行为描述。因而，这种方法结合了关键事件和等级评定法的优点。

表 6-3 所列是关于评估教师课堂教学技巧的行为锚定量表：

表 6-3 评估教师课堂教学技巧的行为锚定量表

等级	描 述
9	使用多样化教学方法，提高学生的自我学习能力
8	鼓励学生提出不同的见解，引导学生进行创造性思考
7	能将具有关联性的问题前后联系起来讲解，使学生形成完整的知识体系
6	讲解某些问题时，使用恰当的例子
5	讲解问题时重点突出
4	使用清楚、容易理解的语言讲课
3	对稍有难度的问题讲不清楚，并且对学生的意见不接纳
2	讲课乏味、枯燥，照本宣科
1	经常讲错一些基本概念

评估要素：课堂教学技巧。

定义：课堂教学技巧主要是指教师在课堂上有效地向学生传授教学内容的技巧。

（3）关键事件记录考核法

关键事件是与被考评者的关键绩效指标有关的事件。是主管对下属在关键事件上的优秀事迹和不良行为进行记录，并在预定的时期内进行回顾考评的一种方法。这种方法一般与其他考评方法联合使用，是其他方法的补充。

关键事件记录考核法可以为解释考评结果提供确凿的事实根据；可帮助考评者全面考虑被考评者一年来的工作表现，而不是近期的工作情况，从而提高考评的客观性和公正性。

下例可帮助理解关键事件法。

> 客户经理的一项关键绩效指标是获得客户的满意。针对这项指标，客户经理马力在关键事件法中，其主管对其记录的关键事件是：
>
> 好的关键事件：客户经理马力耐心地倾听客户的抱怨，回答客户的问题，认真地检查客户返回的产品，有礼貌地向客户做出解释和道歉，并立即给客户签署了退货单。
>
> 坏的关键事件：在业务繁忙的季节里，客户经理马力在休息时间过后迟到了 30 分钟回到办公室。他错过了 4 个来自客户的电话，并且已经有 2 名客户焦急地等在会客室中，而他们是按照马力原先约好的时间来访的。

6.4.2 企业员工的激励

员工是企业的血液,没有员工的企业就是一潭死水,没有活力,员工有时候也是需要激励、表扬的。一般来说,对企业员工的激励方法有以下几种。

6.4.2.1 尊重员工

过去企业更多考虑如何尊重管理人员,对一线操作人员考虑不足。例如,一线人员的工作服与管理人员的不同,质量款式都差很多;食堂也不一样,环境与伙食质量很糟糕。例如,员工的工作环境极其恶劣,脏乱差,甚至基本的劳动保护都没有,随时可能出工伤事故,工作一天下来,浑身脏兮兮的,别人见了躲得远远的,家人见了觉得没出息,催着赶紧换工作。还有以罚代管的制度,被管理人员粗暴的呵斥和随意的罚款。在这种环境下,员工根本没有受尊重的感觉,更谈不上工作热情了,一旦有其他企业做得稍好一点马上走人。

6.4.2.2 培养认同感

一线员工也需要肯定,哪怕是一句话,拍一下肩膀,他都感觉自己的价值得到了别人或上司的认同,工作会更有干劲。日本企业普遍实行的提案改善制度其实并不是真的想靠此带给企业多大效益,效益高低更多还是取决于经营管理层,而是想用这种方式调动员工参与管理的热情,让他们获得公司的认可:"你不是一个可有可无的人,你的知识和技能能够对公司有所贡献!"

6.4.3 企业员工的薪酬管理

6.4.3.1 薪酬的概念与实质

薪酬是指企业对其员工(包括干部)给企业所做的贡献,包括员工实现的绩效、付出的努力、时间、学识、技能、经验与创造所付给的相应回报或答谢。

从法律角度来看,薪酬是组织对其员工已完成或将要完成的工作或者已提供或将要提供的服务以货币为结算单位,由共同协议或国家法律法规或政策确定,并凭个人劳动合同支付的报酬或收入,是工资与薪金的统称。

薪酬的实质是公平的交换或交易。员工拿自己用时间、努力与劳动所创造的成果来换取企业所愿意给的工资或薪金。

6.4.3.2 薪酬的构成

总体来看,薪酬由工资、奖金与福利3个部分构成。具体由图6-1所示模型加以直观反映。

可以看出,报酬系统主要分为两大部分:金钱报酬和非金钱奖励。其中非金钱奖励又可分为两部分:职业性奖励和社会性奖励。金钱报酬也可分为两部分:直接报酬和非直接报酬。直接报酬主要包括工资与奖金,非直接报酬主要包括:公共福利、个人福利、有偿假期和生活福利。

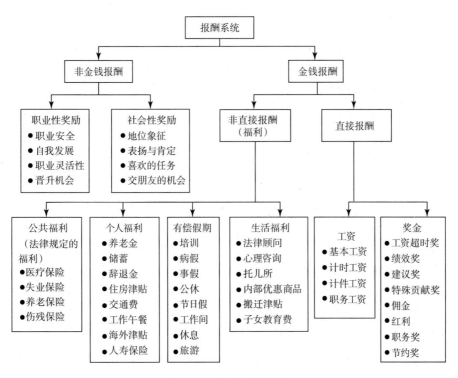

图 6-1 薪酬系统模型

6.4.3.3 薪酬的功能

薪酬的功能就是能调动员工的工作积极性,使他们愿意在本企业努力工作。具体体现为:

（1）吸引人才

在目前市场经济环境下，报酬无疑是吸引人才的有效工具，但这并不意味着，工资越高越能吸引人才，应该是完备、公正、公平的报酬系统才能吸引人才。

（2）激励人才

是否激励人才是衡量报酬系统是否有效的主要标准。有效的报酬系统应该使每个员工都能自觉地为企业目标努力工作。

（3）留住人才

一个有效报酬系统还要能为企业留住人才，使员工认识到，在该企业工作时间越长，则越有回报（当然包括金钱与非金钱方面）。

（4）满足组织的需要

一个有效的报酬系统能以较低的人力成本来实现组织的基本目标。

报酬系统作用模型是表示报酬、员工工作满意感及工作价值三者间关系的模型。该模型可表示图 6-2 所示。

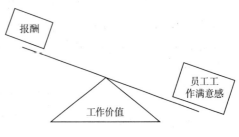

图 6-2 报酬系统功能模型

由图 6-2 可看出，报酬高低与员工的工作满意感和工作价值有关，因而，为了提高员工工作满意感，一方面可加大报酬力度，另一方面是使员工认识到工作是有价值的；若只加大报酬力度，而忽视了工作价值，则员工工作满意感程度不会很高。

6.4.3.4 薪酬管理的内容

为了使薪酬能充分发挥以上功能，必须实施薪酬管理。

薪酬管理的主要内容：薪酬水平的确定及其调整、薪酬结构的改善、薪酬制度的设计、薪酬形式的采用、薪酬成本的控制。

6.4.3.5 薪酬管理的原则

为使薪酬管理能充分发挥其薪酬功能，在薪酬管理中还要遵循以下原则：

①补偿原则。保障员工收入足以补偿劳动力再生产的费用。

②公平原则。考虑员工的绩效、能力及劳动强度、责任、外部竞争性、内部一致性等因素，使员工感受到薪酬的横向公平和纵向公平。

③激励性原则。薪酬能激发员工的工作积极性。

④适度性原则。薪酬系统应该接受成本控制，在成本许可范围内制定，并要有上限和下限，以便于在一个适当区间内浮动。

⑤合法性原则。薪酬要符合国家相关法律，同时还要使大多数员工知晓并认可。

⑥平衡性原则。薪酬构成中的各个方面要考虑并平衡，如既要考虑金钱报酬又要考虑非金钱奖励。

案例分析

案例1 王丽琴为什么会判若两人？

有一位下岗女工，名叫王丽琴。下岗前在某企业的流水线上干了18年。上班时不准说话，也无须说话。后来突然下了岗，想说话都不会了。朋友见她生活没了着落，介绍她去一家民营企业。面试时，销售部李经理问一句，她答一句；不问便低头不语。李经理很是不高兴，心里想："不会说话的人怎么能当业务员呢？"但又觉得王丽琴是个下岗女工，家庭生活很贫困，非常需要这份工作，于是就动了恻隐之心。最后决定录用她，但说好只是试工一个月，给200元工资。如果做不好，就走人。当时，该城市平均每人每月最低生活保障线为220元。干一个月只给200元工资，李经理的意图显而易见。可是不说话的王丽琴却爽快地答应了——做一名推销员。这一个月中，王丽琴的苦辣酸甜、汗水泪水暂且不说，单说李经理见到她的销售业绩后竟吃了一惊，当即给她许诺涨工资。后来，王丽琴成了该公司某地区的销售部经理。这时人们见到的，是一个神采飞扬、侃侃而谈的王丽琴。

思考：

1. 王丽琴为什么会变成一个不会说话的人？王丽琴发生深刻变化的原因是什么？

2. 你认为，本案例对企业人力资源管理工作有哪些启示？

案例2　人员招聘

A公司是一家软件开发公司，总经理认为招聘是很重要的一项工作，如果在这个环节没有选好人，相关的工作就会被延误，他不但注重选人，还很注重通过招聘来造势，有一次在当地晚报上公开招聘软件工程师50人，而且待遇诱人，在业内引起不小的反响，好多人都认为A公司是非常有实力的一家软件公司。

在招聘选拔中，总经理一向出手准狠，不看学历，不看简历，第一个环节就是编程。在某市的应届毕业生洽谈会现场，总经理亲自挂帅，只带一个秘书，别的展位前人头攒动，他这里却门可罗雀，他说，没必要浪费时间，我的第一关起点就要高。考核专业能力后，总经理还会让求职者跑三千米，坚持不下来的不用，比他跑得慢的不用，他说，干软件开发这一行，没有好的身体不行，没有敢赢的精神不行！在能力和体力之后，总经理看中的就是诚信了，他曾经让求职者替他转交给公司副总一份印有机密字样的文件，之后通过公司的电子眼观察求职者有没有窥视文件的企图，用他的话说，软件开发注重知识产权，我的企业要堂堂正正的赢。

思考：

1. 你怎样看A公司的人才招聘选拔？这项工作对企业有什么意义？
2. 企业应该如何进行招聘选拔工作？

案例3　人员培训

A医院是某市的一家妇婴专科民营医院，坐落于市郊，与市区仅仅一桥之隔。院长是个非常有气魄的人，从父亲手里接过第二代掌门人的大旗后，暗下决心，要把医院建成全市最好的妇婴专科医院。院长认为，民营医院要想在大医院先进设备、人才济济的重压下生存，就要有足够的诊疗技术和强有力的服务质量。于是，他重金聘请各大医院退休的知名医生作为自己的金字招牌，千挑万选护校毕业的有热情的年轻人构建服务队伍。招兵买马之后，本想大干一场，谁知金融危机席卷全国，加之通往医院的必经之路——建安桥——进行大修，封锁了交通，医院的门诊量、病房量锐减，还不到原来的1/3，简直是门可罗雀。

所有的员工私下里纷纷议论，医院肯定会裁员，一个民营医院，没有业务的情况下，怎么可能养这么多的人！院长也是整天紧缩眉头，不是把自己关在办公室，就是在医院到处转……一个周五的下午，各科室接到院长办公室的通知，14：00召开全院大会。每个人的心里都打着鼓，猜想着未来的命运。

会上，院长语气沉重地分析着当前医院所面临的局势，接着，公布了医院的重大决定：在这困难时期绝不裁员！会场先是死一样的沉寂，继而爆发出雷鸣般的掌声。关军继续说，在接下来的一个月里，全院大练兵，各科室主任根据自己部门的业务情况和人员情况，在一周之内拿出培训计划，提升医护人员的业务水平。

接下来的一个多月，只见医院里，老专家纷纷做专题讲座，和年轻医生进行各种各样的研讨；年轻护士在老护士的指导下揣摩、练习护理业务；医院办公室还组织了"护理技能大赛"，产生了输液能手、消毒能手等单项状元；院长还请来自己多年的老朋友给全员讲解服务礼仪知识、营销知识……

医院上下洋溢着浓浓的学习氛围，还有对这个年轻院长的默默赞许……

思考：

1. A医院培训的背景是什么？培训在组织发展中有什么意义？
2. A医院的培训内容和方法是否合适？培训的内容和方法还有哪些？
3. 你对A医院的培训还有哪些建议？关军接下来还应该做什么？

课后复习题

1. 人力资源管理的特点有哪些？
2. 人力资源管理的主要内容有什么？
3. 人员招聘的过程是什么？
4. 绩效考核的基本方法有哪些？
5. 薪酬体系的设计原则是什么？

第 7 章

企业财务管理

学习目标
1. 了解企业财务管理的主要内容。
2. 理解货币的时间价值。
3. 掌握企业筹资管理、投资管理、营运资金管理的相关内容。

7.1 企业财务管理的主要内容

企业财务管理是企业组织财务活动、处理财务关系的一项经济管理工作。为此,要了解什么是财务管理,必须先分析企业的财务活动和财务关系。

7.1.1 组织企业财务活动

企业财务活动是以现金收支为主的企业资金收支活动的总称。在市场经济条件下,拥有一定数额的资金是进行生产经营活动的必要条件。例如,企业生产经营要用资金购买厂房、设备、原材料,还要为管理人员和工人定期支付工资,要向国家缴纳税款等,这些是资金的支出活动。此外,企业为经营活动筹集资金、售出生产的商品都会带来资金的流入,这些是资金的收入活动。企业的经营活动不断进行,就会不断产生资金的收支。资金的收支构成了企业经济活动的一个独立方面,这便是企业的财务活动。企业在经营过程中,要有计划地协调和控制好资金的收支,长期入不敷出,企业生存将难以维系。企业财务活动可分为以下四个方面。

7.1.1.1 企业筹资引起的财务活动

在商品经济条件下,企业要想从事经营,首先必须筹集一定数量的资金,企业通过发行股票、发行债券、吸收直接投资、向银行借款等方式筹集资金,表现为企业资金的收入。企业偿还借款、支付利息、支付股利以及付出各种筹资费用等,则表现为企业资金的支出。这种因资金筹集而产生的资金收支,便是由企业筹资引起的财务活动。

当企业面临多种筹资渠道可供选择时,就需要财务人员来解决用什么方式筹集资金以及不同种类的资金分别占总资金多大比例等问题。财务人员在面对这些问题时,一方面要保证筹集的资金能满足公司经营与投资的需要,另一方面要使筹资风险处于公司的掌控之中,即一旦外部环境发生变化,公司不至于因偿还外债而陷入破产。一个公司运用融入的资金所产生的现金流量若能与偿还负债所需的现金流量相匹配,就能使融资风险最小化,并使得资金的使用效率最大化。

7.1.1.2 企业投资引起的财务活动

企业筹集资金的目的是把资金用于生产经营活动以取得盈利,不断增加企业价值。企业把筹集到的资金用于企业内部购置固定资产、无形资产等,便形成企业的对内投资;企业把筹集到的资金用于购买其他公司的股票、债券或与其他企业联营进行投资,便形成企业的对外投资。而当企业变卖其对内投资的各种资产或收回其对外投资时,则会产生资金的收入。这种因企业投资而产生的资金收支,便是由投资引起的财务活动。

企业在进行投资活动时,希望实现的目标是将有限的资金投入收益最大的项目。那么是进行内部投资、扩充资产，还是进行外部投资，以获得价值增值？是进行短期投资尽快回笼资金，还是着眼长期投资，期待以逸待劳的长期回报？这些都是财务人员进行决策时要考虑的问题。同时，由于今天的投资通常要在未来才能获得回报、因此财务人员在分析投资方案时，不仅要分析投资方案的资金流入与流出，同时还要分析公司为获取相应的报酬还需要等待多久。此外，投资项目很少是没有风险的，因此财务人员需要找到一种方法来对这种风险因素加以计量，从而判断选择哪个方案，放弃哪个方案，或者是将哪些方案进行组合。

7.1.1.3 企业经营引起的财务活动

企业在正常的经营过程中，会发生一系列的资金收支。首先，企业要采购材料或商品，以便从事生产和销售活动，同时还要支付工资和其他营业费用；其次，当企业把产品或商品售出后，便可取得收入，收回资金；最后，如果企业现有资金不能满足企业经营的需要，还要采取短期借款方式来筹集所需资金。上述各方面都会产生企业资金的收支，此即属于企业经营而引起的财务活动。在日常理财活动中，主要涉及的是流动资产与流动负债的管理问题。流动资金的周转与生产经营周期具有一致性，在一定时期内，资金周转越快，就可以利用相同数量的资金生产出更多的产品，取得更多的收入，获得更多的利润；资金周转过慢，且没有稳定的流动负债进行补充时，不但会影响产出，严重时还会导致资金链断裂，使企业陷入困境。因此，如何加速资金周转，提高资金利用效率是财务人员在这类财务活动中需要考虑的问题。

7.1.1.4 企业分配引起的财务活动

企业在经营过程中会产生利润，也可能会因对外投资而分得利润，这表明企业有了资金的增值或取得了投资回报。企业的利润要按规定的程序进行分配。首先，要依法纳税；其次，要用来弥补亏损，提取公积金；最后，要向投资者分配利润。这种因利润分配而产生的资金收支便属于由分配引起的财务活动。在分配活动中，企业当期的利润首先可以弥补符合法律规定的五年以内的以前年度亏损，然后依法缴纳企业所得税并弥补超出五年的以前年度亏损，如有余额则可用来进行分配。一方面，投资人要获得相应的回报；另一方面，企业也要留存一部分资金用于未来发展。财务人员需要确定利润支付率的高低，即将多大比例的税后利润用来支付给投资人。过高的利润支付率会使较多的资金流出企业，从而影响企业扩大再投资的能力。一旦企业遇到较好的投资项目，将有可能因为缺少资金而错失良机。而过低的利润支付率又可能引起投资人不满，对于上市公司而言，这种情况将可能导致股价下跌，从而使公司价值下降。因此，财务人员要根据公司自身的具体情况确定最佳的分配政策。

上述财务活动的4个方面，不是相互割裂、互不相关的，而是相互联系、相互依存的。这4个方面构成了完整的企业财务活动，也是财务管理的基本内容企业筹资管理、企业投资管理、营运资金管理、利润及其分配的管理。

7.1.2 协调企业财务关系

企业财务关系是指企业在组织财务活动的过程中与各有关方面发生的经济关系。企业在进行筹资活动、投资活动、经营活动、利润及其分配活动时，需要与各利益相关主体形成广泛的联系，通过财务管理活动组织和协调好各种财务关系，以确保财务活动的顺利进行。企业的财务关系可概括为以下 7 个方面。

7.1.2.1 企业同其所有者之间的财务关系

企业同其所有者之间的财务关系主要是指企业所有者向企业投入资金，企业向其所有者支付投资报酬所形成的经济关系。企业所有者主要有以下四类：国家、法人单位、个人和外商。企业的所有者要按照投资合同、协议、章程的约定履行出资义务，以便及时形成资本金。企业利用资本金进行经营，实现利润后，应按出资比例或合同、章程的规定，向其所有者分配利润。企业同其所有者之间的财务关系，体现了所有权的性质，反映了经营权和所有权的关系。

7.1.2.2 企业同其债权人之间的财务关系

企业同其债权人之间的财务关系主要是指企业向债权人借入资金，并按借款合同的规定按时支付利息和归还本金所形成的经济关系。企业除利用资本金进行经营活动外，通常还要借入一定数量的资金，以满足经营和投资需求，扩大企业经营规模。企业的债权人主要有：债券持有人、贷款机构、商业信用提供者、其他出借资金给企业的单位或个人。企业同其债权人的关系体现的是债务与债权关系。

7.1.2.3 企业同其被投资单位的财务关系

企业同其被投资单位的财务关系主要是指企业将其闲置资金以购买股票或直接投资的形式向其他企业投资所形成的经济关系。企业向其他单位投资，应按约定承担出资义务，参与被投资单位的利润分配。企业同其被投资单位的关系体现的是所有权性质的投资与受资关系。

7.1.2.4 企业同其债务人的财务关系

企业同其债务人的财务关系主要是指企业将其资金以购买债券、提供借款或商业信用等形式出借给其他单位所形成的经济关系。企业将资金借出后，有权要求其债务人按约定的条件支付利息和归还本金。企业同其债务人的关系体现的是债权与债务关系。

7.1.2.5 企业内部各单位之间的财务关系

企业内部各单位之间的财务关系主要是指企业内部各单位之间在生产经营各环节中相互提供产品或劳务所形成的经济关系。企业在实行内部经济核算制的条件下，供、产、销各部门之间，以及各生产单位之间相互提供产品和劳务要进行计价结算。这种在企业内部形成的资金结算关系，体现了企业内部各单位之间的利益关系。

7.1.2.6 企业与职工之间的财务关系

企业与职工之间的财务关系主要是指企业向职工支付劳动报酬的过程中所形成的经济关系。劳动报酬包括工资、津贴、奖金，以及代替职工缴纳的各种保险和公积金，通常按照职工提供的劳动数量和质量支付劳动报酬。这种企业与职工之间的财务关系，体现了职工和企业在劳动成果上的分配关系。

7.1.2.7 企业与税务机关的财务关系

企业与税务机关的财务关系主要是指企业要按税法的规定依法纳税而与国家税务机关所形成的经济关系。任何企业都要按照国家税法的规定缴纳各种税款，以保证国家财政收入的实现，满足社会各方面的需要。及时、足额纳税是企业对国家的贡献，也是对社会应尽的义务。因此，企业与税务机关的关系反映的是依法纳税和依法征税的权利义务关系。

7.1.3 财务管理的目标

财务管理的目标是企业理财活动所希望实现的结果，是评价公司理财活动是否合理的基本标准。为了完善财务管理理论，有效指导财务管理实践，必须对财务管理目标进行认真研究。因此，在研究公司财务管理决策活动之前，应首先了解财务管理的目标。

7.1.3.1 以利润最大化为目标

利润最大化是西方微观经济学的理论基础，经济学家以往都是以利润最大化这一概念来分析和评价企业的行为和业绩。

以利润最大化作为财务管理的目标，有其合理的一面。公司追求利润最大化，就必须讲求经济核算、加强管理、改进技术、提高劳动生产率、降低产品成本。这些措施都有利于资源的合理配置，有利于经济效益的提高。

但是，在长期的实践中，利润最大化目标暴露出许多缺点，主要包括：

①利润最大化没有考虑项目收益的时间价值。对于同一笔资金，流入企业的时间越早，其价值越大。因此，货币时间价值的存在要求公司在进行财务决策时不能仅以利润最大化作为标准。

②利润最大化忽略了企业经营的不确定性和风险。这可能会导致企业不顾风险大小而去追求最多的利润。在利润最大化目标的指导下，相比利润数量小的现金收入，企业很容易做出投资利润数量大但是以应收账款形式入账的项目的决策，但应收账款显然存在不能收回的风险，如果赊欠方的信用恰好很差，该决策的正确性就值得质疑。

③利润最大化没有考虑利润和投入资本的关系。任何一项资金的使用都要承担相应的成本。会计在计算时利润仅考虑了债权人投入资金的成本，即利润是已经扣除了借款利息后的结果。但企业的资金来源有两部分，股东（所有者）提供的那部分资金的成本在计算中被忽略掉了。缺失对股东资金机会成本的考量，可能会使股东的潜在收益受损，股东就不会选择继续将资金投入该公司。

④利润最大化往往会使企业财务决策带有短期行为的倾向。如果以此作为评价财务活动是否合理的唯一标准，则财务决策都将围绕眼前利益，而不考虑是否有利于公司未来发展。

⑤利润不能准确反映真正实现的企业价值。利润是企业经营成果的会计度量，而对同一经济问题的会计处理方法具有多样性和灵活性，这使利润有时候并不是企业的真实

情况。由此可见，将利润最大化作为公司财务管理的目标，只是对经济效益浅层次的认识，存在片面性，因此，现代财务管理理论认为，利润最大化并不是财务管理的最优目标。

7.1.3.2 以股东财富最大化为目标

股东财富最大化是指通过财务上的合理运营，为股东创造最多的财富。股东财富的表现形式是其拥有和控制的资源在未来获得更多的净现金流量。对上市公司而言，股东财富可以表现为股票价值。因此，股东财富最大化又演变为股票价格最大化。

与利润最大化目标相比，股东财富最大化目标具有以下优点：

①股东财富最大化考虑了现金流量的时间价值因素，因为股票价格受企业每股预期收益大小以及收益取得时间的影响。

②股东财富最大化考虑了风险因素，因为风险高低会对股票价格产生重要影响，所以，企业在做财务决策时也会进行风险和收益的权衡。

③股东财富最大化反映了资本与报酬之间的关系。因为股票价格是对每股股份的一个标价，反映的是单位投入资本的市场价格。

④股东财富最大化在一定程度上能够克服企业在追求利润上的短期行为，因为股票价格很大程度上取决于企业未来获取现金流量的能力。

在对股东财富最大化进行一定约束后，股东财富最大化将成为财务管理的最佳目标。这些约束条件是：

①利益相关者的利益受到了完全的保护以免受股东的盘剥。

②没有社会成本。这是指公司在追求股东财富最大化的过程中所耗费的成本都能够归结于企业并确实由企业负担。

股东财富最大化目标对于上市公司来说是比较容易衡量的，但对于非上市公司而言，如何运用这一原则呢？从理论上说，这些公司的价值等于公司在市场上的出售价格，或者是投资人转让其出资而取得的现金。对一个正常经营中的企业而言，很难用这种整体出售的价格来衡量。因此，从实践上看，可以通过资产评估来确定非上市公司价值的大小，或者根据公司未来可取得的现金流入量进行估值。

7.2 货币的时间价值

7.2.1 时间价值的概念

时间价值原理正确地揭示了不同时间点上的资金之间的换算关系，是财务决策的基本依据。

时间价值可以表述为：时间价值是扣除风险报酬和通货膨胀贴水后的真实报酬率。正确理解时间价值需要把握以下 3 个方面：时间价值的真正来源是工人创造的剩余价值；时间价值是在生产经营中产生的；时间价值应按复利方法来计算。

时间价值有两种表现形式：其相对数即时间价值率，是指扣除风险报酬和通货膨胀贴水后的平均资金利润率或平均报酬率；其绝对数即时间价值额，是指资金在生产经营过程中带来的真实增值额，即一定数额的资金与时间值率的乘积。

银行存款利率、贷款利率、各种债券利率、股票的股利率都可以看作投资报酬率，它们与时间价值都是有区别的，只有在没有风险和没有通货膨胀的情况下，时间价值才与上述各报酬率相等。

7.2.2 时间价值的计算

7.2.2.1 复利终值和现值的计算

资金的时间价值一般都是按复利的方式计算的。所谓复利，就是不仅本金要计算利息，利息也要计算利息，即通常所说的"利滚利"。资金时间价值按复利计算，是建立在资金再投资这一假设基础之上的。

①复利终值的计算。终值又称未来值，是指若干期后包括本金和利息在内的未来价值，又称本利和。终值的计算公式为

$$FV_n = PV(1+i)^n$$

式中，FV_n 为复利终值；PV 为复利现值；i 为利息率；n 为计息期数。

式中的 $(1+i)^n$ 称为复利终值系数，写成 $FVIF_{i,n}$，复利终值的计算公式可写成

$$FV_n = PV(1+i)^n = PV \cdot FVIF_{i,n}$$

【例 7-1】将 1000 元存入银行，利息率为 10%，5 年后终值应为：

$$FV_5 = PV \cdot FVIF_{10\%,5} = 1000 \times 1.611 = 1611(元)$$

②复利现值的计算。复利现值是指以后年份收到或支出资金的现在价值，可用倒求本金的方法计算。由终值求现值叫作折现，在折现时使用的利息率叫作折现率。

现值的计算公式可由终值的计算公式导出

$$PV = \frac{FV_n}{(1+i)^n}$$

式中，$\frac{1}{(1+i)^n}$ 称为复利现值系数或折现系数，写为 $FVIF_{i,n}$，则复利现值的计算公式可写为

$$PV = FV_n \cdot PVIF_{i,n}$$

【例 7-2】若计划在 3 年后从银行取得 1000 元，利率为 8%，则现在应存入多少钱？

$$PV = FV_3 \cdot PVIF_{8\%,3} = 1000 \times 0.794 = 794(元)$$

7.2.2.2 年金终值和现值的计算

年金是指一定时期内每期相等金额的收付款项。利息、租金、保险费等均表现为年金的形式。年金按付款方式，可分为普通年金（后付年金）、即付年金（先付年金）、延期年金和永续年金。

（1）后付年金的终值和现值

后付年金是指每期期末有等额收付款项的年金。在现实经济生活中这种年金最为常见，故称为普通年金。

①后付年金终值。后付年金终值如同零存整取的本利和，它是一定时期内每期期末等额收付款项的复利终值之和。

假设 A 为年金数额，i 为利息率，n 为计息期数，PVA_n 代表年金终值，则后付年金终值的计算公式可写成

$$FVA_n = A \cdot \sum_{t=1}^{n}(1+i)^{t-1} = A \cdot FVIFA_{i,n}$$

式中，$\sum_{t=1}^{n}(1+i)^{t-1}$ 称为年金终值系数，通常写作 $PVIFA_{i,n}$。

【例7-3】若小王每年年末向银行存入1000元，存款利率为8%，则第5年年末可以取出：

$$FVA_5 = A \cdot FVIFA_{8\%,5} = 1000 \times 5.867 = 5867(元)$$

②后付年金现值。一定时期内每期期末等额的系列收付款项的现值之和，叫作后付年金现值，通常写作 PVA_n，其计算公式为

$$PVA_n = A \cdot \sum_{t=1}^{n}\frac{1}{(1+i)^t} = A \cdot PVIFA_{i,n}$$

式中，$\sum_{t=1}^{n}\frac{1}{(1+i)^t}$ 称为年金现值系数，可简写 $PVIFA_{i,n}$。

【例7-4】小李现在存入一笔钱，准备在以后5年每年年末可以从银行取出1000元，如果利息率为8%，现在应存入多少元？

$$PVA_5 = A \cdot PVIFA_{8\%,5} = 1000 \times 3.993 = 3993(元)$$

（2）先付年金的终值和现值

先付年金是指在一定时期内各期期初等额的系列收付款项。先付年金与后付年金的区别仅在于付款时间的不同。

①先付年金终值。n 期先付年金与 n 期后付年金的付款次数相同，但由于付款时间不同，n 期先付年金终值比 n 期后付年金多计算一期利息。所以，可先求出 n 期后付年金的终值，然后再乘以 $(1+i)$ 便可求出 n 期先付年金的终值。其计算公式为

$$XFVA_n = A \cdot FVIFA_{i,n} \cdot (1+i)$$

此外，还可根据 n 期先付年金终值与 $n+1$ 期后付年金终值的关系推导出另计算公式。n 期先付年金与 $n+1$ 期后付年金的计息期数相同，但比 $n+1$ 期后付年金少付一次款，因此，只要将 $n+1$ 期后付年金的终值减去一期付款额 A，便可求出 n 期先付年金终值，计算公式为

$$XFVA_n = A \cdot FVIFA_{i,\,n+1} - A$$

【例 7-5】小张每年年初存入银行 1000 元,银行存款利率为 8%,第 10 年年末可以从银行取出多少元?

$$XFVA_{10} = 1000 \times FVIFA_{8\%,\,10} \times (1 + 8\%)$$
$$= 1000 \times 14.487 \times 1.08$$
$$= 15\,645.96(元)$$

或者

$$XFVA_{10} = 1000 \times FVIFA_{8\%,\,11} - 1000$$
$$= 1000 \times 16.645 - 1$$
$$= 15\,645(元)$$

②先付年金现值。n 期先付年金现值与 n 期后付年金现值的付款次数相同,但由于付款时间不同,在计算现值时,n 期后付年金比 n 期先付年金多折现一期。所以,可先求出 n 期后付年金的现值,然后再乘以 $(1+i)$ 便可求出 n 期先付年金的现值。其计算公式为

$$XPVA_n = A \cdot PVIFA_{i,\,n} \cdot (1 + i)$$

此外,还可根据期先付年金现值与 $n-1$ 期后付年金现值的关系推导出另一计算公式。n 期先付年金现值与 $n-1$ 期后付年金现值的折现期数相同,但比 $n-1$ 期后付年金多一期不用折现的付款 A,因此,只要将 $n-1$ 期后付年金的现值加上一期不用折现的付款额 A,便可求出 n 期先付年金现值,计算公式为

$$XPVA_n = A + A \cdot PVIFA_{i,\,n-1}$$

【例 7-6】A 公司每年年初向 B 公司支付合同金额 5000 元,合同存续期 10 年,年利率为 8%,则全部合同金额现值为多少?

$$XPVA_{10} = 5000 \times PVIFA_{8\%,\,10} \times (1 + 8\%)$$
$$= 5000 \times 6.710 \times 1.08$$
$$= 36\,234(元)$$

或者

$$XPVA_{10} = 5000 + 5000 \times PVIFA_{8\%,\,9}$$
$$= 5000 + 5000 \times 6.247$$
$$= 36\,235(元)$$

(3) 延期年金的现值

延期年金是指在最初若干期没有收付款项的情况下,后面若干期有等额的系列收付款项的年金。假定最初有 m 期没有收付款项,后面期每年年末有等额的系列收付款项,则此延期年金的现值即为后期年金先折现至 n 期期末,再折现至第 1 期期初的现值。其计算公式为

$$V_0 = A \cdot PVIFA_{i,\,n} \cdot PVIF_{i,\,m}$$

延期年金现值还可用另外一种方法计算，先求出 +n 期后付年金现值，减去没有付款的前 m 期后付年金现值，二者之差便是延期 m 期的 n 期后付年金现值。其计算公式为

$$V_0 = A \cdot PVIFA_{i, m+n} - A \cdot PVIFA_{i, n}$$

【例 7-7】A 公司从银行借入一笔款项，约定前 10 年无须还本付息，从第 11 年至第 20 年每年年末需偿还本息 1000 元，年利率为 8%，则这笔款项现在价值多少元？

$$V_0 = 1000 \times PVIFA_{8\%, 10} \times PVIF_{8\%, 10}$$
$$= 1000 \times 6.710 \times 0.463$$
$$= 3106.73(元)$$

或者

$$V_0 = 1000 \times PVIFA_{8\%, 20} - 1000 \times PVIFA_{8\%, 10}$$
$$= 1000 \times (9.818 - 6.710)$$
$$= 3108(元)$$

（4）永续年金的现值

永续年金是指无限期支付的年金。其计算公式为

$$V_0 = \frac{A}{i}$$

【例 7-8】某永续年金每年年末收入 600 元，利息率为 6%，则该永续年金的现值为多少？

$$V_0 = 600 \times \frac{1}{6\%} = 10\,000(元)$$

7.3 企业筹资管理

7.3.1 企业筹资渠道与筹资方式

企业筹资是指企业根据生产经营、对外投资以及调整资本结构等需要，经济有效地筹措和集中资金的活动。通常所说的筹资主要是指长期资金的筹集，短期资金则归入运营资金管理。企业筹资需要针对不同的筹资来源，运用适当的筹资方式。

筹资来源是指企业筹集资金的源泉，主要包括政府资金、银行资金、非银行金融机构资金、其他法人资金、个人资金、企业内部资金，以及国外和中国香港、中国澳门、中国台湾资金。筹资方式是指企业筹集资金的具体形式和工具，主要包括吸收投入资本、发行股票、长期借款、发行债券、融资租赁和留存收益。筹资来源和筹资方式的关系非常密切。

同一筹资来源往往可以采用不同的筹资方式取得，而同一筹资方式又往往适用于不同的筹资来源。企业在筹资时，应当注意筹资来源和筹资方式的合理配合。

7.3.1.1 吸收投入资本

吸收投入资本是非股份制企业筹集股权性资金的基本方式。它是指企业以协议等形式吸收国家、其他法人、个人和外商直接投资的一种筹资方式。

（1）吸收投入资本的种类

①按筹资来源划分。吸收投入资本分为以下4类：吸收国家直接投资，形成企业的国有资本；吸收其他企业、事业单位等法人的直接投资，形成企业的法人资本；吸收企业内部职工和社会公众的直接投资，形成企业的个人资本；吸收外国投资者和中国香港、中国澳门、中国台湾投资者的直接投资，形成企业的外商资本。

②按投资者的出资形式划分。吸收投入资本分为以下两类：一类是吸收现金投资。现金是最常见的投资形式。另一类是吸收非现金投资。非现金投资主要包括两种形式：一种是材料、燃料、产品、房屋建筑物、机器设备等实物资产投资；另一种是专利权、非专利技术、商标权、土地使用权等无形资产投资。

（2）吸收投入资本筹资的优缺点

①吸收投入资本筹资的优点。吸收的投入资本属于股权性资金，能够提高企业的资信和借款能力；吸收的投入资本不需要归还，并且没有固定的利息负担，与债权性资金相比，财务风险较低；吸收投入资本筹资不仅可以筹得现金，还能够直接获取生产经营所需的设备、技术等，尽快形成生产经营能力。

②吸收投入资本筹资的缺点。吸收投入资本的资金成本较高；与发行普通股相比，吸收投入资本因产权关系有时不够明晰，不便于产权交易。

7.3.1.2 发行普通股

股票是股份有限公司签发的证明股东按其所持股份享有权利和承担义务的书面凭证。股票是一种有价证券，它代表了持股人对公司的所有权。股票按股东的权利和义务分为普通股和优先股。普通股股东享有决策参与权、利润分配权、优先认股权和剩余资产分配权。普通股是股份最基本的形式。

（1）普通股筹资的优点

①股票属于股权性资金，能够提高企业的资信和借款能力。

②与债权性资金相比，股票不需要归还，并且没有固定的利息负担，因此财务风险较低。

（2）普通股筹资的缺点

①发行股票的资金成本较高。

②增资发行新股，一方面可能会分散公司的控制权；另一方面由于新股对积累的盈余具有分享权，从而降低了每股净资产，因此有可能导致普通股价格下跌。

7.3.1.3 长期借款

长期借款是指企业向银行等金融机构借入的、期限在一年以上的各种借款。

（1）长期借款筹资的优点

①长期借款的资金成本较低。

②长期借款有利于保持股东控制权。由于贷款机构无权参与公司的管理决策，因此不会分散股东对公司的控制权。

③长期借款的筹资速度快。长期借款的程序较为简单，可以快速获得资金。

④长期借款的灵活性较大。企业在筹集长期借款时，可以与贷款机构直接协商借款的时间、金额和利率等问题。用款期间如果情况发生变化，也可以与贷款机构再行协商。

（2）长期借款筹资的缺点

①长期借款的财务风险较高。长期借款通常有固定的偿付期限和固定的利息负担，因此财务风险较高。

②长期借款的限制较多。由于借款合同通常会包含一系列限制性条款，这对企业今后的筹资、投资和经营活动有一定限制。

③长期借款的筹资数量有限。由于长期借款筹资范围较窄，因此很难一次性筹得大笔资金。

7.3.1.4 发行债券

债券是经济主体为募集资金而发行的用以记载和反映债权债务关系的有价证券。目前我国债券市场上有国债、企业债券、公司债券、金融债券等多种类型。

（1）债券筹资的优点

①发行债券的资金成本较低。

②发行债券有利于保持股东控制权。债券投资者无权参与公司管理决策，因此不会分散股东对公司的控制权。

③发行债券的筹资范围广。债券通常是向整个社会公开发行，筹资范围广，有利于筹集大笔资金。

（2）债券筹资的缺点

①发行债券的财务风险较高。与长期借款类似，债券通常有固定的偿付期限和固定的利息负担，因此财务风险较高。

②发行债券的限制严格。法律对发行债券这种筹资方式规定的条件较为严格，对公司今后的经营有一定限制。

7.3.2 资金成本

7.3.2.1 资金成本概述

（1）资金成本的概念

资金成本是企业筹集和使用资金所付出的代价，包括筹资费用和用资费用两部分。

①筹资费用。筹资费用是企业在筹集资金的过程中付出的代价。例如，向银行支付的借款手续费，发行股票、债券支付的律师费、印刷费等。筹资费用通常是在筹资时一次性

支付，在获得资金后的使用过程中则不再发生，因而可以视作对筹资额的一项扣除。

②用资费用。用资费用是企业为了使用资金而付出的代价。例如，向债权人支付的利息，向股东分派的股利等。用资费用在使用资金的期间内会反复发生，并随着使用资金金额的大小和期限的长短而变动。

（2）资金成本的种类

资金成本可以用绝对数表示，也可以用相对数表示，但通常采用相对数即资金成本率来表示。资金成本率是企业的用资费用与有效筹资额之间的比率。有效筹资额是指筹资额扣除筹资费用后的净额。这里所讲的资金成本主要是指长期资金的成本，包括以下三类：

①个别资金成本。是指企业各种单项长期资金的成本，如长期借款资金成本、债券资金成本、优先股资金成本、普通股资金成本、留存收益资金成本。

②综合资金成本。是指企业全部长期资金的加权平均资金成本。

③边际资金成本。是指企业追加长期资金的成本。

（3）资金成本的作用

资金成本是企业筹资管理的主要依据，也是企业投资管理的重要标准，甚至是企业整个财务管理和经营管理的重要工具。具体来说，资金成本有如下作用：资金成本是选择筹资方式、进行资本结构决策、确定追加筹资方案的依据；资金成本是评价投资项目、比较投资方案、进行投资决策的标准；资金成本可以作为考核企业整体经营业绩的基准。

7.3.2.2 个别资金成本

个别资金成本是企业用资费用与有效筹资额之比。其基本计算公式为

$$个别资金成本 = \frac{用资费用额}{有效筹资} = \frac{用资费用}{筹资总额 - 筹资费用} = \frac{用资费用}{筹资总额 \times (1 - 筹资费用率)}$$

在个别资金成本的计算公式中，应当注意，筹资费用没有与用资费用一起放在分子中，而是作为对筹资额的扣除放在了分母中。这主要是因为筹资费用是一次性支付的固定费用，与重复性支付的用资费用有很大差异，将其作为对筹资额的扣减更合理。

（1）长期借款资金成本

长期借款的利息允许从税前利润中扣除，具有抵减企业所得税的作用，因此长期借款每期的用资费用应是考虑抵税因素后的利息。长期借款资金成本的计算公式为

$$长期借款资金成本 = \frac{年利率 \times (1 - 所得税税率)}{1 - 手续费率}$$

由于长期借款的筹资费率通常很低，有时可以忽略，所以公式可以简化为

$$长期借款资金成本 = 年利率 \times (1 - 所得税税率)$$

【例 7-9】某公司计划本年度向银行借款 800 万元，年利率为 5%，筹资费用率为 0.3%，所得税税率为 25%，则该公司银行借款的资金成本率为多少？

$$银行借款的资金成本 = \frac{5\% \times (1 - 25\%)}{1 - 0.3\%} = 3.76\%$$

如果忽略手续费，

$$银行借款的资金成本 = 5\% \times (1 - 25\%) = 3.75\%$$

（2）长期债券资金成本

长期债券与长期借款都属于债权性资金，其资金成本的计算非常类似，但需要注意以下几点：首先，债券的筹资费用即发行费用一般较高，因而不能忽略。其次，债券的发行价格有溢价、平价、折价之分，因而发行价格不一定等于债券面值。因此，长期债券资金成本的计算公式为

$$长期债券资金成本 = \frac{债券面额 \times 债券利息率 \times (1 - 所得税税率)}{债券发行价格 \times (1 - 手续费率)}$$

【例7-10】某公司发行总面值为1000万元的公司债券，按面值发行，票面利率为6.5%，期限为3年，发行费用为发行价格的2%。每年年末付息一次，到期还本。公司所得税税率为25%。该公司债券的资金成本率为多少？

$$债券资金成本 = \frac{1000 \times 6.5\% \times (1 - 25\%)}{1000 \times (1 - 2\%)} = 4.97\%$$

（3）优先股资金成本

优先股每期的股利通常都是固定的，这与债权性资金类似。但是优先股股利从税后利润中支付，没有抵税作用，这与债权性资金不同。于是得到优先股的资金成本计算公式：

$$优先股资金成本 = \frac{优先股股利}{优先股发行价格 \times (1 - 优先股筹资费率)}$$

【例7-11】某公司按面值发行公司优先股，面值为500万元，规定每年股利率为7.25%，筹资费率为4%。则公司优先股的资金成本率为多少？

$$优先股资金成本 = \frac{500 \times 7.25\%}{500 \times (1 - 4\%)} = 7.55\%$$

（4）普通股资金成本

普通股和优先股同属于股权性资金，股利均不能抵税。但与优先股不同的是，普通股各年股利不一定相等。因此，普通股资金成本不能照搬优先股资金成本的计算公式。普通股资金成本常见的计算思路有以下3种。

①固定股利政策下的股利折现模型。如果公司采用固定股利政策，即每年都分派等额的现金股利，则普通股与优先股类似，其资金成本计算公式为

$$普通股资金成本 = \frac{普通股每年股利}{普通股发行价 \times (1 - 普通股筹资费率)}$$

【例7-12】某公司按面值发行普通股700万元，预计第一年的股利率为12%，以后每年固定股利，筹资费用率为5%。则该公司普通股的资金成本率是多少？

$$普通股资金成本 = \frac{700 \times 12\%}{700 \times (1 - 5\%)} = 12.6\%$$

②固定增长股利政策下的股利折现模型。如果公司采用固定增长股利政策，即每年股利与上年相比的增长率相等，则普通股资金成本的计算公式为

$$普通股资金成本 = \frac{普通股第一年分派股利额}{普通股发行价 \times (1 - 普通股筹资费率)} + 每年股利增长率$$

【例7-13】某公司发行普通股1200万元，每股面值1元，发行价为每股2.5元，下一年度股利率为13%，以后每年增长4%，发行费用为5%。则该普通股资金成本为多少？

$$普通股资金成本 = \frac{1200 \times 13\%}{1200 \times 2.5 \times (1 - 5\%)} + 4\% = 9.47\%$$

③资本资产定价模型。由于筹资者的资金成本实际上就是投资者的必要报酬率，因此可以借用计算投资报酬率的资本资产定价模型来计算筹资的资金成本。其计算公式如下：

$$普通股资金成本 = R_F + \beta(R_M - R_F)$$

式中，R_F 为无风险报酬率；β 为股票的贝塔系数；R_M 为市场报酬率。

【例7-14】某公司普通股的 β 为1.2，市场报酬率为10%，无风险报酬率为4%，则该公司普通的资金成本为多少？

$$普通股资金成本 = 4\% + 1.2 \times (10\% - 4\%) = 11.2\%$$

（5）留存收益资金成本

留存收益由企业税后利润形成，包括盈余公积和未分配利润，它们与优先股和普通股一样属于股权性资金。从表面上看，留存收益并不需要企业花费专门的代价。但是实际上，留存收益从最终归属上看是属于普通股股东的，可以理解为普通股股东对企业的再投资。因此，普通股股东要求留存收益应该与普通股具有相同的报酬率。因此，留存收益的资金成本与普通股基本相同，唯一不同的是不存在筹资费用。

7.3.2.3 综合资金成本

企业通过不同的方式从不同的来源取得的资金，其成本各不相同。要进行正确的筹资和投资决策，不仅需要计算个别资金的成本，还需要确定全部长期资金的综合资金成本。综合资金成本又称加权平均资金成本，它是以各种长期资金所占的比例为权重，对个别资金成本进行加权平均计算得来的，其计算公式如下：

$$K_W = \sum_{j=1}^{n} K_j W_j$$

式中，K_W 为综合资金成本；K_j 为第 j 种个别资金的成本；W_j 为第 j 种个别资金在所有长期资金中所占比例。

由综合资金成本的计算公式可知，综合资金成本由两个因素决定：一是各种长期资金的个别资金成本；二是各种长期资金所占比例，即权数。各种长期资金权数的确定需要选择一定的价值基础。常见的价值基础主要有以下3种。

（1）账面价值基础

账面价值基础是指根据各种长期资金的账面金额来确定各自所占比例。这种基础的优

点是数据可以从会计资料中直接获得。其主要缺点是账面价值反映的是过去的情况，当资金的市场价值脱离账面价值较多时，选择账面价值作为基础会影响各种资金比例的客观性，进而影响综合资金成本的合理性。

（2）市场价值基础

市场价值基础是指股票、债券等有市场价格的资金根据其市场价格来确定所占比例。这种基础的优点是真实客观。不足之处是证券的市场价格经常波动，不易选定；另外，市场价值基础反映的是现在的情况，未必适用于未来的筹资决策。

（3）目标价值基础

目标价值基础是指股票、债券等根据预计的未来目标市场价值确定所占比例。这种基础体现了期望的目标资本结构的要求，能适用于筹集新资的需要，弥补了账面价值基础和市场价值基础的不足。但是，资金的目标价值是很难客观确定的。

【例7-15】某公司各种长期资金成本的账面价值、市场价值和目标价值以及个别资金成本见表7-1所列。按照不同的价值基础计算该公司的综合资金成本。

表7-1 某公司各种长期资金成本相关信息　　　　　　　　　　单位：万元

资金种类	账面价值	市场价值	目标价值	个别资金成本
长期借款	800	800	2000	5%
长期债券	1500	2000	4000	6.5%
优先股	500	750	1000	10%
普通股	2000	4000	4000	12%
留存收益	1800	3600	4000	11.5%
合计	6600	11 150	15 000	—

① 按账面价值基础计算的综合资金成本为：

$$K_W = 5\% \times \frac{800}{6600} + 6.5\% \times \frac{1500}{6600} + 10\% \times \frac{500}{6600} + 12\% \times \frac{2000}{6600} + 11.5\% \times \frac{1800}{6600} = 9.61\%$$

② 按市场价值基础计算的综合资金成本为：

$$K_W = 5\% \times \frac{800}{11\,150} + 6.5\% \times \frac{2000}{11\,150} + 10\% \times \frac{750}{11\,150} + 12\% \times \frac{4000}{11\,150} + 11.5\% \times \frac{3600}{11\,150} = 10.22\%$$

③ 按目标价值基础计算的综合资金成本为：

$$K_W = 5\% \times \frac{2000}{15\,000} + 6.5\% \times \frac{4000}{15\,000} + 10\% \times \frac{1000}{15\,000} + 12\% \times \frac{4000}{15\,000} + 11.5\% \times \frac{4000}{15\,000} = 9.33\%$$

7.3.3 企业筹资资本结构决策方法

资本结构决策是指确定企业的最佳资本结构。最佳资本结构是指使综合资金成本最低、企业价值最大的资本结构。资本结构决策是筹资管理中至关重要的问题。各种长期资金，尤其是债权性资金与股权性资金的比例安排恰当，有利于企业获得财务杠杆利益，降低综合资金成本并增加企业价值。常见的资本结构决策方法有资金成本比较法、每股利润分析法和企业价值比较法。

7.3.3.1 资金成本比较法

资金成本比较法是指在适度财务风险的条件下，测算可供选择的不同资本结构或筹资组合方案的综合资金成本，并以此为标准相互比较确定最佳资本结构的方法。企业筹资分为创立初期的初始筹资和存续过程中的追加筹资。相应地，企业的资本结构决策也可分为初始筹资的资本结构决策和追加筹资的资本结构决策。

（1）初始筹资的资本结构决策

企业初始筹资时，对拟定的筹资总额可以采用多种筹资方式来筹集，每种筹资方式的筹资额也可有不同的安排，由此形成若干预选资本结构或筹资组合方案。在适度财务风险的前提下，可以通过比较综合资金成本来做出选择。

【例 7-16】某公司初创时需筹集资金 4000 万元，有 3 种筹资方案可供选择，具体信息见表 7-2 所列。依据资金成本比较法，公司应选择哪一方案？

表 7-2 某公司筹资组合方案　　　　　　　　　　　　　　　　　单位：万元

筹资方式	筹资方案A 筹资额	筹资方案A 资金成本	筹资方案B 筹资额	筹资方案B 资金成本	筹资方案C 筹资额	筹资方案C 资金成本
长期借款	400	5%	600	5.5%	800	6%
长期债券	600	6%	1400	8%	700	6.5%
普通股	3000	12%	2000	12%	2500	12%
合计	4000	—	4000	—	4000	—

① 方案 A 的综合资金成本为：

$$5\% \times \frac{400}{4000} + 6\% \times \frac{600}{4000} + 12\% \times \frac{3000}{4000} = 10.40\%$$

② 方案 B 的综合资金成本为：

$$5.5\% \times \frac{600}{4000} + 8\% \times \frac{1400}{4000} + 12\% \times \frac{2000}{4000} = 9.63\%$$

③ 方案 C 的综合资金成本为：

$$6\% \times \frac{800}{4000} + 6.5\% \times \frac{700}{4000} + 12\% \times \frac{25\,000}{4000} = 9.84\%$$

由于 B 方案的资金成本最低，因此，在财务风险一定的情况下公司应当选择 B 方案。

（2）追加筹资的资本结构决策

企业存续期间追加筹资时，可能有多个备选的筹资组合方案。在适度财务风险的前提下，企业可以通过两种思路来选择最佳的追加筹资方案：一是直接计算各备选方案的边际资金成本，选择边际资金成本最低的追加筹资方案；二是分别将各备选方案与原有资本结构汇总得到各个汇总资本结构,然后计算各个汇总资本结构下的综合资金成本,选择使汇总资本结构下的综合资金成本最低的追加筹资方案。

7.3.3.2 每股利润分析法

每股利润分析法是通过对不同资本结构下的每股利润进行比较分析,从而选择最佳资本结构的方法。在此不做详述,可参阅其他资料。

7.3.3.3 企业价值比较法

企业价值比较法是通过对不同资本结构下的企业价值和综合资金成本进行比较分析,从而选择最佳基本结构的方法。在此不做详述,可参阅其他资料。

7.4 企业投资管理

7.4.1 投资概述

投资是指将财力投放于一定的对象,以期望在未来获取一定利润的经济行为。在市场经济条件下,企业能否把筹集到的资金投放到收益高、回收快、风险小的项目上去,对其生存和发展十分重要。

7.4.1.1 企业投资是实现财务管理目标的基本前提

企业财务管理的目标是不断提高企业价值,为此,就要采取各种措施以增加利润、降低风险。企业要想获得利润,就必须拥有一定数量的资金,并把资金投放到各种资产上。

7.4.1.2 企业投资是生存发展的必要手段

在科学技术、社会经济迅速发展的今天,企业无论是维持简单再生产还是实现扩大再生产,都必须进行一定的投资。企业只有通过一系列的投资活动,才能创造增强实力、广开财源的条件。

7.4.1.3 企业投资是降低风险的重要方法

企业把资金投向生产经营的关键环节或薄弱环节,可以使企业各种生产经营能力相匹配、平衡,形成更强大的综合生产能力。企业如果把资金投向多个行业,实行多元化经营,则更能增加企业销售和盈余的稳定性。这些都是降低企业经营风险的重要方法。

7.4.2 投资决策基础——现金流量计算

7.4.2.1 现金流量的概念

企业投资决策中的现金流量是指与投资决策相关的现金流入和流出的数量。现金流量是评价投资方案是否可行时必须事先计算的一个基础性数据。一定时期内现金流入量与现金流出量之差,称为净现金流量。

7.4.2.2 现金流量的构成

投资决策中的现金流量一般由以下 3 部分构成。

（1）初始现金流量

初始现金流量是指开始投资时发生的现金流量，一般包括以下几项内容：固定资产投资；营运资金垫支；与长期投资有关的职工培训费、谈判费、注册费等带来的现金流出；原有固定资产变价收入。

（2）营业现金流量

营业现金流量又称营业现金净流量，是指投资项目投入使用后，在其寿命周期内由于生产经营所产生的现金流入扣除现金流出的数量。这种现金流量一般按年度进行计算。这里的现金流入一般是指由营业收入所带来的现金流入，现金流出一般是指由需要付现的营业成本和所得税所引起的现金流出。

（3）终结现金流量

终结现金流量是指投资项目完结时所发生的现金流量，主要包括固定资产的残值收入或变价收入、固定资产的清理费用以及原来垫支的营运资金的收回。

7.4.2.3 现金流量的计算方法

初始现金流量和终结现金流量的计算比较简单，只需逐项列出然后相加即可。需要注意的是，如果初始投资时存在费用化的支出，或涉及旧固定资产的出售损益，则需要考虑它们的所得税影响。

营业现金流量的计算相对较为复杂，其计算方法主要有以下 3 种：

（1）根据定义直接计算

$$营业现金流量 = 营业收入 - 付现成本 - 所得税$$

（2）根据税后净利倒推计算

$$营业现金流量 = 税后净利 + 折旧$$

（3）根据所得税的影响计算

营业现金流量 = 营业收入 ×（1- 税率）- 付现成本 ×（1- 税率）+ 折旧 × 税率

以上 3 个公式中，第三个公式较为常用，因为它可以直接根据投资项目的营业收入、付现成本、折旧以及企业所得税税率来计算。

【例 7-17】ABC 公司打算购买 1 台设备，现有甲、乙两个方案。甲方案需投入 100000 元购置设备，设备使用寿命 5 年，期满无残值，采用直线计提法折旧。5 年中每年营业收入 60 000 元，付现成本 20 000 元。乙方案需投入 120 000 元购置设备，垫支 30 000 元营运资金，设备使用寿命为 5 年，期末残值 20 000 元，采用直线计提法折旧。5 年中每年营业收入为 80 000 元，第一年付现成本为 30 000 元，往后每年增加 4000 元。假设公司所得税税率为 25%。试计算两个方案的现金流量。

（1）计算两个方案的初始现金流量

$$甲方案初始现金流量 = 固定资产投资 = 100 000（元）$$

乙方案初始现金流量 = 固定资产投资 + 营运资金垫支 =120 000+30 000=150 000（元）

（2）计算两个方案的营业现金流量

$$甲方案每年折旧额 = \frac{100\,000}{5} = 20\,000(元)$$

甲方案每年营业现金流量 =60 000×(1–25%)–20 000×(1–25%)+20 000×25%=35 000（元）

$$乙方案每年折旧额 = \frac{120\,000 - 20\,000}{5} = 20\,000(元)$$

乙方案第1年营业现金流量 =80 000×(1–25%)–30 000×(1–25%)+20 000×25%=42 500（元）

乙方案第2年营业现金流量 =80 000×(1–25%)–34 000×(1–25%)+20 000×25%=39 500（元）

乙方案第3年营业现金流量 =80 000×(1–25%)–38 000×(1–25%)+20 000×25%=36 500（元）

乙方案第4年营业现金流量 =80 000×(1–25%)–42 000×(1–25%)+20 000×25%=33 500（元）

乙方案第5年营业现金流量 =80 000×(1–25%)–46 000×(1–25%)+20 000×25%=30 500（元）

（3）计算两个方案的终结现金流量

$$甲方案终结现金流量 = 0（元）$$

乙方案终结现金流量 = 固定资产残值 + 营运资金收回 =20 000+30 000=50 000（元）

两个方案的现金流量见表7-3所列。

表7-3 投资现金流量表　　　　　　　　　　　　　　　　单位：元

t	0	1	2	3	4	5
甲方案：						
初始现金流	–100 000					
营业现金流		35 000	35 000	35 000	35 000	35 000
现金流量合计	–100 000	35 000	35 000	35 000	35 000	35 000
乙方案：						
初始现金流	–150 000					
营业现金流		42 500	39 500	36 500	33 500	30 500
终结现金流						50 000
现金流量合计	–150 000	42 500	39 500	36 500	33 500	80 500

表7-3中，$t=0$代表第1年年初，$t=1$代表第1年年末，$t=2$代表第2年年末，以此类推。在现金流量表中，为了简便起见，一般都假定各年投资在年初一次进行，各年营业现金流量在年末一次发生，终结现金流量在最后一年年末发生。

7.4.3 企业投资决策评价

投资决策指标是指评价投资方案是否可行或孰优孰劣的标准。投资决策指标非常丰富，可分为非折现现金流量指标和折现现金流量指标两大类。

7.4.3.1 非折现现金流量指标

非折现现金流量指标是指不考虑资金时间价值的各种指标。常见的非折现现金流量指标有两个，投资回收期与平均报酬率。

（1）投资回收期

①投资回收期的计算。投资回收期是指回收初始投资所需要的时间，一般以年为单位。投资回收期的计算，因投资方案投入使用后每年的净现金流量是否相等而有所不同。

如果投资方案每年净现金流量相等，则投资回收期可按下式计算

$$投资回收期 = \frac{初始投资额}{每年净现金流量}$$

如果投资方案每年净现金流量不相等，则投资回收期要根据每年年末尚未收回的投资额加以确定。假设初始投资在第 n 年和第 $n+1$ 年之间收回，则投资回收期可按下式计算

$$投资回收期 = n + \frac{第 n 年年末尚未收回的投资额}{第 n + 1 年的净现金流量}$$

【例 7-18】根据【例 7-17】中 ABC 公司资料（表 7-3），分别计算甲、乙两个方案的投资回收期。

甲方案投入使用后每年现金流量相等，则

$$甲方案投资回收期 = \frac{100\,000}{35\,000} = 2.857(年)$$

乙方案投入使用后每年净现金流量不相等，经估算，乙方案初始投资额在第 3 年和第 4 年之后收回，第 3 年年末尚未收回投资额为 31 500，则

$$乙方案投资回收期 = 3 + \frac{31\,500}{33\,500} = 3.94(年)$$

②投资回收期的决策规则。在采用投资回收期这一指标进行决策时，应事先确定一个企业要求达到的投资回收期。在只有一个备选方案的采纳与否决策中，低于企业要求的投资回收期的方案就采纳，高于企业要求的投资回收期的方案则拒绝。在多个投资方案的互斥选择投资决策中，应在投资回收期低于企业要求的投资回收期的方案中选择最短者。在【例 7-18】中，如果 ABC 企业要求投资回收期不能超过 3 年，则企业应当选甲方案。

③投资回收期的优缺点。投资回收期的概念容易理解，计算也比较简便，但是它没有考虑资金的时间价值，也没有考虑初始投资收回后的现金流量状况。

（2）平均报酬率

①平均报酬率的计算。平均报酬率是指投资项目寿命周期内平均的年投资报酬率，也称平均投资报酬率。其计算公式为

$$平均报酬率 = \frac{年平均现金流量}{初始投资额} \times 100\%$$

式中，分子的年平均现金流量是指项目投入使用后的年平均现金流量，等于所有营业现金

流量和终结现金流量之和除以投资项目寿命。

【例7-19】根据【例7-17】中ABC公司资料（表7-3），分别计算甲、乙两个方案的平均报酬率。

$$甲方案的平均报酬率 = \frac{35\,000}{100\,000} \times 100\% = 35\%$$

$$乙方案的平均报酬率 = \frac{(42\,500 + 39\,500 + 36\,500 + 33\,500 + 30\,500)/5}{150\,000} \times 100\% = 35\%$$

②平均报酬率的决策规则。在采用平均报酬率这一指标进行决策时，应事先确定一个企业要求达到的平均报酬率，即必要平均报酬率。在只有一个备选方案的采纳与否决策中，高于必要平均报酬率的方案就采纳，低于必要平均报酬率的方案则拒绝。在多个投资方案的互斥选择决策中，应在平均报酬率高于必要报酬率的方案中选择最高者。例如，【例7-19】中，假设企业要求的必要平均报酬率为30%，则甲、乙两方案都是可取的，因为它们的平均报酬率都高于30%，但由于二者是互斥方案，因此应选择平均报酬率更高的甲方案。

③平均报酬率的优缺点。平均报酬率与投资回收期类似，其概念易于理解，计算也比较简便，而且平均报酬率考虑了投资项目整个寿命期内的现金流量。但是没有考虑资金的时间价值，将前期的现金流量等同于后期的现金流量。

7.4.3.2 折现现金流量指标

折现现金流量指标是指考虑了资金时间价值的指标。常见的折现现金流量指标有净现值、获利指数与内含报酬率。

（1）净现值

①净现值的计算。净现值是指从投资开始到项目寿命终结，所有现金流量（现金流入量为正，现金流出量为负）的现值之和。其计算公式为

$$NPV = \sum_{t=0}^{n} \frac{NCF_t}{(1+k)^t} = \sum_{t=0}^{n} (NCF_t \cdot PVIF_{k,t})$$

式中，n 为投资开始到项目寿命终结的年数；NCF_t 为第 t 年的现金净流量；k 为折现率（资金成本或企业要求的必要报酬率）。

由于投资项目的初始投资往往为现金流出，即为负现金流量，而投资项目投入使用后，各年的净现金流量往往为正现金流量，因此可以考虑将二者区分开来。所以，净现值计算公式还有另外一种表达形式

$$NPV = \sum_{t=1}^{n} \frac{NCF_t}{(1+k)^t} - C = \sum_{t=1}^{n} (NCF_t \cdot PVIF_{k,t}) - C$$

式中，C 为初始投资额。

需要注意的是，如果投资期超过1年，则 C 应为各年投资额的现值之和，同时 t 的开始年份可能不再是1，而是投资项目开始投入使用的年份。

如果投资项目投入使用后每年的净现金流量相等,记作 NCF,则计算公式可演化为

$$NPV = NCF \cdot PVIFA_{k,n} - C$$

【例 7-20】根据【例 7-17】中 ABC 公司资料(表 7-3),分别计算甲、乙两个方案的净现值,假设资金成本率为 10%。

$$NPV_{甲} = NCF \cdot PVIFA_{10\%,5} - C = 35\,000 \times 3.791 - 100\,000 = 32\,685(元)$$

$$\begin{aligned}
NPV_{乙} &= \sum_{t=1}^{5}(NCF_t \cdot PVIF_{10\%,t}) - C \\
&= NCF_1 \cdot PVIF_{10\%,1} + NCF_2 \cdot PVIF_{10\%,2} + NCF_3 \cdot PVIF_{10\%,3} + NCF_4 \cdot PVIF_{10\%,4} \\
&\quad + NCF_5 \cdot PVIF_{10\%,5} - 150\,000 \\
&= 42\,500 \times 0.909 + 39\,500 \times 0.826 + 36\,500 \times 0.751 + 33\,500 \times 0.683 \\
&\quad + 80\,500 \times 0.621 - 150\,000 \\
&= 21\,544(元)
\end{aligned}$$

②净现值的决策规则。在只有一个备选方案的采纳与否决策中,净现值为正者就采纳,净现值为负者就拒绝。在多个备选方案的互斥选择决策中,应选择净现值为正值中的最大者。在【例 7-20】中,甲、乙两方案都是可取的,因为它们的净现值都为正,但由于二者是互斥方案,因此应选择净现值较大的甲方案。

③净现值的优缺点。净现值考虑了资金的时间价值,并且能够真实反映各投资方案的净收益,但是它作为一种绝对值指标,不便于比较不同规模投资方案的获利程度,不能揭示各投资方案的实际报酬率。

(2)获利指数

①获利指数的计算。获利指数又称现值指数,是投资项目投入使用后的现金流量现值之和与初始投资额之比。其计算公式为

$$PI = \frac{\sum_{t=1}^{n}\dfrac{NCF_t}{(1+k)^t}}{C}$$

式中,PI 为获利指数;其他各符号的含义与净现值计算公式相同。

与净现值计算公式一样,如果投资期超过 1 年,则 C 应为各年投资额的现值之和同时的开始年份可能不再是 1,而是投资项目开始投入使用的年份。

【例 7-21】根据【例 7-17】中 ABC 公司资料(表 7-3),分别计算甲、乙两个方案的获利指数,假设资金成本率为 10%。

$$PI_{甲} = \frac{\sum_{t=1}^{5}\dfrac{NCF_t}{(1+k)^t}}{C} = \frac{132\,685}{100\,000} = 1.33$$

$$PI_{乙} = \frac{\sum_{t=1}^{5}\dfrac{NCF_t}{(1+k)^t}}{C} = \frac{171\,544}{150\,000} = 1.14$$

②获利指数的决策规则。在只有一个备选方案的采纳与否决策中,获利指数大于 1 就采纳,小于 1 则拒绝。在多个方案的互斥选择决策中,应在获利指数大于 1 的方案中选择最高者。在【例 7-21】中,甲、乙两方案都是可取的,它们的获利指数都大于 1,但由于二者是互斥方案,因此应选择获利指数较高的甲方案。

③获利指数的优缺点。获利指数考虑了资金的时间价值,并且用相对数表示,从而有利于在投资规模不同的各方案中进行对比。但是,获利指数的概念不易理解,它既不属于绝对值指标,又不同于一般的报率性质的相对值指标。

(3) 内部报酬率

①内部报酬率的计算。内部报酬率又称内含报酬率,它是使投资方案的净现值为零的折现率。内部报率实际上反映了投资项目的真实报酬率,由于净现值有两个计算公式,因此,内部报率也有两个计算公式

$$\sum_{t=0}^{n} \frac{NCF_t}{(1+r)^t} = \sum_{t=0}^{n} (NCF_t \cdot PVIF_{r,t}) = 0$$

$$\sum_{t=1}^{n} \frac{NCF_t}{(1+r)^t} - C = \sum_{t=1}^{n} (NCF_t \cdot PVIF_{r,t}) - C = 0$$

式中,r 为内部报酬率;其他符号的含义与现值公式相同。

内部报酬率的具体计算可分为如下两种情况:

● 如果投资项目投入使用后每年的 NCF 相等,则按下列步骤计算。

第一步:计算年金现值系数 $PVIFA_{r,n}$。由于从 NCF_1 到 NCF_n 都相等,令其等于 NCF,则

$$\sum_{t=1}^{n} \frac{NCF_t}{(1+r)^t} - C = NCF \cdot PVIFA_{r,n} - C = 0$$

$$PVIFA_{r,n} = \frac{C}{NCF}$$

第二步:查年金现值系数表,在期数对应的栏内,如果能找到恰好等于上面所计算的 $PVIFA_{r,n}$ 的值,则该值对应的折现率即为所求的内部报酬率 r,计算到此结束。如果在期数 n 对应的栏内,没有恰好等于上面所计算的 $PVIFA_{r,n}$ 的值,则找出与它邻近的一大一小两个值 P_1 和 P_2,它们对应着两个邻近的折现率 i_1 和 i_2。

第三步:采用插值法计算该投资方案的内部报酬率 r。

$$\frac{r - i_1}{i_2 - i_1} = \frac{PVIFA_{r,n} - P_1}{P_2 - P_1}$$

● 如果投资项目投入使用后每年的 NCF 不相等,则按下列步骤计算。

第一步:首先根据经验预估一个折现率,用此折现率计算投资方案净现值。如果计算出的净现值恰好为 0,则这个预估的折现率就是所求的内部报酬率 r,计算到此结束。如果计算出的净现值为正数,表示预估的折现率低于项目的内部报酬率,则应提高折现率再

进行测算。如果计算出的净现值为负数，表示预估的折现率高于项目的内部报酬率，则应降低折现率再进行测算。经过反复测算，直到找出使净现值一正一负并接近于零的两个折现率 i_1 和 i_2 为止，与之对应的净现值分别为 NPV_1 和 NPV_2。

第二步：采用插值法计算该投资方案的内部报酬率 r。

$$\frac{r - i_1}{i_2 - i_1} = \frac{0 - NPV_1}{NPV_2 - NPV_1}$$

【例 7-22】根据【例 7-17】中 ABC 公司资料（表 7-3），分别计算甲、乙两个方案的内部报酬率。

甲方案投入使用后每年 NCF 相等，计算如下：

$$PVIFA_{r,\,5} = \frac{100\,000}{35\,000} = 2.857$$

查年金现值系数表，在 $n=5$ 的这栏中，与 2.857 邻近的年金现值系数为 2.689 和 2.991，与之对应的折现率分别为 25% 和 20%。

然后运用插值法计算甲方案的内部报酬率。

$$\frac{r - 20\%}{25\% - 20\%} = \frac{2.857 - 2.991}{2.689 - 2.991}$$

$$r = 22.22\%$$

乙方案投入使用后每年 NCF 不相等，计算如下：

假设折现率分别为 14%、15%、16% 进行测算，

$$NPV_0 = \sum_{t=1}^{5} (NCF_t \cdot PVIF_{14\%,\,t}) - C = 3897$$

$$NPV_1 = \sum_{t=1}^{5} (NCF_t \cdot PVIF_{15\%,\,t}) - C = 24.5$$

$$NPV_2 = \sum_{t=1}^{5} (NCF_t \cdot PVIF_{16\%,\,t}) - C = -3810$$

然后运用插值法计算乙方案的内部报酬率。

$$\frac{r - 15\%}{16\% - 15\%} = \frac{0 - 24.5}{-3810 - 24.5}$$

$$r = 15.01\%$$

②内部报酬率的决策规则。在只有一个备选方案的采纳与否决策中，报酬率高于企业资金成本或必要报酬率就采纳，低于企业资金成本或必要报率则拒绝。在多个备选方案的互斥选择决策中，应在内部报酬率超过资金成本或必要报酬率的项目中选择最高者。在【例 7-22】中，如果企业的资金成本率为 15%，则甲、乙两个方案都是可取的。但二者互斥，所以选择内部报酬率最高的甲方案。

③内部报酬率的优缺点。内部报酬率考虑了资金的时间价值，反映了投资项目的真实

报酬率,但它的计算过程比较复杂,尤其是在投资项目投入使用后各年现金净流量(*NCF*)不相等时,一般要经过多次测算才能求得。

7.5 企业营运资金管理

营运资金从本质上包括了流动资产和流动负债的各个项目,体现了对企业短期性财务活动的概括。在数量上,营运资金又常称为营运资金净额或净营运资金,即企业流动资产减去流动负债的差额。营运资金在衡量企业的资产流动性、流动资产变现能力和短期偿债能力方面有着重要意义。

7.5.1 现金管理

现金是一项比较特殊的资产,一方面,其流动性最强,代表着企业直接的支付能力和应变能力;另一方面,其收益性最弱。现金管理的过程就是管理人员在现金的流动性与收益性之间权衡的过程,既要维护适度的流动性,又要尽可能地提高其收益性。

7.5.1.1 持有现金的动机

现金管理的目标在于如何在现金的流动性和收益性之间进行合理选择。企业持有现金往往是出于以下考虑:

①交易动机。在企业的日常经营中,为了保证正常的生产销售周转,必须保持一定的现金余额。

②补偿动机。银行为企业提供服务时,往往需要企业在银行中保留存款余额来补偿服务费用。同时,银行贷给企业款项也需要企业在银行中留有存款以保证银行的资金安全。这种出于银行要求而保留在企业银行账户中的存款就是补偿动机要求的现金余额。

③谨慎动机。为了应付突发事件和偶然情况,企业必须持有一定的现金余额来保证生产经营的安全顺利进行,这就是谨慎动机要求的现金持有量。

④投资动机。企业在保证生产经营正常进行的基础上,还希望有一些可利用现金抓住回报率较高的投资机会,这就是投资动机对现金的需求。

7.5.1.2 现金成本

现金成本包括持有成本、转换成本和短缺成本。

①持有成本。是指企业因保留一定的现金余额而增加的管理费用及丧失的投资收益,它与现金持有量呈正比例关系。

②转换成本。是指企业用现金购入有价证券或转让有价证券换取现金时付出的交易费用,即现金同有价证券之间相互转换的成本。

③短缺成本。是指现金持有量不足且又无法及时将其他资产变现而给企业造成的损失,

包括直接损失和间接损失。现金的短缺成本与现金持有量呈反比例变动关系。

7.5.1.3 最佳现金持有量的确定

企业出于各种动机而持有一定货币，但出于成本和收益关系的考虑，必须确定最佳现金持有量。确定最佳现金持有量的模型主要有以下两种。

（1）成本分析模型

成本分析模型是根据现金的有关成本，分析预测其本最低时现金持有量的一种方法。运用成本分析模型确定最佳现金持有量时，只考虑因持有一定量的现金而产生的机会成本及短缺成本，而不考虑管理费用和转换成本。机会成本是因持有现金而丧失的再投资收益，与现金持有量呈正比例变动关系

机会成本 = 现金持有量 × 有价证券利率

短缺成本与现金持有量呈反比例关系。因此，成本分析模型中的最佳现金持有量可以解释为机会成本和短缺成本为最小值时的现金持有量。

成本分析模型的计算步骤是：

①根据不同现金持有量测算各备选方案的有关成本数值。

②按照不同现金持有量及有关部门成本资料计算各方案的机会成本和短缺成本之和，即总成本，并编制最佳现金持有量测算表。

③在测算表中找出相关总成本最低时的现金持有量，即最佳现金持有量。

【例 7-23】ABC 公司现有 A、B、C、D 四种现金持有方案，有关成本资料见表 7-4 所列。计算得出 ABC 公司应选择哪一个方案？

表 7-4　ABC 公司的备选现金持有方案　　　　　　　　　　单位：万元

项　目	A	B	C	D
现金持有量	100	200	300	400
机会成本率	15%	15%	15%	15%
短缺成本	50	30	10	0

根据表 7-4 计算最佳现金持有量测算表，见表 7-5 所列。

表 7-5　ABC 公司最佳现金持有量测算表　　　　　　　　　　单位：万元

方　案	现金持有量	机会成本	短缺成本	总成本
A	100	100×15%=15	50	15+50=65
B	200	200×15%=30	30	30+30=60
C	300	300×15%=45	10	45+10=55
D	400	400×15%=60	0	60+0=60

经计算,应选择成本最低的 C 方案。

(2)存货模型

存货模型是将存货经济订货批量(economic order quantity)模型原理用于确定目标现金持有量的模型,其着眼点也是现金相关总成本最低。在此模型下,只考虑持有现金的机会成本与固定性转换成本,由于二者与现金持有量的关系不同,因此存在一个最佳现金持有量,使得二者之和最低。其计算公式为

现金管理相关总成本 = 持有机会成本 + 固定性转换成本

$$TC = \frac{Q}{2} \cdot K + \frac{T}{Q} \cdot F$$

式中,TC 为现金管理相关总成本;Q 为最佳现金持有量(理想的现金转换数量);F 为每次现金转换的固定成本;T 为一个周期内现金总需求量;K 为单位现金持有的机会成本(等于放弃的有价证券的收益率或从银行借款的利率)。

根据这一公式可以得到最佳现金持有量的计算公式如下

$$Q = \sqrt{\frac{2TF}{K}}$$

最低现金管理相关总成本的计算公式如下

$$TC = \sqrt{2TFK}$$

【例 7-24】ABC 公司预计全年(按 360 天计算)需要现金 100 万元,现金与有价证券的转换成本为每次 3000 元,有价证券的年利率为 15%,则该公司的最佳现金持有量为多少?

$$Q = \sqrt{\frac{2TF}{K}} = \sqrt{\frac{2 \times 1\,000\,000 \times 3000}{15\%}} = 200\,000(元)$$

7.5.2 存货管理

7.5.2.1 存货管理概述

(1)存货与存货管理的概念

存货是指处于储存状态的物品。一般来说,企业在销售阶段为了能及时满足顾客的需要,避免发生缺货或延期交货现象,需要有一定的成品存货。在采购和生产阶段,为了保证生产过程的连续性,需要有一定的原材料和零部件存货。存货管理是指对存货货物的管理。存货管理主要是对存货货物数量控制的管理。

(2)存货管理目标

存货管理的目标主要有两个:一是保证供应;二是降低成本。首先是保证供应,不出现缺货情况。对于企业而言,就是要保证其生产不中断,保证销售有货供应,不会流失顾客。但是,如果盲目地追求供应不间断而增加存货量,就会带来存货积压的风险,还会增加仓储管理的成本,并存在存货积压而产生损失的可能性。因此存货管理要采取适当的措施,在保证供给的同时,尽量降低成本,通过科学的管理方法在二者之间寻求最佳的平衡。

7.5.2.2 存货成本构成

存货成本一般可以分为以下 3 个主要部分。

（1）存货持有成本

存货持有成本是指为保有和管理存货而需承担的费用开支。具体可分为运行成本、机会成本和风险成本 3 个方面。

运行成本主要是仓储成本。存货越多，仓储成本也越大。运行成本还包括仓库中的设备投资成本和日常运作费用（如水、电、人工费等）。

机会成本主要是存货所占用的资金所能带来的机会成本。存货作为企业的资产是通过占用企业的流动资金而获得的，企业因为要持有一定的存货成本而丧失了流动资金所能带来的投资收益，即存货的机会成本。

风险成本，首先，是保险费用，为了减少存货的损失，大多数企业会为其存货的商品投保；其次，企业可能会因为存货的不合理存放而造成损耗或报废，如食品过期、存放过程中破损、产品滞销、失窃等，这些都属于存货的风险成本。

（2）订购成本

订购成本是指企业为了得到存货而需要承担的费用，表现为订货成本，包括与供应商之间的通信联系费用、差旅费、货物的运输费用等。订购的次数越多，订货成本就越高。

（3）存货缺货成本

存货缺货成本是指由于存货供应中断而造成的损失，包括原材料供应中断造成的停工损失、产成品存货缺货造成的延迟发货损失和销售机会丧失所带来的损失、企业采用紧急采购来解决存货的中断而承担的紧急向外采购成本等。

7.5.2.3 存货控制方法

存货控制是在保障供应的前提下，使存货货物的数量最少所进行的有效管理的经济技术措施。

1）定量控制法

定量控制法，又称定量订货法，是指当存货量降低到一定的水平（订货点）时，按照已经计算好的固定数量（一般以经济订货批量 EOQ 为标准）进行订货补充的一种存货管理方式。采用定量控制法，必须预先确定订货点和订货批量，既要满足客户的存货需求，又要使总成本最低。

（1）订货点的确定

订货点在存货控制理论中是一个决策变量，是控制存货水平的关键因素。如果订货点过高，会导致存货量过大，占用资金多，存货费用高；如果订货点太低，则可能导致缺货损失。因此，订货点要取得适度。

①影响适度订货点的因素。

- 订货提前期。它是指从发出订单到所订货物运回入库所需要的时间，该值的大小取决于路途的远近和运输工具速度的快慢。

- 平均需求量。它表示存货消耗的快慢。
- 安全存货。物流企业为了应对各种突发情况如需求发生变化、货订不到、运输中断等而设置的存货量。

②订货点的计算。
- 第一种情况，在需求和订货提前期确定的情况下，不需要设安全存货，订货点公式为

$$订货点 = 订货提前期 \times 日平均需求量$$

式中，日平均需求量=全年需求量÷360（假设1年按360天计算）。

上式中订货提前期按照天数计算，也可以按周、月计算，那么平均需求量也要相应改为周或月的需求量。

【例7-25】已知某仓库每年出库某货物18 000箱，订货提前期为7天。求订货点。

$$订货点 = 7 \times (18\,000 \div 360) = 350(箱)$$

- 第二种情况，在需求或订货提前期不确定的情况下，需要设置安全存货，并且需要运用数理统计方法计算安全存货量，因此，订货点的确定就较为复杂，一般公式为

$$订货点 = (平均需求量 \times 最大订货提前期) + 安全存货$$

（2）订货批量的确定

在定量控制中，还需要确定订货批量。订货批量是指一次订货所订的货物数量。订货批量的高低，不仅直接影响存货量的高低，还直接影响货物供应的满足程度。订货批量过大，虽然能够充分满足用户的需求，但是会导致存货量增大，存货费用增多，成本增加；订货批量太小，虽然能够降低存货量，但难以保证满足用户的需求，可能导致缺货损失。因此，订货批量也应该适度。

①影响订货批量大小的因素。
- 需求速度。需求速度越高，说明用户的需要量越大，因此订货批量也越大。
- 经营费用。主要包括订货费用和储存费用。在确定订货批量时，需要综合考虑发生的各种费用，根据使总费用最省的原则来确定最经济的订货批量。

②订货批量的计算

在定量控制法中对每一个具体的品种而言，每次订货批量是相同的。所以，对每个品种都要制订一个订货批量，通常可以经济订货批量作为订货批量。

经济订货批量（economic order quantity，EOQ）模型就是通过平衡订货成本和储存成本，确定一个最佳的订货数量来实现最低总存货成本的方法。通过EOQ模型所求得的最佳订货数量就是经济订货批量。在此只介绍确定条件下的经济订货批量模型。

理想的经济订货批量的计算公式为

$$Q^* = \sqrt{\frac{2RK}{h}} = \sqrt{\frac{2RK}{CH}}$$

式中，Q^*为经济订货批量；R为需求速度；K为每次订货费用；h为单位货物单位时间储存费用；C为货物单价；H为单位时间储存费率。

【例7-26】某仓库 A 产品年需求量为 16 000 件，单位产品年保管费为 20 元，每次订货费用为 400 元，求经济订购批量。

$$Q^* = \sqrt{\frac{2 \times 16\,000 \times 400}{h}} = 800(件)$$

（3）定量控制法的优缺点

①优点。控制参数一经确定，则实际操作就变得简单了。实际中，经常采用双堆法来处理。所谓双堆法，就是将某商品存货分为两堆，一堆为经常存货，另一堆为订货点存货。当经常存货消耗完开始使用订货点存货时就开始订货，不断重复操作。这样可减少经常盘点库存的次数，方便可靠。

当订货量确定后，商品的验收、入库、保管和出库业务可以利用现有规格化器具和计算方式，有效地节约搬运、包装等方面的作业量。

充分发挥了经济批量的作用，可降低存货成本，节约费用，提高经济效益。

②缺点。要随时掌握存货动态，严格控制安全存货和订货点存货，占用了一定的人力和物力。订货模式过于机械，不具有灵活性。订货时间不能预先确定，对于人员、资金、工作业务的计划安排不利。受单一订货的限制，对于实行多品种联合订货采用此方法时还需灵活掌握处理。

2）定期控制法

定期控制法又称定期订货法，是指按预先确定的订货间隔期间进行订货以补充库存的一种存货管理方式。企业根据过去的经验或经营目标预先确定一个订货间隔期间，每经过一个订货间隔期间就进行订货，每次订货数量都不同。定期控制法是从时间上控制订货周期，从而达到控制存货量目的的方法。只要订货周期控制得当，既可以不造成缺货，又可以控制最高存货量，从而达到存货费用最小的目的。该方法的关键是要设定订货周期和最高存货量。

（1）订货周期的确定

定期控制法中，需要确定订货周期。订货周期决定着订货的时机，它相当于定量控制法中的订货点订货周期的长短直接决定了最高存货量的大小，进而决定了存货费用的大小。订货周期应该定得适当。通常以订货过程中发生的总费用最小为原则来制订定期控制法的订货周期。订货周期的计算公式为

$$T = \sqrt{\frac{2K}{Rh}}$$

式中，T 为经济订货周期；R 为需求速度；K 为每次订货费用；h 为单位货物单位时间储存费用。

（2）最高存货量确定

确定了订货周期后，就要确定最高存货量。定期控制法的最高存货量必须满足 $T+T_k$ 期间的需求量，同时设置一个安全库存，计算公式为

$$Q_{max} = \bar{R}(T + \bar{T}_k) + Q_s$$

式中，Q_{max} 为最高库存量；$\bar{R}$ 为$(T + \bar{T}_k)$期间的库存需求速度的平均值；T 为订货周期；$\bar{T}_k$ 为平均订货提前期；Q_s为安全库存量。

（3）订货批量的确定

定期控制法的每次订货数量是不固定的，订货批量的多少是由当时的实际存货量的大小决定的。实际存货量是指检查存货时仓库实际拥有的能够用于销售的全部货物的数量。它不仅包括当时存于仓库中的货物数量，还包括已订未到货物数量（订货点时的在途到货量）和已经售出而尚未发货的待出货数量。订货批量的计算公式为

订货批量 = 最高存货量 − 现有仓库中的存货量 − 已订未到货物量 + 待出货量

上式中现有仓库中的存货量、已订未到货物数量和待出货数量是检查存货时实际所得数据，每次检查的值可能不一样，因此，每次计算的订货批量也不一样。

【例7-27】某种货物一个月订货一次，平均每日需求量60件，安全存货量400件，平均订货提前期为一周，提出订货时盘点的实际存货量为800件，原订购下期到货的期货合同有500件。求该种货物下月的订购批量。

下月的订购批量 =（30+7）×60+400−800−500 = 1320（件）

（4）定期控制法的优缺点

①优点。通过订货数量调整，减少超储；周期盘点比较彻底、精确，避免了定量控制法每天盘存的做法，减少了工作量、提高了工作效率；存货管理的计划性强，有利于工作计划的安排，实行计划管理。

②缺点。安全存货量设置得较大，需求标准偏差较大，需要较大的安全存货量来保证存货需求；每次订货的批量不固定，无法制订出经济订货批量，因而运营成本较高，经济性较差。

3）ABC分类管理法

ABC分类管理法又称为存货重点管理法。它起源于ABC分析法，是1951年由美国电气公司的迪克首先在存货管理中倡导和应用的。ABC技术体现了80/20法则的基本思想。

一般来说，企业的存货种类繁多且价格不尽相同，有的存货品种不多但是价值很高，而有的存货品种很多但价值不高。企业存货物流系统资源的有限性决定了对所有店品均给予相同程度的重视和管理是不可能的，也是不切实际的。而对存货品种进行分类管理，并将管理重点集中在重要的存货品种上，会使存货管理系统的资源更有用。ABC分类管理法就是根据存货品种在技术经济方面的主要特征，对库存进行分类，分清重点和一般，从而有区别地进行存货管理的技术，它是一种简洁便利而又科学有效的技术方法。

在分类排队中，ABC分类管理法将货物分为A、B、C 3类。一般来说，A类货物类占全部存货货物种类总数的10%左右，而其需求量却占全部货物总需求量的70%左右；B类货物占20%左右，其需求量大致为总需求量的20%左右；C类货物种类占70%左右而需求量只占总需求量的10%左右。当然，ABC分类并不仅局限于将存货分为3类，可以根据企业的实际需要进一步细分。但经验表明，存货品种的分类超过五类反而会使存货控制成本上升。

在对存货货物进行 A、B、C 分类后，应根据企业的经营策略对 A、B、C 3 类货物采取不同的管理策略。

① A 类货物品种少而占用资金多，是企业日常控制的重点。控制 A 类货物的主要措施是：精确计算每次订货量和再次订货量，严格按预订的数量、时间组织订货，适当减少每次订货数量和安全存货量，相应增加订货次数，尽量使实际存货处于较低水平，以节约储存费用。采用定期订货控制法，对存货货物实行定期检查和实地盘点，及时、准确地掌握实际存货量、未来需要量、订货点等各种情况，以保证日常控制工作的正常进行。密切注意市场变动，认真进行市场预测和经济分析，尽可能使每次订货量符合实际需要，力求避免多储和少储。同时，还应加强存货监督，随时了解存货状况，防止出现缺货现象。

② B 类货物的品种数和占用资金量处于"中间"状态，对其控制不必那么严格，可以适当加大安全存货量以防紧急情况发生。但也不宜过于宽松，一般按大类确定订货数量和储备定额，并注意生产经营中的轻重和采购难易程度。

③ C 类货物数量较多而占用资金较少，对其控制可粗略一些。一般采用定量订货控制，集中采购，并适当扩大储备定额、安全存货量和每次订货数量，相应减少订货次数。

7.5.3 应收账款管理

应收账款是企业流动资产的一个重要组成部分，随着市场经济的发展、商业信用的扩展，应收账款数额明显增多，在流动资产中所占比例也越来越大。

7.5.3.1 信用政策

信用政策即应收账款的管理政策，是指企业为了对应收账款进行规划和控制而确立的基本原则与行为规范，包括信用标准、信用条件和收账政策 3 部分内容。信用政策会受利润潜力、信用政策工具等因素的影响。

（1）信用标准

信用标准是客户获得商业信用应具备的最低条件，通常以预期坏账损失率来表示。信用标准的确定受多种因素影响，如信用品质、偿付能力、资本、抵押品和经济状况等。在充分考虑这些因素的情况下，可通过定性分析、定量分析或两者相结合的方法来确定信用标准。如果企业的信用标准较严，只对信誉很好、坏账损失率很低的顾客赊销，则会减少坏账损失和应收账款的机会成本，但可能不利于扩大销售量，甚至会使销售量降低；反之，如果信用标准较宽松，虽然会增加销售，但会相应增加坏账损失和应收账款的机会成本。企业应根据具体情况进行权衡。

（2）信用条件

信用条件是指企业接受客户信用订单时在对客户等级进行评价的基础上所提出的付款要求，主要包括信用期限、折扣期限和现金折扣。信用期限是企业为顾客规定的最长付款时间，折扣期限是为顾客规定的可享受现金折扣的付款时间，现金折扣是在顾客提前付款时给予的优惠。例如，账单上的"2/10，$n/35$"就是一项信用条件，即在10天之内付款可以享受2%的折扣，而在10天之后35天之内付款则没有折扣。提供比较优惠的信用条件能增加销售量，但也会带来额外的负担，如增加应收账款机会成本、现金折扣成本等。

（3）收账政策

收账政策也称收账方针，是指客户违反信用条件，拖欠甚至拒付账款时企业所采取的收账策略与措施。企业如果采用较积极的收账政策，则可能会减少应收账款投资，减少坏账损失，但会增加收账成本；如果采用较为消极的收账政策，则可能会增加应收账款投资，增加坏账损失，但会减少收账费用。在实际工作中，可参照测算信用标准、信用条件的方法来制定收账政策。一般而言，收账费用支出越多，坏账损失越少，但这两者并不一定存在线性关系。通常的情况是：开始时支出一些收账费用，应收账款和坏账损失有小部分降低；随着收账费用增加，应收账款和坏账损失明显减少；收账费用达到某一限度后，应收账款和坏账损失的减少就不再明显了。在制定信用政策时，应权衡增加收账费用与减少应收账款机会成本和坏账损失之间的得失。

7.5.3.2 应收账款管理

（1）调查企业信用

应收账款管理的首要依据是对客户的信用状况进行调查，包括客户的付款历史、产品的生产状况、企业的经营状况、财务实力的估算数据、企业主要所有者及管理者的背景等。

收集好信用资料后，要对这些资料进行分析，并对顾客信用状况进行评估。信用评估的方法有很多，这里介绍5C评估法。

5C评估法是指重点分析影响信用的5个方面的一种方法。这五个方面的第一个英文字母都是C，故称为5C评估法。这5个方面是品德（character）、能力（capacity）、资本（capital）、抵押品（collateral）和情况（condition）。品德是指顾客愿意履行其付款义务的可能性；能力是指顾客偿还货款的能力；资本是指一个企业的财务状况；抵押品是指顾客能否为获取商业信用提供担保资产；情况是指一般的经济情况对企业的影响，或某一地区的一些特殊情况对顾客偿债能力的影响。

（2）监控应收账款

在任何情况下，有关应收账款恶化的提早警告，都可以促使企业采取行动阻止其进一步恶化。有关应收账款质量提高的提早暗示，则可能激励企业在应收账款政策上更富有进取性。因此，对应收账款的密切监控是十分重要的。

（3）催收拖欠款项

一般的方式是对过期较短的客户，不予过多打扰，以免日后失去市场；对过期稍长的客户，可写信催款；对过期很长的顾客，应频繁催款，且措辞严厉。典型的收款过程可包括以下步骤：信件、电话、个人拜访、求助收款机构，乃至进入诉讼程序。由于收取账款的各个步骤都会发生费用，因而收账政策还要在收账费用和所减少的坏账损失之间做出权衡。

7.5.4 流动负债管理

7.5.4.1 短期银行借款

短期银行借款是指企业根据合同向商业银行借入的期限在一年以内的借款。在我国，短期银行借款是绝大多数企业短期资金的主要来源。企业应根据自身情况并结合短期银行借款的优缺点进行融资分析和决策。

（1）对贷款银行的选择

企业在短期银行借款筹资过程中，有一项重要的工作就是选择银行。在金融市场越来越完善的情况下，选择合适的银行，对企业生产经营业务长期稳定发展具有重要意义。企业应该注意银行间存在的重大区别，这些区别主要在于以下几个方面：

①银行对待风险的基本政策。不同的银行对待风险的政策是不同的，一些银行偏好比较保守，而另一些银行则愿意承担相对较高的风险。这些偏好部分反映了银行管理者的个性和银行贷款的特征。

②银行所能提供的咨询服务。一些银行在提供咨询服务和在公司初创时期向公司发放大量贷款方面比较积极。某些银行甚至设有专门机构向客户提供建议和咨询。

③银行对待客户的忠诚度。银行忠诚度是指在企业困难时期，银行支持借款人的行为。不同的银行，其对客户的忠诚度是不同的。一些银行要求企业无论遭遇何种困难，都必须无条件地偿还贷款。而有些银行则顾及交情，即使自己遇到困难，也要千方百计地支持那些与自己有着多年业务关系的企业，帮助这些企业获得更有利的发展条件。

④银行贷款的专业化程度。银行在贷款专业化方面存在极大的差异，大银行有专门的部门负责针对不同类型的行业特征的专业化贷款。小银行则比较注重企业生产经营所处的经济环境。借款者可以从熟悉经营业务并且经验丰富的银行那里获得更主动的支持和更富创造性的合作。因此，理财者应慎重选择银行。

（2）短期银行借款的优缺点

①短期银行借款的优点。与其他短期筹资方式和长期借款相比，短期银行借款具有一定的优点。

- 银行资金充足、实力雄厚，能随时为企业提供较多的短期贷款。对于季节性和临时性的资金需求，采用短期银行借款尤为方便。而那些规模大、信誉好的大公司，更可以较低的利率借入资金。
- 企业取得借款的条件和手续较简便，筹资效率较高。
- 借款数额和借款时间弹性较大，可在资金需要增加时借入，在资金需要减少时还款，便于企业灵活安排资金。

②短期银行借款的缺点。

- 资金成本较高。采用短期银行借款成本较高，不仅不能与商业信用相比，与短期融资融券相比成本也高出许多。而抵押借款因需要支付管理和服务费用，成本更高。

● 限制较多。向银行借款，银行要对企业的经营和财务状况进行调查以后才能决定是否贷款，有些银行还要对企业有一定控制权，要求企业把流动比率、负债比率维持在一定范围之内，这些都会构成对企业的限制。

● 筹资风险大，实际利率高，在存在补偿性余额和附加利率的情况下更是如此。

7.5.4.2 商业信用

（1）商业信用的概念

商业信用是指商品交易中以延期付款或预收贷款的方式进行购销活动而形成的企业之间的借贷关系。它是企业之间因商品和货币在时间上和空间上的分离而形成的直接信用行为。其表现形式有应付账款、应付票据和预收账款，其中，应付账款是商业信用的典型表现形式。

（2）商业信用筹资的优缺点

①商业信用筹资的优点。作为一种比较常用的短期筹资方式，商业信用筹资的优点主要包括：使用方便，因为商业信用与商品买卖同时进行，属于一种自发性筹资，不是非常正规的安排，不需要办理手续，一般也不附加条件，所以使用比较方便；成本低，如果没有现金折扣，或企业不放弃现金折扣，则利用商业信用筹资没有实际成本；限制少，商业信用的使用灵活且具有弹性。

②商业信用筹资的缺点。商业信用筹资存在一定不足，主要是商业信用的时间一般较短，尤其是应付账款，不利于企业对资本的统筹运用，如果拖欠，则有可能导致企业信用地位和信用等级下降。另外，如果企业取得现金折扣，则付款时间会更短，而要放弃现金折扣，企业会付出较高的资金成本。在法制不健全的情况下，若企业缺乏信誉，则容易造成企业之间的相互拖欠，影响资金运转。

7.5.4.3 应付费用

应付费用是企业应付未付的费用，如应付职工薪酬、应交税费等。这些应付费用一般形成在先、支付在后，因此在支付之前可以为企业所利用。由于其结算期往往比较固定，占用的数额也比较固定，所以通常又称为定额负债。

随着企业经营业务的扩展，这些应付费用也会自动增长。而且通过应付费用所筹集的资金不用付出任何代价，因而是一项免费的短期资金来源。但是在使用时必须注意加强支付期的控制，以免因拖欠给企业带来损失。

案例分析

1.某公司经研究决定从申请银行贷款、发行债券和股票等方面筹措资金，有关资料如表7-6所列，试从以下方案中选出最优方案。

表 7-6　企业筹资方案　　　　　　　　　　　　　　　　　　　　　单位：万元

筹资方式	方案 A		方案 B		方案 C	
	筹资额	资金成本率（%）	筹资额	资金成本率（%）	筹资额	资金成本率（%）
长期借款	80	6	100	6.5	160	7
债券	200	8	300	8	240	7.5
优先股	120	12	200	12	100	12
普通股	600	15	400	15	500	15
合计	1000		1000		1000	

2. 某公司有 A、B 两个项目供投资选择，相关情况见表 7-7 所列。

（1）若公司要求项目资金必须两年内收回，应选择哪一项目？

（2）若折现率为 15%，采用净值法，应选择哪一项目？

表 7-7　项目 A 和项目 B 现金流量　　　　　　　　　　　　　　　单位：元

t	0	1	2	3
项目 A	−7500	4000	3500	1500
项目 B	−5000	2500	1200	3000

课后复习题

1. 阐述与利润最大化目标相比，股东财富最大化作为企业财务管理目标的优点。

2. 简述年金的概念与种类。

3. 非折现现金流量指标有哪些？

4. 将 1000 元存入银行，年利息率为 7%，按复利计算，5 年后的终值为多少元？

5. 若计划在 3 年以后得到 2000 元，年利息率为 8%，复利计算，则现在应存金额为多少元？

6. 小王现在准备存入一笔钱，以便在以后的 20 年中每年年底得到 3000 元，设银行存款利率为 10%，计算小王目前应存入金额。

7. 小李每年年初存入银行 50 元，银行存款利息率为 9%。计算第 10 年年末的本利和。

8. 某企业向银行借入一笔款项，银行贷款的年利率为 10%，每年复利计息一次。银行规定前 10 年不用还本付息，但是从第 11 年到第 20 年每年年末偿还本息 5000 元。用两种方法计算这笔借款的现值。

9. 某公司欲从银行取得一笔长期借款 500 万元，手续费率 0.2%，年利率 6%，期限 2 年，每年结息一次，到期一次还本。公司所得税税率为 25%。这笔借款的资本成本率是多少？

10. 某公司预计全年需要现金 600 万元，现金与有价证券的转换成本为每次 2000 元，有价证券的利息率为 15%，则该公司的最佳现金持有量为多少？

11. 某公司每年需要原材料 40 万件，每次订货成本为 2000 元，每件原材料的保管费用为 4 元，计算该公司的经济订货批量是多少？

第 8 章

企业物流管理

学习目标

1. 了解企业物流的定义、分类、特征。

2. 了解企业物流战略管理的发展历史、企业供应物流的概念、过程、模式,企业物流客户服务管理,库存的概念、分类、特征。

3. 理解企业物流战略管理的定义及其特征、企业采购管理的全过程、库存的弊端和作用。

4. 掌握库存控制的基本方法,与供应商建立双赢关系的方法,物流信息管理的内容。

8.1 企业物流管理概述

8.1.1 企业物流的概念

8.1.1.1 企业物流的概念

美国后勤管理协会（CLM）认为，企业物流是"研究对原材料、半成品、产成品、服务以及相关信息从供应始点到消费终点的流动与存储进行有效的计划、实施和控制，以满足客户需要的科学"。

《中华人民共和国国家标准物流术语》（GB/T 18354—2006）对企业物流的解释是：生产和流通企业围绕其经营活动所发生的物流活动。

企业物流是典型的微观物流活动。企业系统活动的基本结构是投入—转换—产出。对于生产类型的企业来讲，这种基本结构是投入原材料、燃料、人力、资本，经过制造或加工使之转换为产品或服务；对于服务型企业来讲则是投入设备和人力，经过管理和运营转换为对用户的服务。物流活动便是伴随着企业的投入—转换—产出而发生的。与投入相对应的是企业外供应或企业外输入物流，与转换相对应的是企业内生产物流或企业内转换物流，与产出相对应的是企业外销售物流或企业外服务物流。物流已渗透到企业的各项经营活动之中。

8.1.1.2 企业物流的分类

企业物流是从企业角度上研究与之有关的物流活动。企业种类非常多，物流活动也有差异，按主体物流活动区分，企业物流可以分为以下5种具体的物流活动：

①供应物流。生产企业、流通企业或消费者购入原材料、零部件或商品的物流过程称为供应物流，也就是从物资生产者、持有者到使用者之间的物流。对于工厂而言，是指生产活动所需要的原材料，备品备件等物资的采购、供应活动所产生的物流；对于流通领域而言，是指交易活动中，从买方角度出发的交易行为中所发生的物流。

企业的流动资金大部分是被购入的物资材料及半成品等所占用的，供应物流的严格管理及合理化对于企业的成本有重要影响。

②生产物流。从工厂的原材料购进入库起，直到工厂成品库的成品发送为止，这一全过程的物流活动称为生产物流。生产物流是制造产品的工厂企业所特有的，它和生产流程同步，原材料、半成品等按照工艺流程在各个加工点之间不停地移动、流转，形成了生产物流，如果生产物流中断，生产过程也将随之停顿。

生产物流合理化对工厂的生产秩序、生产成本有很大影响。生产物流均衡稳定，可以保证在制品的顺畅流转，缩短生产周期。在制品库存的压缩，设备负荷均衡化，也都和生产物流的管理和控制有关。

③销售物流。生产企业、流通企业售出产品或商品的物流过程称为销售物流，是指从物资的生产者或持有者到用户或消费者之间的物流、对于工厂是指售出产品；对于流通领域是指交易活动中，从卖方角度出发的交易行为中的物流。

通过销售物流，企业得以回收资金，并进行再生产的活动，销售物流的效果关系到企业的存在价值是否被社会承认。销售物流的成本在产品及商品的最终价格中占有一定的比例。因此，在市场经济中为了增加企业的竞争力，销售物流的合理化可以收到立竿见影的效果。

④回收物流。在生产及流通活动中有一些材料是要回收并加以利用的，如作为包装窗口的纸箱、塑料筐、酒瓶等，建筑行业的脚手架也属于这一类物资。还有可用杂物的回收分类和再加工，例如，旧报纸、书籍通过回收、分类可以再制成纸浆加以利用；特别是金属的废弃物，由于金属具有良好的再生性，可以回收并重新熔炼成有用的原材料。回收物资品种繁多，流通渠道也不规范，且多有变化，因此管理和控制的难度大。

⑤废弃物流。生产和流通系统中所产生的无用的废弃物，如开采矿山时产生的土石、炼钢生产中的钢渣、工业废水以及其他一些无机垃圾等，如果不妥善处理，不但没有再利用价值，还会造成环境污染，就地堆放则会占用生产用地妨碍生产。对这类物资的处理过程产生了废弃物流。废弃物流没有经济效益，但是具有不可忽视的社会效益。为了减少资金消耗，提高效率，更好地保障生活和生产的正常秩序，对废弃物资综合利用的研究很有必要。

8.1.1.3 企业物流的特征

企业物流是企业一体化管理的重要组成部分，它是指以客户满意度为目标和驱动力，在企业内和它的供应、营销渠道上，对货物、服务和相关的信息从货源地到目的地进行有效的流通和储存，并对这个过程进行计划、协调、执行和控制。企业物流具有以下特征：

（1）企业物流是系统整合的协同物流

从企业内部来讲，它是对信息、运输、存货管理、仓储、物料供应、搬运、包装、实物配送等分散的物流作业领域的综合协调管理。从供应链战略管理的角度出发，现代物流管理指挥着跨企业组织的物流作业，实现供应链的协调。企业物流不仅要考虑自己的客户，而且要考虑自己的供应商；不仅要考虑到客户的客户，而且要考虑到供应商的供应商；不仅要致力于降低某项物流作业的成本，更重要的是要致力于降低整个供应链运作的总成本。

（2）客户服务是现代企业物流创新的原动力

企业经营管理理念的核心已从产品制造转向市场营销和客户服务，与此同时，企业的物流运作在产品生产组织的基础上也向企业生产过程的上下游延伸，特别是增加了产品的售中和售后服务等一系列活动。现代物流将更多地以企业的客户服务为价值取向，强调物流运作的客户服务导向性。

（3）企业可以通过合理的物流策略获取竞争优势

尽管现代企业物流的成本是非常重要的，但现代物流的重要性不仅是节约成本，更重要的是要平衡成本与客户服务水平、企业长期效益的关系，以及企业如何选择物流策略来获取市场竞争优势。

（4）企业物流必须满足客户与企业战略目标的需要

企业物流包含效率和效益两个方面，其最终目的是满足客户价值与企业战略目标的需要，包括对整个供应链的物流成本、客户服务水平和企业投资收益的权衡取舍。具体而言，即是通常所说的"7R"。

（5）现代企业物流是一项十分复杂但又十分重要的活动

企业物流跨度之大，功能范围之广是其他任何活动所无法比拟的。随着世界经济全球化的发展、市场竞争的加剧和科学技术的进步，如何优化重组物流作业流程，使企业物流、信息流和资金流进一步协调统一，正在成为当今企业变革的重要研究课题。物流作为现代企业一大新的经营战略，也正与产品营销战略、产品研发战略和财务管理战略一起，受到当今世界的普遍关注，成为企业经营管理战略的重要组成部分。

8.1.1.4 企业物流管理

2001年4月17日，国家技术质量监督局正式发布了《中华人民共和国国家标准物流术语》，其中物流管理是指为了以最低的物流成本达到用户所满意的服务水平，对物流活动进行的计划、组织、协调与控制。

对物流活动的管理，不仅是对单个环节的管理，而且是对物流各个环节的动态的、全过程的管理，既要实现最低化的成本管理，又要确保客户对物流服务质量的满意。因为物流系统中存在效益背反，物流管理就是要通过有效的计划、组织、协调和控制等手段，合理地组织各环节，实现整体最优。通常认为，物流管理的根本目标是"以最低的成本向用户提供最满意的物流服务"。所以，成本和服务是物流管理的重点。

从企业经营的角度来看，物流管理同其他管理一样具有计划、组织、协调、控制职能。物流计划主要包括物流流量计划、采购计划、存储计划、装运计划等。物流管理的组织职能是对经营活动的各个要素、各个环节、各个方面进行合理组织，形成有机整体，从而有效进行物流活动。物流管理的协调职能主要是指在物流管理过程中各种关系的协调，以使企业的物流活动处于一个良好的运行机制下。控制是物流活动高效性的一项重要职能，一般包括质量控制及成本控制。

物流虽然不能直接创造价值，但物流活动仍然被视为"第三利润源泉"。通过物流能够完成产品从生产者到最终使用者的转移，实现生产企业和流通企业的经营目标。实现物流的社会效用、空间效用、时间效用等；通过合理地组织物流活动，可以有效地降低企业的物流成本，提高企业服务客户的总体水平和企业的竞争力。

8.1.2 企业物流战略管理

8.1.2.1 物流战略管理的定义及特征

物流战略管理属于管理学的范畴,是管理科学的一个新发展阶段,是一门具体的管理学科。它们从管理学的角度研究如何把企业物流的各项具体管理提高到战略的高度,用战略的理念进行企业物流的科学管理,从而实现发展战略的目标。物流战略管理属企业内部管理的范畴,是企业的一种管理理论、方法与手段。

物流战略管理是指通过物流战略设计、战略实施、战略评论与控制等环节,调节物流资源、组织结构等最终实现物流系统宗旨和战略目标的一系列动态过程的总和。物流战略管理包括企业物流战略和第三方物流(企业)战略,涉及不同层次的战略设计、战略组织和战略过程。

物流战略管理的目标是:降低成本、减少资本、提高服务,其特征如下:

①目的性。企业物流物流战略的制定与实施服务于一个明确的目标,即现代企业在激烈的竞争环境中能够生存和发展。

②长期性。物流战略管理的长期性就是在环境分析和科学预测的基础上发展未来,为现代企业谋求长期发展的目的和对策。

③竞争性。企业物流战略必须面对未来进行全局性的设计和规划,以确保企业的竞争优势和活力,使企业战略具有对抗性和战斗性。

④系统性。任何战略都有一个系统的模式,既要有一定的战略目标,也要有实现这一目标的途径和方针,还要制定政策和规划并建一个战略网络。

⑤风险性。物流战略考虑的是企业的未来,具有很多的不确定性,进而就可能存在风险。要求决策者根据环境的变化及时调整战略,以应对风险。

8.1.2.2 企业物流战略管理的发展历史

美国是较早进入工业化的国家,对于企业物流管理研究从 20 世纪 50 年代开始,已经形成了一整套完善的体系。美国企业物流的演化发展大致可分为分散管理、功能管理、内部一体化和外部一体化 4 个阶段。

(1)第一阶段:分散管理(20 世纪 60 年代以前)

在 20 世纪 60 年代以前,大多数的美国企业对于物流的管理很薄弱,甚至忽视这方面的管理。物流的各项职能被分散在企业的各个职能部门中,造成本来连续的物流过程被割裂开,各部门有限的职责使得管理者往往只追求本部门效率的提高,不顾及整个组织范围内成本的降低。物流业务发生的成本在各个不同的成本中心归集,物流成本的确切水平很难综合计算,企业成本居高不下。

(2)第二阶段:管理阶段(20 世纪 60 年代到 70 年代)

20 世纪 60 年代后,很多企业为了进行有效的成本管理,将物流管理分为物资管理和配送管理两个功能部分。前者包括与生产有关的原材料、半成品、零配件及废旧物料的采购、加工、仓储、搬运、回收再利用等活动的计划、组织和控制。将生产时间表的制订纳入物流职能部门，物流与生产充分结合在一起；后者的重点在于产成品从生产线到用户的实物移动过程中发生的运输、仓储、流通、加工、包装、订单处理、需求预测和用户服务等活动。

通过在组织结构的大量调整，如扩展传统采购部门的职责，成立一体化的配送部门，将营销及销售部门的有些业务纳入物流职能中去，物流管理者的职位提升，出现了"物流主管"的头衔，物流业务由副总裁级的领导来监督和控制。

值得指出的是，功能阶段的形成除了成本压力外，更多的公司开始注意到用户服务也是物流管理的目标之一，如何实现在一定的用户服务水平下降低成本成为企业的重要课题。另外，物资需求计划（MRP 软件）的出现为计算机用于生产和数据处理提供了必不可少的前提。

（3）第三阶段：内部一体（20 世纪 80 年代）

20 世纪 70 年代末，美国对交通运输业实行了放松管制政策，这一改革促成了运输企业向全面物流服务提供商转变，尤其到了放松管制的后期，市场上存在的物流服务项目越来越多，第三方物流服务商以全方位物流服务提供者的面孔脱颖而出，社会物流力量基本形成，生产企业开始考虑与承运人建立一种长期的伙伴关系，以期降低物流成本，共同受益。同时，大量的公司开始使用电子数据交换技术、条码技术和个人计算机，企业间的交流和信息处理加速发展，准时制（JIT）和配送需求计划（DRP）技术广泛运用到企业物流管理中去。

这一时期，管理者逐渐将物资管理和物资配送看成是一个有机的整体，后勤一体化管理在企业中出现并应用。物流管理成为企业的战略问题之一，很多企业开始制订物流战略计划，高级物流管理者也明显增多，并且越来越多地参与到企业的计划和决策中。

（4）第四阶段：外部一体（20 世纪 90 年代至今）

20 世纪 80 年代末美国出现了一些新情况。首先，企业为获得更大的竞争优势纷纷兼并重组，精简业务和机构。同时，各个公司的物流部门之间也必须合并或重组，这对企业物流来说是管理和组织上的全面变革；其次，随着国际间贸易的增长，跨国业务对物流管理提出新的要求：在远距离的市场运作中保证物流成本的节约；最后，市场不断要求企业节约成本，在时间和质量上建立竞争力。

更重要的是，供应链管理的出现将一体化概念从单个公司扩展到了供应链上的所有公司。在整条增值链中，单个公司只是其中的一个部分，有效配置链上成员的资源，可以提高整条链的效率，以获得链的竞争优势。这一理念使各个公司进行物流的外部一体化：集体制定投资计划，共享对物流投资带来的好处；统一的产品包装设计，便于使用共同的仓储、装卸和运输设备；共享信息，采用 DRP 或 JIT 系统以消除库存冗余；享专业技术。这样，企业得以集中精力于核心业务竞争力的建立。

8.2 企业供应物流管理

8.2.1 企业供应物流

8.2.1.1 供应物流的概念

《中华人民共和国国家标准物流术语》对供应物流的解释是：提供原材料、零部件或其他物料时所发生的物流活动。供应物流对企业生产能够正常、高效地进行起重要作用。企业的流动资金大部分是被购入的物资材料及半成品等所占用的，供应物流的严格管理及合理化对于企业的成本有重要影响，所以，企业供应物流不仅要保证供应目标的实现，还要以最低成本、最少消耗、最大限度地组织供应。

现代物流是基于非短缺商品市场宏观环境的物流活动。在这种市场环境下，供应在数量上是有保障的。企业在供应物流领域竞争的关键在于：如何降低这一物流过程的成本，同时达到一个使用户（在企业中是下一道工序或下一个生产部门）满意的服务水平。

8.2.1.2 供应物流的过程

供应物流过程因不同企业、不同供应环节和不同供应链而有所区别，这个区别就使企业的供应物流出现了许多不同的模式。尽管不同的模式在某些环境上具有不同的特点，但是供应物流的基本流程是相同的，其过程有以下几个环节：

①取得资源。取得资源是完成后面所有供应活动的前提条件。取得什么样的资源，是由核心生产过程决定的，同时也要根据供应物流可以承受的技术条件和成本条件来执行这一决策。

②组织到厂物流。所取得的资源必须经过物流才能到达企业。这个物流过程是企业外部的物流过程。在物流过程中，往往要反复运用装卸、搬运、储存、运输等物流活动才能使取得的资源到达企业。

③组织厂内物流。如果以企业的"门"为外部物流终点，那么"门"就是企业内外物流的划分界限；如果以企业仓库为外部物流终点，那么仓库就是划分企业内外物流的界限。从"门"或仓库到达车间或生产线的物流过程，称作供应物流的企业内物流。

8.2.1.3 供应物流的组织方式

企业的供应物流有3种组织方式：第一种是委托社会销售企业代理供应物流方式；第二种是委托第三方物流企业代理供应物流方式；第三种是企业自供物流方式。这三种方式都有低层次的、高层次的不同管理模式，其中供应链方式、零库存供应方式、准时供应方式、虚拟仓库供应方式都值得关注。

（1）委托社会销售企业代理供应物流方式

企业作为用户，在买方市场条件下，利用买方的供应物流主导权力，向销售方提出对本企业进行供应服务的要求，作为向销售方面进行采购订货的前提条件。实际上，销售方在实现了自己生产的和经营的产品销售的同时，也实现了对用户的供应服务，以此占领市场。这种供应服务是销售方企业发展的一个战略手段。

这种方式的主要优点，是企业可以充分利用市场经济造就的买方市场优势，对销售方即物流的执行方进行选择和提出要求，有利于实现企业理想的供应物流设计。

这种方式存在的主要问题，是销售方的物流水平可能有所欠缺，因为销售方毕竟不是专业的物流企业，有时候很难满足企业供应物流高水平化、现代化的要求。例如，企业打算建立自己的广域供应链，这就超出了销售方面的能力而难以实现。

（2）委托第三方物流企业代理供应物流方式

第二种方式是在企业完成了采购程序之后，由销售方和本企业之外的第三方去从事物流活动。当然，第三方从事的物流活动，应当是专业性的，而且有非常好的服务水平。第三方所从事的供应物流，主要向买方提供了服务，同时也向销售方提供服务，在客观上协助销售方扩大了市场。

由第三方去从事企业供应物流的最大好处是，能够承接这一项业务的物流企业，必定是专业物流企业，有高水平、低成本、高服务从事专业物流的条件、组织和传统。不同的专业物流公司，瞄准物流对象的不同，有自己特有的形成核心竞争能力的机器装备、设施和人才，这就便企业有广泛选择的余地，进行供应物流的优化。

在网络经济时代，很多企业要构筑广域的或者全球的供应链，这就要物流企业有更强的能力和更高的水平，这是一般生产企业不可能做到的，从这个意义来讲，必须要依靠从事物流的第三方来做这一项工作。

（3）企业自供物流方式

由企业组织自身的供应物流。

本企业在组织供应的某些种类物品方面，可能有一些，如设备、装备、设施和人才方面的优势，这样，由本企业组织自己的供应物流也未尝不可，在新经济时代这种方式也不能完全否定。关键还在于技术经济效果的综合评价。但是，在网络经济时代，如果不考虑本企业核心竞争能力，不致力发展这个竞争能力，而仍然抱着"肥水不流外人田"的旧观念，也不是不可能取得一些眼前利益，但是这必将以损失战略的发展为代价，是不可取的。

8.2.2 企业采购管理

8.2.2.1 采购管理的定义

采购管理是指对采购业务过程进行组织、实施与控制的管理过程。采购子系统的业务流程图。采购子系统业务流程图通过采购申请、采购订货、进货检验、收货入库、采购退货、购货发票处理、供应商管理等功能综合运用，对采购物流和资金流全过程进行有效的控制和跟踪，实现企业完善的物资供应管理信息。该系统与库存管理、应付管理、总账管理、现金管理结合应用，能提供企业全面的销售业务信息管理。

8.2.2.2　采购计划管理的定义

采购计划管理对企业的采购计划进行制订和管理，为企业提供及时准确的采购计划和执行路线。采购计划包括定期采购计划（如周、月度、季度、年度）、非定期采购任务计划（如系统根据销售和生产需求产生的）。通过对多对象、多元素的采购计划的编制、分解，将企业的采购需求变为直接的采购任务，系统支持企业以销定购、以销定产、以产定购的多种采购应用模式，支持多种设置灵活的采购单生成流程。

8.2.2.3　采购订单管理的含义

采购订单管理以采购单为源头，对从供应商确认订单、发货、到货、检验、入库等采购订单流转的各个环节进行准确的跟踪，实现全过程管理。通过流程配置，可进行多种采购流程选择，如订单直接入库，或经过到货质检环节后检验入库等，在整个过程中，可以实现对采购存货的计划状态、订单在途状态、到货待检状态等的监控和管理。采购订单可以直接通过电子商务系统发向对应的供应商，进行在线采购。

8.2.2.4　发票管理

发票管理是采购结算管理中重要的内容。采购货物是否需要暂估，劳务采购的处理，非库存的消耗性采购处理，直运采购业务，受托代销业务等均是在此进行处理。通过对流程进行配置，允许用户更改各种业务的处理规则，也可定义新的业务处理规则，以适应企业业务不断重组，流程不断优化的需要。

8.2.2.5　供应商管理

（1）供应商管理的含义

供应商管理，是在新的物流与采购经济形势下，提出的管理机制，是供应链采购管理中一个很重要的问题，它在实现准时化采购中有很重要的作用。

供应商是指直接向零售商提供商品及相应服务的企业及其分支机构、个体工商户，包括制造商、经销商和其他中介商。供应商可以是农民、生产基地、制造商、代理商、批发商（限一级）、进口商等。

从供应商与客户关系的特征来看，传统企业的关系表现为3种：竞争性关系、合同性关系（法律性关系）、合作性关系，而且企业之间的竞争多于合作，是非合作性竞争。

（2）供应商与制造商的关系模式

在供应商与制造商关系中，存在两种典型的关系模式：传统的竞争关系和合作性关系，或者叫双赢关系（win-win）。两种关系模式的采购特征有所不同。

竞争关系模式是价格驱动。这种关系的采购策略表现为：买方同时向若干供应商购货，通过供应商之间的竞争获得价格好处，同时也保证供应的连续性；买方通过在供应商之间分配采购数量对供应商加以控制；买方与供应商保持的是一种短期合同关系。

双赢关系模式是一种合作的关系，这种供需关系最先是在日本企业中采用。它强调在合作的供应商和生产商之间共同分享信息，通过合作和协商协调相互的行为。制造商对供应商给予协助，帮助供应商降低成本、改进质量、加快产品开发进度；通过建立相互信任的关系提高效率，降低交易/管理成本；长期的信任合作取代短期的合同；比较多的信息交流。

准时化采购采用的模式就是合作的关系模式，供应链管理思想的集中表现就是合作与协调。因此，建立一种双赢的合作关系对于实施准时化采购是很重要的。

（3）建立与供应商的双赢关系

双赢关系已经成为供应链企业之间合作的典范，因此，要在采购管理中体现供应链的思想，对供应商的管理就应集中在如何和供应商建立双赢关系、维护和保持双赢关系上。

①信息交流机制。信息交流有助于减少投机行为，进行重要生产信息的自由流动。为加强供应商与制造商的信息交流，可以从以下几个方面着手：

一是在供应商与制造商之间经常进行有关成本、作业计划、质量控制信息的交流与沟通，保持信息的一致性和准确性。

二是实施并行工程。制造商在产品设计阶段让供应商参与进来，这样供应商可以在原材料和零部件的性能和功能方面提供有关信息，为实施质量功能配置（QFD）的产品开发方法创造条件，把用户的价值需求及时地转化为供应商的原材料和零部件的质量与功能要求。

三是建立联合的任务小组解决共同关心的问题。在供应商与制造商之间应建立一种基于团队的工作小组，双方的有关人员共同解决供应过程以及制造过程中遇到的各种问题。

四是供应商和制造商经常互访。供应商与制造商采购部门应经常性地互访，及时发现和解决各自在合作活动过程中出现的问题和困难，建立良好的合作气氛。

五是使用电子数据交换（EDI）和因特网技术进行快速的数据传输。

②供应商激励。要保持长期的双赢关系，对供应商的激励是非常重要的，没有有效的激励机制，就不可能维持良好的供应关系。在激励机制的设计上，要体现公平、一致的原则。给予供应商价格折扣和柔性合同，以及采用赠送股权等，使供应商和制造商分享成功，同时也使供应商从合作中体会到双赢机制的好处。

③供应商评价。要实施供应商的激励机制，就必须对供应商的业绩进行评价，使供应商不断改进。没有合理的评价方法，就不可能对供应商的合作效果进行评价，将大大挫伤供应商的合作积极性和合作的稳定性。对供应商的评价要抓住主要指标或问题，如交货质量是否改善了，提前期是否缩短了，交货的准时率是否提高了等。通过评价，把结果反馈给供应商，和供应商一起共同探讨问题产生的根源，并采取相应的措施予以改进。

④在线管理。高效的供应商管理不仅可以提高企业管理水平，而且能大幅提升企业的盈利能力。网络化的管理也体现在业务的客观性和流程的执行监督方面。减少出现缺陷的机会。但也有公司将这种统计规则用于控制供应链质量和衡量供应商合作水准。

（4）供应商选择的原则

①总原则：全面、具体、客观原则。建立和使用一个全面的供应商综合评价指标体系，

对供应商做出全面、具体、客观的评价。综合考虑供应商的业绩、设备管理、人力资源开发、质量控制、成本控制、技术开发、用户满意度、交货协议等方面可能影响供应链合作关系的方面。

②系统全面性原则。全面系统评价体系的建立和使用。

③简明科学性原则。供应商评价和选择步骤、选择过程透明化、制度化和科学化。

④稳定可比性原则。评估体系应该稳定运作，标准统一，减少主观因素。

⑤灵活可操作性原则。不同行业、企业、产品需求、不同环境下的供应商评价应是不一样的，保持一定的灵活操作性。

⑥门当户对原则。供应商的规模和层次和采购商相当。

⑦半数比例原则。购买数量不超过供应商产能的50%，反对全额供货的供应商。

⑧供应源数量控制原则。同类物料的供应商数量为2~3家，主次供应商之分。

⑨供应链战略原则。与重要供应商发展供应链战略合作关系。

⑩学习更新原则。评估的指标、标杆对比的对象以及评估的工具与技术都需要不断地更新。

8.3 企业库存、销售管理

8.3.1 库存与库存管理

库存与库存管理越来越被企业重视。库存是有成本的，在很多企业里，库存成本占用大量的流动基金。减少库存，降低库存成本，追求零库存是库存管理的中心与极点，也是企业"第三个利润源泉"的重点所在。

8.3.1.1 库存的定义及分类

库存是指处于储存状态的物品或商品。库存与保管概念的差别在于前者是从物流管理的角度出发强调合理化和经济性，后者是从物流作业的角度出发强调效率化。库存具有整合需求和供给、维持各项活动顺畅进行的功能。

库存可以从库存物品的经济用途、存放地点、来源、所处状态或从生产角度和经营角度等几个方面来分类，可能有些库存类型会有重叠，但把库存进行分类有利于更好地理解库存的不同内涵。

（1）按经济用途分类

库存按其经济用途通常可以分为商品库存、制造业库存和其他库存3类。

①商品库存。指企业购进后供转售的货物。其特征是在转售之前，保持其原有实物形态。

②制造业库存。指购进后直接用于生产制造的货物。其特点是在出售前需要经过生产

加工过程，改变其原有的实物形态或使用功能。具有分类如下：

• 材料。指企业通过采购或其他方式取得的用于制造并构成产品实体的物品，以及取得的供生产耗用但不构成产品实体的辅助性材料等。外购半成品，一般也归在此类。企业也可以按照其用途再细分为原材料、辅助材料、燃料和外购半成品等若干小类。

• 在制品。指企业正处于加工过程中的、有待进一步加工制造的物品。

• 半成品。指企业部分完工的产品，在销售以前还需要进一步加工，但也可作为商品对外销售。

• 制成品。指企业已经全部完工、可供销售的制成品。

③其他库存。指除了以上库存外，供企业一般耗用的用品和生产经营服务的辅助性物品。其主要特点是满足企业的各种消耗性需要，而不是为了将其直接转售或加工制成品后再出售。为生产经营服务的辅助性物品，是指企业进行生产经营必不可少、服务于企业生产经营的物品，如包装物和低值易耗品等。

（2）按存放地点分类

库存按其存放地点可分为库存存货、在途库存等。

①库存存货。指已经运到企业，并已验收入库的各种材料和商品，以及已验收入库的半成品和制成品。

②在途库存。包括运入在途库存和运出在途库存，运入在途库存是货款已经支付或虽未付货款但已取得所有权、正在运输途中的各种外购库存。运出在途库存是指按照合同规定已经发出或送出，但尚未转化所有权，也未确认销售收入的库存。

（3）按库存来源分类

库存按其来源可分为外购库存和自制库存两类。外购库存是企业从外购入的库存，如外购材料等。自制库存是由企业内制造的库存，如自制材料、制成品等。

（4）从物品所处状态分类

从库存物品所处状态可分为静态库存和动态库存。静态库存指长期或暂时处于储存状态的库存，这是人们一般意义上认识的库存概念。实际上广义的库存还包括处于制造加工状态或运输状态的库存，即动态库存。

（5）从生产过程的角度分类

从生产过程的角度可分为原材料库存、零库存及半成品库存、成品库存3类。

（6）从经营过程的角度分类

从经营过程的角度可将库存分为以下6种类型：

①经营库存。指企业在正常的经营环境下为满足日常的需要而建立的库存。这种库存随着每日的需要不断减少，当库存降低到某一水平时（如订货点），就要进行订货来补充库存，这种库存补充是按一定的规则反复地进行的。

②安全库存。指为了防止由于不确定因素（如大量突发性订货、交货期突然延期等）而准备的缓冲库存。生产加工过程的库存指处于加工状态以及为了生产的需要暂时处于储

存状态的零部件、半成品或制成品。运输过程的库存指处于运输状态或为了运输的目的而暂时处于储存状态的物品。

③季节性库存。指为了满足特定季节中出现的特定需要（如夏天对空调机的需要）而建立的库存，或季节大量收购所建立的原材料（如大米、棉花、水果等农产品）在出产的季节大量收购所建立的库存。

④促销库存。指为了对应企业的促销活动产生的预期销售增加而建立的库存。

⑤投机库存。指为了避免因货物价格上涨造成损失或为了从商品价格上涨获利而建立的库存。

⑥沉淀库存或积压库存。指因物品品质变坏不再有效用的库存或因没有市场销路而卖不出去的商品库存。

8.3.1.2 库存的作用与弊端

（1）库存的作用

一是库存使企业能够实现规模经济；二是库存能够平衡供应与需求；三是库存能够预防不确定性的、随机性的需求变动以及订货周期的不确定性；四是库存能消除供需双方在地理位置上的差异。

（2）库存的弊端

①占用企业大量资金。在大多数企业，资金都是有限的，用在库存上的资金如果过量，对企业改进工厂，开发新产品等造成束缚。

②产生库存成本。指企业为持有库存所需花费的成本。库存成本包括占用资金的利息，储藏保管费（仓库费、搬运费、管理人员费等），保险费，库存物品价值损失费（丢失或被盗，库存物品的变旧，发生物理化学变化导致价值的降低等）。

③掩盖了企业众多管理问题。

8.3.1.3 库存管理

（1）库存管理的概念

库存管理又称库存控制，是对制造业或服务业生产、经营全过程的各种物品，产成品以及其他资源进行管理和控制，使其储备保持在经济合理的水平上。

库存管理的内容包含仓库管理和库存控制两个部分。仓库管理的内容是指库存物料的科学保管，以减少损耗，方便存取；库存控制则是要求控制合理的库存水平，即用最少的投资和最少的库存管理费用，维持合理的库存，以满足使用部门的需求和减少缺货损失。库存管理的内容：物料的出入库，物料的移动管理，库存盘点，库存物料信息分析。

（2）库存管理的目的和功能

库存管理涉及库存各个方面的管理，目标就是防止超储或缺货，在企业现有资源的约束下，以最合理的成本为用户提供所期望水平的服务，即在合理的库存成本范围内达到满意的客户服务水平。

库存管理的目的是在满足客户需求的前提下对企业的库存水平进行控制，尽可能降低库存水平，提高物流系统的效率，以强化企业的竞争力。

（3）库存管理的主要形式

①委托保管。接受用户的委托，由受托方代存代管所有权属于用户的物资，从而使用户不再保有库存，甚至可不再保有保险储备库存，从而实现零库存。受托方收取一定数量的代管费用。这种零库存形式优势在于：受委托方利用其专业的优势，可以实现较高水平和较低费用的库存管理，用户不再设仓库，同时减去了仓库及库存管理的大量事务，集中力量于生产经营。但是，这种零库存方式主要是靠库存转移实现的，并未能使库存总量降低。

②协作分包。主要是制造企业的一种产业结构形式，这种结构形式可以若干分包企业的柔性生产准时供应，使主企业的供应库存为零；同时主企业的集中销售库存使若干分包劳务及销售企业的销售库存为零。

在许多发达国家，制造企业都是以一家规模很大的主企业和数以千百计的小型分包企业组成一个金字塔形结构。主企业主要负责装配和产品开拓市场的指导，分包企业各自分包劳务、分包零部件制造、分包供应和分包销售。例如，分包零部件制造的企业，可采取各种生产形式和库存调节形式，以保证按企业的生产速率，按指定时间送货到主企业，从而是使主企业不再设一级库存，达到零库存的目的。

③轮动方式。轮动方式也称同步方式，是在对系统进行周密设计前提下，使各个环节速率完全协调，从而根本取消甚至是工位之间暂时停滞的一种零库存、零储备形式。这种方式是在传送带式生产基础上，进行更大规模延伸形成的一种使生产与材料供应同步进行，通过传送系统供应从而实现零库存的形式。

④准时供应。在生产工位之间或在供应与生产之间完全做到轮动，这不仅是一件难度很大的系统工程，且需要很大的投资。另外，有一些产业也不适合采用轮动方式。因而，广泛采用比轮动方式有更多灵活性、较容易实现的准时方式。准时方式不是采用类似传送带的轮动系统，而是依靠有效的衔接和计划达到工位之间、供应与生产之间的协调，从而实现零库存。如果说轮动方式主要靠"硬件"的话，那么准时供应系统则在很大程度上依靠"软件"。

⑤水龙头方式。是一种像拧开自来水管的水龙头就可以取水而无须自己保有库存的零库存形式。这种方式经过一定时间的演进，已发展成即时供应制度，用户可以随时提出购入要求，采取需要多少就购入多少的方式，供货者以自己的库存和有效供应系统承担即时供应的责任，从而使用户实现零库存。适于这种供应形式实现零库存的物资，主要是工具及标准件。

8.3.1.4 库存控制的基本方法

（1）定期观测法

定期观测法又叫定期控制或订货间隔期法，是一种以固定订货周期为基础的库存控制系统。是一种用于限定时间点检查库存水平，做出相应决策的库存决策方法。其优点就是不需要随时检查库存，简化了管理，在规定订货的时候检查库存，也节省了订货费用。其缺点是无论库存水平降的多还是少，都要按期发出订货，如果某时期需求量突然增大，有可能发生缺货，所以这种方式主要用于重要性较低的物资。计算方法为

$$订货量 = 平均每日需求量 \times (订购时间 + 订购间隔) + 保险储备定额 - 实际库存量 - 订货余额$$

订货余额是指上次已订货但尚未到货的物资数量。

（2）ABC 分类管理法

ABC 分类管理法又称为 ABC 分析法，是根据事物有关方面的特征，进行分类、排队，分清重点和一般，有区别地实施管理的一种方法。强调对库存物资进行分类管理，根据库存物资的不同价值而采取不同的管理方法。

它以某种库存物资品种数占物资品种数的百分比和该类物资金额占库存物资总金额的百分比为标准，将库存物资分为 A、B、C 3 个大类并进行管理。

基本原理：根据库存物资的年耗用资金额的大小，把库存物资分为 A、B、C 3 类。

A 类物资年耗用资金额占总库存金额的 70%~80%，其品种数却只占 5%~20%。

B 类物资年耗用资金额占总库存金额的 10%~20%，其品种数却只占 20% 左右。

C 类物资年耗用资金额占总库存金额的 5%~10%，其品种数却只占 60%~70%。

① A 类商品的管理方法。包括：采取定期订货方式；定期调整库存；增加盘点次数，以提高对库存量的精确掌握；尽量减少货物出库量的波动，使仓库的安全储备量降低；A 类商品必须保证不拖延交货期；A 类商品是价值分析的对象；货物放置于便于进出的地方；货物包装尽可能标准化，以提高库场的利用率。

② B 类商品的管理方法。一是正常地控制，采用比 A 类商品相对简单的管理方法。二是 B 类商品中销售额比较高的品种要采用定期订货方式或定期定量混合方式。

③ C 类商品的管理方法。一是将一些货物不列入日常的管理范围；二是为防止库存缺货，安全库存要多一些，或减少订货次数以降低费用；三是减少这类货物的盘点次数；四是通过现代化的工具可以很快订货的商品，不设置库存；五是给予最低的有限作业次序。

（3）最优库存控制法

最优库存控制法是一种寻求平衡的库存控制方法。在满足生产需要和经济实惠之间寻找平衡点，使两者达到相对最佳。用这种方法对库存进行控制，其实就是确定最优订货批量，也就是通常所说的经济订货批量，该方法是目前大多数企业最常采用的货物定购方式。经济订货批量是指订购费用和保管费用的和达到最小。

该方法适用于整批间隔进货、不允许缺货的存储问题，即某种物资单位时间的需求量为常数 D，存储量以单位时间消耗数量 d 的速度逐渐下降，经过时间 T 后，存储量下降到 0，此时开始定货并随即到货，库存量由 0 上升为最高库存量 Q，然后开始下一个存储周期，形成多周期存储模型。其常用的计算公式为

$$Q^* = \sqrt{\frac{2DC_3}{C_1}}$$

式中,Q^* 为最优经济订购批量;D 为某种物资单位时间的需求量;C_1 为单位物资的存储费;C_3 为每次订货的订货费。

8.3.1.5 仓库安全管理

安全管理是为实现安全目标而进行的有关决策、计划、组织和控制等方面的活动。主要任务是运用现代安全管理原理、方法和手段,分析和研究各种不安全因素,采取有力的措施,解决和消除各种不安全因素,防止事故的发生。

(1) 仓库安全管理的重要性

仓库安全管理就是以仓库作为一个系统,为实现仓库安全目标而进行的有关决策、计划、组织和控制等方面的活动。仓库安全管理就是针对物品在仓储环节对仓库建筑要求、照明要求、物品摆放要求、消防要求、收发要求、事故应急救援要求等综合性管理措施。

仓库安全管理的重要性包括:有利于加强仓库的治安保卫工作,维护仓库内安全安定的局面;有利于加强仓库的作业安全管理,确保仓库作业人员、库存货物和设备的安全;有利于加强仓库的事故预防工作,杜绝火灾等事故的发生。

(2) 仓库安全管理的主要内容

①仓库治安保卫管理。

原则:预防为主、严格管理、确保重点、保障安全和主管负责制。

具体内容:执行国家治安保卫规章制度,防盗、防抢、防破坏、防骗以及防火,维持仓库内秩序,防止意外事故等仓库治安灾难事故,协调与外部的治安保卫关系,保证库内人员生命安全与物质安全等。

②仓储作业安全管理。一是建立安全操作管理制度:制定科学合理的各种作业安全制度、操作规程和安全责任制度,并通过严格的监督,确保管理制度得以有效和充分地执行。二是加强劳动安全保护:遵守《劳动法》的规定,提供合适和足够的劳动防护用品,并督促使用。采用高安全系数的设备、机械、工具,作业场地必须具有合适的作业条件。不冒险作业,不在不安全环境中作业,在大风、雨雪时暂缓作业。避免人员带伤病作业。三是重视作业人员资质管理和业务培训:对新员工和转岗员工进行仓库岗前培训。特种作业必须经过专门培训并取得特种作业资格。四是严格人力操作和机械操作的安全规范:按以人为本、安全第一、规范操作的要求来规范人力操作。树立设备良好、专人操作、规范作业的机械作业意识。

③仓库消防安全管理。仓库的消防安全管理工作包括消防规划、消防管理组织、岗位消防责任、消防工作计划、消防设备配置和管理、消防检查和监督、消防日常管理、消防应急、消防演习等。

一是坚持"谁主管谁负责"的原则。根据企业法人是第一责任人的规定,成立防火灭火安全委员会(领导小组),全面负责仓库的消防安全工作。二是建立以岗位责任制为中心的三级防火责任制，把防火安全工作具体落实到各级组织和责任人。三是建立健全各工种的安全操作制度和安全操作规程。特别是各种用电设备的安全作业规程，经常进行消防安全教育，坚持做到职工考核合格持证上岗的制度。四是定期开展防火灭火的消防安全检查，消除各种火灾隐患，落实各项消防措施，及时处理各类事故。五是配备适量的消防设备和火灾报警装置。根据仓库的规模、性质、特点，配备一定数量的防火灭火设备及火灾报警器，按防火灭火的要求，分别布置在明显和便于使用的地点，并定期进行维护和保养，使之始终保持完好状态。六是遵守"建筑设计防火规范"。七是库存物资和设备的消防操作必须符合防火防爆要求，电气设备应始终符合规范的要求，明火作业须经安保部门批准，火警或爆炸立即报警。

（3）仓库安全管理措施

首先，要建立健全安全组织机构。确定组织机构的组成，明确成员的职责，加强对相关人员的安全教育与培训；建立健全安全管理规章制度，做好安全宣传工作，包括安全的标志制作、张贴、维护。做到制度上墙，责任到位；进行安全检查，做好五防、保证三通。五防即"防火、防盗、防事故、防商品损坏、防灾"（包括水灾、旱灾、地震、防雷等）。三通是指"水通、路通、电通"，要求疏通相关下水道，检查场地中的井盖及安全设施设备能否正常使用、做好及时更新工作，对于仓库的电力要有相关的保障措施，防止停电出现意外故障等；安全事故的紧急处理。遇到自然灾害和火灾时，对相关人、财、物的安全处理，包括紧急疏散人员、抢救物资与设备。及时与公安部门联系，处理相关盗窃、打架斗殴等事件；做好日常安全记录。包括人员的进出登记、证件检查、防止危险物进入仓库，做好防火、防静电的准备工作，检查进出仓库的运输工具、防止商品的流失；建立健全安全设施。针对不同库区、不同物资、不同设备的安全隐患，准备好相关的设施、设备。如配备好不同的灭火器、消防设施、安全网等；做好安检工作的评价，找出问题，及时改进。

其次，建立健全仓储安全管理制度。安全管理制度包括人员安全教育管理与培训制度、机械设备安全使用规章制度、仓储流程安全操作规范、信息安全管理制度、消防安全管理制度等。

最后，严格执行安全检查制度。日常检查：主要检查的项目有安全制度、条例是否上墙、安全标志是否到位、业务操作是否符合安全操作规程的规定，安全设施是否齐备，设施设备的保管、保养及相关安全专业人员的在岗情况，安全记录是否健全等。定期检查：检查安全人员对安全制度的掌握情况、安全记录的规范、安全事故处理的情况，检查库内外的设施设备、通道、运输路线、消防设施、设备等，并将检查结果进行整理分析、通报各部。临时检查：为了检查相关安全制度的执行与落实情况，可以实施临时性的突击检查。

8.3.2 企业销售物流服务与配送

8.3.2.1 企业销售物流

企业销售物流是指企业在销售过程中,将产品的所有权转给用户的物流活动,是产品从生产地到用户的时间和空间的转移,是以实现企业销售利润为目的,是包装、运输和储存等环节的统一。在现代社会中,市场环境是一个完全的买方市场,销售往往以送达用户并经过售后服务才算终止。因此,销售物流活动便带有极强的服务性,且销售物流的空间范围很大,企业通过包装、送货、配送等一系列物流实现销售,需要研究送货方式、包装水平、运输路线等并采取各种诸如少批量、多批次,定时、定量配送等特殊的物流方式达到目的。

销售物流是企业物流系统的最后一个环节,是企业物流与社会物流的又一个衔接点。它与企业销售系统相配合,出售产品,满足消费者的需求,实现产品的价值和使用价值的过程。销售物流的起点,一般情况下是生产企业的产成品仓库,经过分销物流,完成长距离、干线的物流活动,再经过配送完成市内和区域范围的物流活动,到达企业、商业用户或最终消费者。销售物流是一个逐渐发散的物流过程,这和供应物流形成了一定程度的镜像对称,通过这种发散的物流,使资源得以广泛地配置。

8.3.2.2 销售物流主要模式

销售物流有生产企业自己组织销售物流、第三方物流企业组织销售物流、用户自己提货的形式3种主要模式。

(1) 生产企业自己组织销售物流

生产企业自己组织销售物流是在买方市场环境下主要销售物流模式之一,也是我国当前绝大部分企业采用的物流形式。生产企业自己组织销售物流,实际上把销售物流作为企业生产的一个延伸或者是看成生产的继续。生产企业销售物流成了生产者企业经营的一个环节。而且,这个经营环节是和用户直接联系、直接面向用户提供服务的一个环节。在企业从"以生产为中心"转向以"市场为中心"的情况下,这个环节逐渐变成了企业的核心竞争环节,已经逐渐不再是生产过程的继续,而是企业经营的中心,生产过程变成了这个环节的支撑力量。

生产企业自己组织销售物流的好处在于,可以将自己的生产经营和用户直接联系起来,信息反馈速度快、准确程度高,信息对于生产经营的指导作用和目的性强。企业往往把销售物流环节看成是开拓市场、进行市场竞争中的一个环节,尤其在买方市场前提下,格外看重这个环节。

生产企业自己组织销售物流,可以对销售物流的成本进行大幅度地调节,充分发挥它"成本中心"的作用,同时能够从整个生产者企业的经营系统角度,合理安排和分配销售物流环节的力量。

在生产企业规模可以达到销售物流的规模效益前提下,采取生产者企业自己组织销售物流的办法是可行的,但不一定是最好的选择。原因有 3 点:一是生产者企业的核心竞争力的培育和发展问题,如果生产者企业的核心竞争能力在于产品的开发,销售物流可能占用过多的资源和管理力量,对核心竞争能力造成影响;二是生产企业销售物流专业化程度有限,自己组织销售物流缺乏优势;三是一个生产企业的规模终归有限,即便是分销物流的规模达到经济规模,延伸到配送物流之后,就很难再达到经济规模,因此可能反过来影响市场更广泛、更深入的开拓。

(2)第三方物流企业组织销售物流

由专门的物流服务企业组织企业的销售物流,实际上是生产者企业将销售物流外包,将销售物流社会化。由第三方物流企业承担生产企业的销售物流,其最大优点在于,第三方物流企业是社会化的物流企业,它向很多生产企业提供物流服务,因此可以将企业的销售物流和企业的供应物流一体化,可以将很多企业的物流需求一体化,采取统一解决的方案。这样可以做到:专业化和规模化。这两者可以从技术方面和组织方面强化成本的降低和服务水平的提高。在网络经济时代,这种模式是一个发展趋势。

(3)用户自己提货的形式

用户自己提货这种形式实际上是将生产企业的销售物流转嫁给用户,变成了用户自己组织供应物流的形式。对销售方来讲,已经没有了销售物流的职能。

销售物流活动受企业销售政策制约,由于它是具体化的事物,所以,单单从物流效率的角度是不能找出评价的尺度的。销售物流合理化的形式有大量化、计划化、商物分离化、标准化、共同化等类型,但一种物流并不仅仅与一种类型相对应。随着信息技术的发展,预测手段及工具的更新,企业可以对货物的流量和流向进行有效预测,增加货物流动的批量,减少批次。该模式适用的行业可以是家用电器、玻璃、洗涤剂、饮料等。常见问题包括需求预测不准导致销售竞争力下降,交易对象的商品保管面积增加。

8.3.2.3 配送

(1)配送的定义

配送是物流活动中一种非单一的业务形式,它与商流、物流、资金流紧密结合,并且主要包括了商流活动、物流活动和资金流活动,是包括了物流活动中大多数必要因素的一种业务形式。从物流来讲,配送几乎包括了所有的物流功能要素,是物流的一个缩影或在某小范围中物流全部活动的体现。一般的配送集装卸、包装、保管、运输于一身,通过这一系列活动完成。

配送的目的是将货物送达。特殊的配送则还要以加工活动为支撑,所以范围更广。但是,配送的主体活动与一般物流却有不同,一般物流是运输及保管,而配送则是运输及分拣配货。分拣配货是配送的独特要求,也是配送中有特点的活动,以送货为目的的运输则是最后实现配送的主要手段,从这一主要手段出发,常常将配送简化地看成运输中之一种。

从商流来讲,配送和物流不同之处在于,物流是商物分离的产物而配送则是商物合一的产物，配送本身就是一种商业形式。虽然配送具体实施时，也有以商物分离形式实现的，但从配送的发展趋势看，商流与物流越来越紧密的结合，是配送成功的重要保障。配送提供的是物流服务，因此满足顾客对物流服务的需求是配送的前提。

由于在买方市场条件下，顾客的需求是灵活多变的，消费特点是多品种、小批量的，因此从这个意义上说，配送活动绝不是简单的送货活动，而应该是建立在市场营销策划基础上的企业经营活动。

由于在买方市场条件下，顾客的需求是灵活多变的，消费特点是多品种、小批量的，因此单一的送货功能，无法较好地满足广大顾客对物流服务的需求。因此，配送活动是多项物流活动的统一体。更有些学者认为：配送就是"小物流"。只是比大物流系统在程度上有些降低和范围上有些缩小罢了。

配送是"配"与"送"的有机结合。所谓"合理的配"是指在送货活动之前必须依据顾客需求对其进行合理地组织与计划。只有"有组织、有计划"的"配"才能实现现代物流管理中所谓的"低成本、快速度"地"送"，进而有效满足顾客的需求。

（2）配送分类

按配送结点分类为配送中心配送、仓库配送、商店配送；按商品分类为单（少）品种大批量配送、多品种少批量配送、配套成套配送；按时间可分类为定时配送、定量配送、定时定量配送、定时定路线配送、即时配送；按经营可分类为销售配送、供应配送、销售－供应一体化配送、代存代供配送。

（3）配送作用

配送的作用主要表现在：推行配送有利于物流运动实现合理化；完善了运输和整个物流系统；提高末端物流的效益；通过集中库存使企业实现低库存或零库存；简化事务，方便用户；提高供应保证程度；配送为电子商务的发展提供了基础和支持。

8.4 物流服务与信息管理

8.4.1 企业物流客户服务管理

8.4.1.1 物流服务的定义

物流服务是企业为了满足客户的物流需求，开展一系列物流活动的结果。物流的本质是服务，它本身并不创造商品的形质效用，而是产生空间效用和时间效用。站在不同的经营实体上，物流服务有着不同的内容和要求。

由于货主企业的物流需求是以商流为基础，伴随商流而发生变化，因此物流服务必须从属于货主企业物流系统，表现在流通货物的种类、流通时间、流通方式、提货配送方式都是由货主决定，物流业只是按照货主的需求，提高相应的物流服务。因而物流服务是属于非物质形态的劳动，它生产的不是有形的商品，而是一种伴随销售和消费同时发生的即时性服务。

物流服务是以分布广泛、大多数不固定的客户为对象，所以，具有移动性以及面广、分散的特性，它的移动性和分散性会产生局部的供需不平衡，也会给经营管理带来一定的难度。它是以数量多且不固定的客户为对象，它们的需求在方式上和数量上是多变的，有较强的波动性，为此容易造成供需失衡，成为在经营上劳动效率低、费用高的主要原因。

由于一般企业都可能具有自营运输、保管等自营物流能力，使得物流服务从供给方面来看富于替代性，这种自营物流的普遍性，使物流经营者数量和质量调整物流服务的供给变得相当困难。也正是物流服务特性对物流服务经营管理的影响，要求企业经营管理思维和决策必须以服务为导向，把物流服务作为一个产品，关注物流服务的质量。

客户服务是整个物流体系设计和运作的必要组成部分。物流企业在市场竞争中需要确定自己的核心业务和核心优势，差异化的客户服务能给企业带来独特的竞争优势。质量上的改进，如按时送货的改善、订单满足率的提高、准确的票据、订单提前期的缩短，以及整个物流系统生产率的提高等，在短期内是竞争对手难以模仿的。因此，加强物流管理、改进客户服务是创造持久竞争的有效手段。此外，客户服务水平直接影响到企业的市场份额、物流总成本，进而影响到总体利润。

作为一项赢得竞争性优势的战略，工商企业满足顾客需求的能力取决于为顾客创造和增加的价值。所有的业务过程都必须最大限度地满足顾客需求。工商企业优秀的物流过程可以提高物流配送服务的质量，它往往就是客户服务中最具价值的方面，物流过程直接与顾客接触，主要从3个方面影响顾客的满意程度。首先，物流过程通过产品配送提供顾客所要求的基本增值服务，时间效用与地点效用；其次，物流直接影响其他业务过程中满足顾客的能力；最后，配送和其他物流作业经常与顾客发生直接联系，影响客户对于产品以及相关服务的感受。对物流的计划、实施和控制并取得优秀表现，可以使企业从竞争对手中脱颖而出，从而区别于其他供应商并创造价值和促进顾客满意，因此，物流是赢得竞争性优势的重要源泉。

客户服务是真正驱动供应链物流的动力。将恰当的产品在恰当的时候以恰当的数量及无货损与货差地送达客户是物流系统的原理。其中客户服务是至关重要的。客户服务的另一面是越来越多的客户对价值与质量比例关系的认识以及现代消费者的特殊需求，如对时间及灵活性的要求提高了。20世纪80与90年代是客户对特殊需求及相应的物流网络的支持提出更高要求的年代。消费者既对质量提高了要求，也要求产品价格合理并具有最好的服务水平，适合于他们的时间习惯。成功的工商企业已采取了客户服务策略，并认识到快速反应、灵活性、顾客化和可靠性的重要意义。

8.4.1.2　物流中客户服务的因素

客户服务涉及公司的许多部门。从物流角度，客户服务有四个传统要素：时间、可靠性、沟通与方便。

（1）时间

从卖方的角度，时间因素通常以订单周期表示；而从买方的角度则是备货时间或补货时间。不管是从什么角度及采用什么术语，影响时间因素有几个基本变量。当今成功的物流作业具有对备货时间的基本变量高度控制的能力，包括订单处理、订单准备、货物发送，通过对这些活动的有效管理，为了保证合适的订单周期及一致性，卖方公司对买方的客户服务水平进行了改进。

订单传送包括定单从客户到卖方传递所花费时间，少则用电话只需几秒钟，多则通过信函需时几天。卖方若能增加订单传送速度就可减少备货时间，但可能会增加订单传送成本。计算机与因特网使订单传送发生了革命，通过买卖双方的计算机联结，卖方可以登录到买方的计算机，在实时系统中，买方可以知道有关产品的供货的可能性以及可能的装运日期等信息。买方也可以通计算机来挑选所需要的商品，并通过电子信息交换传送给卖方。EDI 自动订货系统已广泛地用于卖买双方。

卖方需要时间来处理客户的订单，使订单准备就绪和发运。这一功能一般包括调查客户的信誉、把信息传送到销售部做记录、传送订单到存货区、准备发送的单证。这里的许多功能可以用电子数据处理同时进行。一般来说，卖方的作业成本节约比实施现代技术的资本投资要大，这是因为当今计算机硬件与软件的成本已大大下降了。

订单准备时间包括订单的挑选和包装发运。不同种类的物料搬运系统以不同方式影响着订单准备工作，物料搬运系统可以从简单靠人力操作的系统到复杂的高度自动化的系统。它们订单准备时间相差很大。

订单发送时间是从卖方把指定货物装上运输工具开始计算至买方卸下货物为止的时间。当卖方雇佣运输公司时，计算和控制订单发送时间是比较困难的。要减少订单发送时间，买方必须雇佣一个能提供快速运输的运输公司，或利用快速的运输方式，这时运输成本会上升。

若对以上所有的 4 个组成部分进行改进来减少备货时间，其费用可能太高。为此，公司可以在某一项目上进行改进而其他项目仍保持不变。如投资自动化物料投运设备可能在财务上不合算，为弥补人工操作带来的较长的订单处理时间，公司可以采用以电话定货代替信函定货，以及用公路运输代替铁路运输。这将可使公司减少备货时间而不用在自动物料搬运设备上投资。

（2）可靠性

对有些客户，可靠性比备货时间更重要。如果备货时间一定，客户可以使存货最小化。也就是说，若客户 100% 地保证备货时间是 10 天，则可把存货水平在 10 天中调整到相应的平均需求，并不需要用安全存货来防止由于备货时间而引起的波动所造成的缺货。

因为备货时间的可靠性直接影响客户存货水平和缺货成本，提供可靠的备货时间可以减少客户面临的这种不确定性。卖方若能提供可靠的备货时间，可使买方尽量减少存货与缺货成本，以及订单处理时间和优化生产计划。

可靠性不仅仅是备货时间上的一致性，还是关于规则的与一致的备货时间，以及在安全和质量的均一性等条件下送达客户所订购的货物。安全交货是所有物流系统的最终目的，如前所述，物流功能是销售功能的终点。如果货物到达时受损或丢失，客户就不能按期望使用，从而加重客户方面的成本负担：存货、生产和营销成本。如果所收到的货物是受损的货物，就会破坏客户的销售或生产计划，这会产生缺货成本，导致利润或生产损失。因此，不安全的交货会使买方发生较高的存货成本或利润和生产损失。这种状况对致力于实施一定程度的零库存计划以尽量减少存货的公司是不能接受的。

可靠性包括订单的正确性。正在焦急等待紧急货物的客户、可能发现卖方发错了货。没有收到想要的货物的客户可能面对潜在的销售或生产损失等，不正确的订单使客户不得不重新订货，或客户会气愤地从此找另一供应商订货。如果客户是营销渠道的中间商，缺货状态也会直接影响卖方。

（3）沟通

对订货供应活动极其重要的两个活动是客户订购信息与定单供应和实际存货、拣货过程的沟通。在订货信息阶段，用 EDI 能减少订单信息传递到仓库接受时的错误，卖方应简化产品标识，如使用条型码，以减少订单挑拣人员的错误。然而，经常与客户保持接触与采用 EDI 同样重要。与客户的沟通对监控与可靠性相关的客户服务水平是非常重要的。与客户沟通与交流对物流服务水平的设计来说是基本的。交流渠道必须永远畅通，这只是主要的卖方对客户物流要求的外部限制条件。没有与客户的接触，物流经理就不能提供最有效和经济的服务，这就等于打球时物流经理并不知道它的比赛规则。然而，沟通是一个双向的过程，卖方必须能够传达客户重要的物流服务信息。例如，供应商应很好地通知采购方潜在的服务水平下降，使采购方做出必要的操作调整。此外，许多客户要求得到货物的物流状态信息，如有关发运时间、承运人或线路等问题，是常问及的问题。客户需要运输信息以便计划作业。

（4）方便性

方便性是指服务方式必须灵活多样。从消费物流服务的观点来看，所有客户对系统有相同要求。但是，企业在包装、运输方式及承运方面就必须确认客户的不同需求，为不同客户群设计适宜的服务水平，这样可以使管理者针对不同客户采取经济的方式满足其需求。

8.4.2 物流信息管理

8.4.2.1 物流信息管理的定义

物流信息管理是指运用计划、组织、指挥、协调、控制等基本职能对物流信息搜集、检索、研究、报道、交流和提供服务的过程，并有效地运用人力、物力和财力等基本要素以期达到物流管理的总体目标的活动。

8.4.2.2 物流信息管理的主要内容

物流信息管理就是对物流信息资源进行统一规划和组织，并对物流信息的收集、加工、存储、检索、传递和应用的全过程进行合理控制，从而使物流供应链各环节协调一致，实现信息共享和互动，减少信息冗余和错误，辅助决策支持，改善客户关系。最终实现信息流、资金流、商流、物流的高度统一，达到提高物流供应链竞争力的目的，其主要内容如下：

（1）政策制定

为了实现不同区域、不同国度、不同企业、不同部门间物流信息的互相识别和利用，实现物流供应链信息的通畅传递与共享，必须确定一系列共同遵守和认同的物流信息规则或规范，这就是物流信息政策的制定，如信息的格式与精度、信息传递的协议、信息共享的规则、信息安全的标准、信息存储的要求等，这是实现物流信息管理的基础。

（2）信息规划

信息规划即从企业或行业的战略高度出发，对信息资源的管理、开发、利用进行长远发展的计划，确定信息管理工作的目标与方向，制定出不同阶段的任务，指导数据库系统的建立和信息系统的开发，保证信息管理工作有条不紊地进行。

（3）信息收集

信息收集即应用各种手段、通过各种渠道进行物流信息的采集，以反映物流系统及其所处环境情况，为物流信息管理提供素材和原料。信息收集是整个物流信息管理中工作量最大、最费时间、最占人力的环节，操作时注意把握以下要点：首先，收集工作前要进行信息的需求分析。明确了解企业各级管理人员在进行管理决策和开展日常管理活动过程中何时、何处以及如何需要哪些信息，确定信息需求的层次、目的、范围、精度、深度等要求，实现按需收集，避免收集的信息量过大，造成人、财、物的浪费，或收集的信息过于狭窄影响使用效果等。其次，收集工作要具有系统性和连续性。要求收集到的信息能客观地、系统地反映物流活动的情况，并能随一定时间的变化，记录经济活动的状况，为预测未来物流发展提供依据。再次，要合理选择信息源。信息源的选择与信息内容及收集目的有关，为实现既定目标，必须选择能提供所需信息的最有效信息源。信息源一般较多，应进行比较，选择提供信息数量大、种类多、质量可靠的信息源，建立固定信息源和渠道。最后，信息收集过程的管理工作要有计划，使信息收集过程成为有组织、有目的的活动。

（4）信息处理

信息处理工作，就是根据使用者的信息需求，对收集到的信息进行筛选、分类、加工及储存等活动，加工出对使用者有用的信息。信息处理的内容如下：

①信息分类及汇总。按照一定的分类标准或规定，将信息分成不同的类别进行汇总，以便信息的存储和提取。

②信息编目（或编码）。所谓编目（或编码）指的是用一定的代号来代表不同信息项目。用普通方式（如资料室、档案室、图书室）保存信息则需进行编目，用电子计算机保存信

息则需确定编码。在信息项目、信息数量很大的情况下，编目及编码是将信息系统化、条理化的重要手段。

③信息储存。应用电子计算机及外部设备的储存介质，建立有关数据库进行信息的存储，或通过传统的纸质介质如卡片、报表、档案等对信息进行抄录存储。

④信息更新。信息具有有效的使用期限，失效的信息需要及时淘汰、变更、补充等，才能满足使用者的需求。

（5）数据挖掘

信息可区分为显性信息和隐性信息，显性信息是可用语言明确表达出来的、可编码化的信息，隐性信息则存在于人头脑中的个人的行为、世界观、价值观和情感之中，往往很难以某种方式直接表达出来或直接发现，也难以传递与交流，但隐性信息具有可直接转化为有效行动的重要作用，其价值高于和广于显性信息。因此，为了充分发挥信息的作用，需要对显性信息进行分析、加工和提取等，挖掘出隐藏在后面的隐性信息，这就是数据挖掘的任务。数据挖掘包括数据准备、数据挖掘、模式模型的评估与解释、信息巩固与应用等几个处理过程。首先通过数据准备对数据库系统中的积累数据进行处理，包括选择、净化、推测、转换、缩减等操作，然后进入数据挖掘阶段，依据有关目标，选取相应算法参数，分析数据，得到形成隐性信息的模式模型，并通过模式模型的评估与解释，依据评估标准完成对模式模型的评估，剔除无效、无用的模式模型，最后在隐性信息的巩固与运用中，对形成模式模型的隐性信息做一致性检查，消除其中的矛盾与冲突，然后运用数据分析手段对挖掘出的信息做二次处理，形成专业化、可视化、形象化的数据表现形式，这个过程是一个不断循环、反馈、完善的过程。

（6）信息传递

信息传递是指信息从信息源发出，经过适当的媒介和信息通道输给接收者的过程。信息传递方式有许多种，一般可从不同的传递角度来划分信息传递方式。首先是从信息传递方向看，有单向信息传递方式和双向信息传递方式。单向信息传递是指信息源只向信息接收源传递信息，而不双向沟通交流信息；双向信息传递是指信息发出者与信息接受者共同参与信息传递，双方相互交流传递信息，信息流呈双向交流传递。其次是从信息传递层次看，有直接传递方式和间接传递方式。两种传递方式的区别是信息源与信息接收者之间，信息是直接传递，还是经其他人员或组织进行传递。再次从信息传递时空来看，有时间传递方式和空间传递方式。信息的时间传递方式指信息的纵向传递，即通过对信息的储存方式，实现信息流在时间上连续的传递。空间传递方式指信息在空间范围的广泛传递。由于现代通信技术的发展，电视传真、激光通信、卫星通信等手段，为信息的空间传递创造了条件。最后从信息传递媒介看，有人工传递和非人工的其他媒体传递方式。

（7）服务应用

服务与应用是物流信息资料重要的特性，信息工作目的就是将信息提供给有关方面使用。物流信息的服务工作主要内容有以下几方面：一是信息发布和传播服务。按一定要求将信息内容通过新闻、出版、广播、电视、报纸杂志、音像影视、会议、文件、报告、年鉴等形式予以发表或公布，便于使用者搜集、使用。二是信息交换服务。通过资料借阅、文献交流、成果转让、产权转移、数据共享等多种形式进行信息的交换，以起到交流、宣传、使用信息的作用。三是信息技术服务。包括数据处理、计算机、复印机等设备的操作和维修及技术培训、软件提供、信息系统开发服务等活动。四是信息咨询服务。包括公共信息提供、行业信息提供、政策咨询、管理咨询、工程咨询、信息中介、计算机检索等，实现按用户要求收集信息、查找和提供信息，或就用户的物流经营管理问题，进行针对性信息研究、信息系统设计与开发等，帮助用户提高管理决策水平，实现信息的增殖和放大，以信息化水平的提高带动用户物流管理水平的提高。

案例分析

海尔集团的物流信息系统建设

为了与国际接轨，建立起高效、迅速的现代物流系统，海尔集团采用了 SAP 公司的企业资源计划系统（ERP 系统）和原材料网上采购系统（BBP 系统），对企业进行流程改造。经过近两年的实施，海尔的现代物流管理系统不仅很好地提高了物流效率，而且将海尔的电子商务平台扩展到了包含客户和供应商在内的整个供应链管理，极大推动了海尔电子商务的发展。

海尔物流的 ERP 系统共包括五大模块，即物料管理（MM）、制造与计划（PP）、销售与订单管理（SD）、财务管理与成本管理（FI/CO）。ERP 实施后，打破了原有的"信息孤岛"，使信息同步而集成，提高了信息的实时性与准确性，加快了对供应链的响应速度。如原来订单由客户下达传递到供应商需要 10 天以上的时间，而且准确率低，实施 ERP 后订单不但 1 天内完成"客户—商流—工厂计划—仓库—采购—供应商"的过程，而且准确率极高。

另外，对于每笔收货，扫描系统能够自动检验采购订单，防止暗箱收货，而财务在收货的同时自动生成入库凭证，使财务人员从繁重的记账工作中解放出来，发挥出真正的财务管理与财务监督职能，而且效率与准确性大大提高。

BBP 系统主要是建立了与供应商之间基于互联网的业务和信息协同平台。使用该平台既可以通过互联网进行招投标，又可以通过互联网将所有与供应商相关的物流管理业务信息，如采购计划、采购订单、库存信息、供应商供货清单、配额以及采购价格和计划交货时间等发布给供应商，使供应商可以足不出户就全面了解与自己相关的物流管理信息（根据采购计划备货，根据采购订单送货等）。

实施和完善后的海尔物流管理系统，可以用"一流三网"来概括。这充分体现了现代物流的特征："一流"是指以订单信息流为中心；"三网"分别是全球供应链资源网络、全球用户资源网络和计算机信息网络。整个系统围绕订单信息流这一中心，将海尔遍布全球的分支机构整合之后的物流平台使供应商和客户、企业内部信息网络这"三网"同时开始执行，同步运动，为订单信息流的增值提供支持。

资料来源：李联卫. 物流管理案例及解析 [M]. 北京：化学工业出版社，2015.

思考：结合案例分析物流信息系统的构成要素？

课后复习题

1. 企业物流的概念是什么？
2. 企业物流如何分类？
3. 企业物流有哪些特征？
4. 企业物流战略管理的特征有哪些？
5. 供应物流的概念是什么？
6. 总结供应物流的过程是什么？
7. 供应物流的模式有哪些？
8. 供应商选择有哪些原则？
9. 库存有哪些分类？
10. 库存的作用和弊端有哪些？
11. 库存管理的定义是什么？
12. 库存管理的主要形式有哪些？
13. 库存控制有哪些方法？
14. 仓库安全管理的措施有哪些？
15. 物流服务的定义是什么？
16. 物流信息管理的概念是什么？
17. 物流信息管理的主要内容是什么？

第 9 章

企业生产管理

学习目标

1. 掌握生产管理、生产战略、生产计划和全面质量管理的定义，企业生产能力的核算、制订生产计划的过程和质量保证体系的构建。

2. 理解期量标准、劳动定额、编制生产作业计划的方法、生产进度的控制和质量管理的基本方法。

3. 了解企业生产管理的基本内容和生产战略的制定等内容。

9.1 企业生产管理的基本内容

生产是人类社会创造财富的主要途径。生产是企业管理的基本职能，无论是传统制造业中，还是现代服务业，生产都是企业获得利润的重要源泉。制造业中，生产通常意味着企业从客户需求角度出发，通过内部管理人员的科学调控，改变物质资源形态，将其转变成具备使用价值的产品的综合性过程。而在服务业中，生产的产品变成了服务质量，通过对每个过程、每道工序的控制和测量，建立关于服务质量的完善体系，从而达到标准化。

生产管理是企业管理中的一个极为重要的子系统，其主要任务是通过计划、组织与控制生产系统，把投入生产过程的人、财、物和信息等生产要素，根据生产过程的要求，有效地结合起来，形成有机的体系。搞好企业生产管理就是为了更加低耗、高效、准时地生产合格产品，为客户提供更高品质的服务，从而提高企业经济效益，更好地为社会服务。

9.1.1 生产管理概述

9.1.1.1 生产管理理论的发展历史

在人类漫长的历史进程中，生产管理以多种多样的形式出现，最广为人知的是一些伟大古建筑的修建，如中国的万里长城、古埃及的金字塔等。然而，生产管理真正走向理论化、科学化却是从产业革命开始的。

（1）产业革命

随着英国蒸汽机的发明，欧洲大陆很快掀起了一股产业革命潮流，并很快传播到了北美洲。18世纪中叶，瓦特改良了蒸汽机，机器代替人工劳动时代的大幕拉开，蒸汽成为新的动力源，使得运输速度提高了20倍。1776年，亚当·斯密发表《国富论》，提出了劳动分工与专业化的优越性：工作范围的缩小可以提升熟练度；专业化减少了不同作业更换过程中的工具和原材料消耗；工作动作的简单化使开发更多机械成为可能。与此同时，工厂里的集中化生产试验逐步有序开展，生产管理作为一门科学开始受到重视。

（2）科学管理时代

产业革命后，机器代替了一部分人工，但如搬运等工作仍需人工操作，工人与资本家之间的矛盾导致工作效率低下，消极怠工情况屡有发生。为提高工作积极性，计件工资制和日薪制应运而生。1906年，泰勒在他的论文《金属切削工艺》中首次提出了生产管理的四方面责任，这就是之后被称为"科学管理原理"的最初观点。泰勒的思想主要体现在工资制度、组织结构、时间研究和劳资关系四个方面，"发挥每个人最高的效率，实现最大的富裕"成为泰勒科学管理理论的指导思想，即通过对单项作业的用时研究，找出最佳工作方法，从而加工成标准化的操作规程，并用这一规程去培训工人，使得每个工人都能掌握并熟练使用，最终使企业的整体效率达到最大。

（3）人际关系时代

科学管理理论使得工作效率大大提高的同时，也使得工人的劳动变得异常紧张、单调和劳累，工人不满情绪日益高涨，劳资关系愈加紧张。在这一背景下，梅奥教授于1924—1932年在美国西部电器公司的霍桑工厂组织了一系列实验，包括照明实验、福利实验、访谈实验和群体实验等。最终，实验结果指出了工人的工作态度和对工作意义的了解对工作效率会产生较大影响。人际关系学说将心理学和人类学思想引入生产管理，把管理理论研究的重点从物转移到人上来，对生产管理的实践产生深远的影响。

（4）管理科学时代

管理科学起源于第二次世界大战期间的运筹学。战时，运筹学被广泛应用于军事数据的数学分析，从而找出最优军事行动决策，之后逐渐应用于政府和工业的决策中。管理科学的主要方法是用数学模型来解释企业管理问题，并求出最优解，即解决方案，它为解决管理问题提供了新工具，使得企业管理结构更加完善，管理方式更加科学，因此至今仍是管理学科中十分重要的研究方向。

（5）日本生产方式

日本生产管理实践中最具代表性的就是丰田公司的生产方式。日本丰田公司在20世纪六七十年代针对本国市场需求总量小，但需求品种广的特点，开创了一条全新的发展道路。丰田公司生产方式认为库存实质上是一种浪费，为消除这一浪费、降低成本，同时调动员工生产的积极性，丰田创新性地采用准时生产制这一拉动型生产模式，最大限度地降低了库存，并缩短了生产周期，发展多品种生产线，提高了企业对市场需求的应变能力。看板管理、JIT（准时制）、作业标准化、现场管理等，极大地丰富了生产管理的内容。

（6）信息时代

随着信息和通信技术的进步，各国企业的管理方式与经营方法都发生了巨大变革。卫星通信、电子数据交换的发展，为全球性业务的开展提供了方便。同时，贸易壁垒的撤出，使得企业在世界任何地方都可以运用通信手段展开竞争。数据采集、存储、分析和归纳方面的改进，使得企业管理层次逐步减少，生产组织"金字塔"更加扁平化，产品生命周期相对缩短。另外，计算机技术的进步对企业的经营管理产生了更为重要的影响。它改变了企业的经营运作方式，也改变了生产过程控制的方式。一些计算机技术，如MRP能够根据市场需求预测和订单制订产品生产计划，然后计算出所需物料的量和需求时间，生成进度计划，从而确定加工进度和进货日程。

信息技术的应用，对制造业的生产组织产生了巨大的影响，使得企业管理流程更加完善，生产效率大大提高，生产成本逐步下降，为企业带来了更为丰厚的利润。

9.1.1.2 生产管理的概念

传统的生产管理主要研究的是制造业领域，但随着服务业的崛起，如何提高服务系统的效率和业绩也成为生产管理的研究内容之一。因此，生产管理主要涉及两大产业——制造业和服务业。对于制造业来说，工厂中的工程、技术、工作方式和日常生产活动的管理是主要研究方向。对于服务业来说，将服务质量类比于制造业中的产品质量，强调其标准化和统一化是生产管理要解决的问题。故而生产管理指的是通过合理组织生产过程，充分利用有限资源，对生产计划、生产组织和生产控制进行计划、组织和控制，以保证生产出满足社会和客户需求的产品或提供优质的服务，全面提高企业经济效益的综合管理活动。

从微观角度来看，企业的生产管理也可以指以生产合格产品或提供优质服务的生产过程为对象的管理，在企业中由生产、调度部门所管辖，如企业生产过程组织、生产作业计划、生产进度控制等工作。

9.1.1.3 生产管理的内容

从生产管理的概念中可以看出，生产管理主要包括计划、组织和控制三个方面的内容。

生产管理的计划内容主要指的是生产计划和生产作业计划，企业生产产品或提供服务过程中，产品或服务的品种、质量、生产进度、生产作业、技术组织措施等均属于计划内容。

生产管理的组织内容主要指的是为保障生产顺利进行所做的物质、技术准备工作，以及各类组织工作，如企业选址、工厂布局、工艺路线和方法的制定、生产类型的选择、生产过程和指挥系统的组织、劳动力的管理等。

生产管理的控制内容指的就是围绕生产而开展的所有管理工作。质量控制、效率管理、设备管理、库存管理、人员管理、制造管理等。

9.1.1.4 生产管理的基本原则

为了搞好企业的生产，保证各项工作顺利进行，达成预期目标，在生产管理的过程中，应该遵循以下原则：

（1）讲求效益原则

片面追求速度、产量，忽视质量、品质会导致消耗指标上升、利润下降，不符合企业所追求的经济效益。所谓经济效益指的是投入与产出之比。讲求效益原则就是要以最少的资金占用和劳动消耗，生产出尽可能多且好的产品或服务。具体来说应该做到以下3点：一是树立经济效益观念，及时更新管理理念，不断总结经验，坚持正确的经营指导思想。二是综合考量多种利益。不仅要协调好经济效益与社会效益的关系，在兼顾社会效益前提下尽量追求经济效益，还要处理好短期效益与长期效益的关系，立足当前，着眼长远。三是制定正确的生产政策。根据产品定位不同、市场需求不同，对不同产品采取最恰当的生产政策，均衡质量、效率与成本的关系，不可一味追求质量，对所有产品一刀切。如高档手机，目标群体最看重的是质量，那么生产政策就应遵循质量第一、成本第二、效率第三。而一般手机所针对的普通大众更加注重价格，则生产政策相应调整为成本第一、效率第二、质量第三。

（2）市场导向原则

市场经济要求企业应按照社会需要、市场需求、市场占有率来安排各类生产活动，市场永远是企业生产和管理的出发点和落脚点。因此，市场导向原则要求企业要了解、研究和适应市场，以市场为核心来组织生产活动和安排生产计划。

坚持市场导向原则，就要正确处理销售与生产之间的关系，由销售反向推动生产，生产为销售服务，这就需要企业尽力改变固有的生产模式和生产条件，以适应销售工作的推进，同时，一味追求销售服务，而忽视了企业的实力，也会导致成本过高，不符合效益原则。

坚持市场导向原则，就要不断提高生产管理对市场的适应水平。做好市场调研与预测，及时了解市场需求与动态，有针对性地开发新产品、拓展新业务，提升技术和人才储备水平，采用弹性制的生产组织方法，从而紧跟市场，满足目标群体需求。

坚持市场导向原则，就要不断调整企业产品结构，生产技术含量高、适销对路的好产品。反之，企业将积压大量产品、占用更多资金，有可能导致严重的债务危机。

（3）文明生产原则

文明生产指按照生产的客观实际条件，建立合理的生产管理制度，用科学的方式去组织生产活动，形成更为良好的生产环境和习惯。

文明生产首先应合理布局厂房、仓库、生产车间和设备，规范工作场地各类物品的摆放，疏通运输通道，设计科学的动线；其次要保持所有厂区工作环境的整洁卫生，美化环境，绿化厂区，各项废弃物的排放要符合国家要求，防治发生污染，影响产品质量和公共环境卫生；最后通过定期培训让员工养成良好的生产习惯，严格按照管理规程操作，杜绝粗放落后的生产方式所造成的资源浪费。

（4）安全生产原则

安全是一切工作得以开展的前提，企业生产过程中始终应该把安全理念放在首位。安全生产要求企业遵循国家相关劳动保护法律、法规，采取各类安全技术措施，加强员工劳动安全观念教育培训，制定详细的应急处理方案，保障工人劳动安全，防治各类事故的发生。

安全生产原则能够在一定程度上延长设备使用年限，提高员工的生产积极性，从而保障生产经营过程的顺利进行，保护企业财产免遭损失。因此，企业要坚持预防为主，安全第一，群管与专管有机结合，共同保障工人的安全生产。

9.1.2 生产战略

9.1.2.1 企业经营战略与生产战略

（1）企业经营战略

战略一词源于古希腊语，意思是"将军的艺术"，也就是指挥战争的艺术。后人们将战略引入商业领域中来表示企业对市场商务活动的指导，战略的含义延伸成为对全局有重要决定意义的、长期的、综合性的一系列谋划。企业的经营战略被定义为"在竞争环境里为企业确定长期目标，并选择实现这些目标的途径和取得竞争优势的方针对策所进行的谋划"。

企业高层管理的职责之一是开发和保持竞争力，而竞争力取决于所采用的企业经营战略。一个企业的经营战略对该企业的发展具有深远的意义，它决定了企业的使命和未来的发展方向，并且指导着企业内部各类长期和短期的决策。如图9-1所示的是企业经营战略制定的基本过程。经营战略的制定内部和外部两大环境的共同影响，内部环境包括企业文化、企业资源、优势与劣势等，外部环境包括社会状况、政治状况、经济状况、技术条件和市场状况等。企业高层需要综合评估内外部环境，做出最优战略选择。

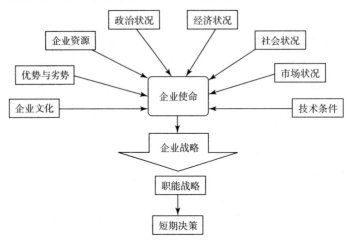

图9-1　企业经营战略制定过程

（2）企业经营战略与生产战略的关系

企业在经营过程中，经营战略不仅指出了开展业务的主要领域，并且详细说明获得所需关键资源的基本途径，以及怎样分配资源。因此，企业经营战略一般分为三个层次：公司经营战略、事业部战略和职能层战略。

①公司经营战略是最高层次的战略，决定了企业总体目标和经营方针，是着眼于长远，根据外部动态变化，不断做出资源分配调整的长期计划。

②事业部战略的主要任务是将公司经营战略结合本部特点详细化、具象化。即企业内部各个独立经营或核算的单位在总战略的指导下对自身的生存和发展所做出的谋划，目的是明确目标任务和竞争策略。

③职能层战略是按照职能分配和运用经营资源。大多数企业都要执行的主要职能包括市场营销、财务管理和生产运营。市场营销职能主要是瞄准目标群体，为满足消费者需求而服务；财务管理职能负责运营企业业务流程所需资源的获取和分配；而生产运营职能包括计划和管理企业生产期望产品或服务所需要的所有业务流程。因此，生产战略是企业经营战略中一个十分重要的组成部分，属于战略三层次中的职能层战略。

9.1.2.2　生产战略概述

（1）生产战略的概念

生产战略是根据企业所选定的目标市场和产品特点，在构造其生产系统时所遵循的原则及其一系列决策规划。

生产职能在企业战略中是最有价值、最核心的竞争武器,因为企业生产的产品或提供的服务是否符合消费者需求,很大程度上取决于生产职能是否健全。生产职能决定了公司的产品或服务的质量、成本和可获得性。质量的好坏是在生产过程中形成的;产品或服务的成本大多数也在生产过程中支出;而产品能否按约定时间交付,也由生产部门来决定。显然,生产职能的强弱会对企业经营战略的实现产生巨大影响。因此,生产战略的制定尤为重要,不仅需要认真评估公司的生产能力,更需要听取生产线上管理者的经验和意见,综合考量社会经济状况、技术发展和竞争者水平等信息,从而做出决策。

(2)生产战略的制定

生产战略的制定与营销战略有密不可分的关系,对于企业来说,了解市场需求,设计和产出有针对性的产品需要生产管理部门和市场营销部门密切配合,因此,生产战略与营销战略需要相互协调,最终才能保证企业经营战略的实现。

①生产战略的竞争重点。一项产品的竞争力主要由成本、质量、可靠性和柔性4个竞争重点决定。企业生产战略目标的确立需要从自身定位出发,结合内外部环境因素,在这四种竞争重点中寻求折中点。

成本竞争的重点在于保持产品质量和功能不低于市场平均水平的情况下,努力降低人工成本、资金成本和生产成本,以确立相对于竞争对手较大的成本优势。大多数市场上的消费者对价格都比较敏感,如果能做市场中价格最低的供应商,则会获得更多青睐。但这里的低成本并不意味着绝对低,而是相对的。只有低成本所带来的收益大于获取成本优势所需投资的情况下才能创造价值。

质量竞争需要企业能够持续提供具有明显超过市场同类产品优势的产品或服务,哪怕需要支出更多的成本也在所不惜。产品的质量竞争既要在设计质量上下功夫,也不能忽视产品的一致性质量。卓越的操作性能和使用性能,优良的售后服务,甚至必要的财务性支持都是产品的设计质量所涵盖的内容。如苹果手机以其流畅的操作系统和先进的外观设计著称,同时还支持分期付款和信用付款,赢得了众多消费者的喜爱。产品的一致性质量是指产品或服务符合设计规范的程度,主要靠企业严格的生产工艺来规范。

强调可靠性的企业会尽可能保证标准化产品不缺货,同时保证定制产品如期交付。企业能否在约定交货时间段内提供相应产品或服务,直接决定合作伙伴的忠诚度。如果上游供应商未按时提供原材料,则中游的生产无法按期完成,下游的销售更是无米之炊,这势必对企业造成巨大的财产损失,因此合作伙伴之间十分看重对方的可靠性,这也是维护企业客户资源的重要环节。

有较高的柔性的企业能够在合理的成本范围内,对市场需求变动迅速做出反应,调整产品的设计、品种和产量,并且具有较快的新产品开发速度。需求一路增长的状态下,企业的柔性作用体现不大,因为此时规模经济能够促使成本递减,企业有能力支撑新技术开发。但当需求下降时,规模相应缩小,企业难以轻松获得利润,甚至需要裁员、关店来降低成本,根本无力响应动态的市场需求。因此,预测和快速响应需求变动是生产战略的基本要求。

②竞争重点的协调。一个企业如果能在成本、质量、可靠性和柔性四个方面都表现上乘，则必将立于不败之地。然而由于自身资源和规模的差异，这种理想状态很难实现，企业通常不能满足消费者所有的需求。为了提高可靠性，在所有门店都保持足够的存货，势必导致经营成本的上升。类似地，为了保持低成本，在员工培训和设备储备方面降低投入，则可能致使企业的柔性程度不如竞争对手。

资源和能力的限制可能会使企业在制定生产策略过程中对四个竞争重点的侧重摇摆不定，但其实它们之间可以灵活转化。举例来说，自动化系统可以降低人工成本，增加企业的柔性竞争力，减少人为错误和偏差，拓宽企业生产能力，提升产品质量。所以在制造业中，采用自动化系统虽然在短时期内会造成成本上升、利润下降，但从长远来看，对企业的发展更为有利。如果企业确无流动资金可供更新设备，也可以采用准时制生产方式，保持低存活率，降低存储成本，进而拓宽生产能力，使产品更有竞争力，同时小批量的生产也可以保证产品质量，提高企业信誉。

故而，企业需要综合考量四个要素的相对重要性，而做出一定程度的折中，最终才能保证生产战略的实现。

（3）新时代企业的生产战略

信息科学技术的发展推动了信息传播的速度，也为各地区、各国之间的商业贸易架设了桥梁。随着贸易领域的扩大，统一行业内竞争者的数量不断增加，各企业之间为了争夺市场份额，扩大销售量，纷纷转变生产战略，表现最为突出的是产品战略、生产经营一体化战略和动态联盟战略。生产战略的内容已不仅限于生产领域，而是逐步与市场营销、人力资源和信息技术等领域相结合，融合出一些新的发展方向。

①产品战略。这里的产品战略指的是与生产战略相关的产品竞争战略。生产战略是为了让企业生产出更多更好的产品，这类产品首先要达到市场资格标准（market-qualifying criteria），即满足企业参与竞争的资格要求，属于符合用户需求的范畴。但随着市场竞争愈演愈烈，产品更需要达到赢得订货的标准（order-winning criteria），即自身产品需要有区别于竞争对手的突出特点，属于超出用户期望的意想不到的满足、愉悦的范畴。围绕这一目标，出现了三种产品竞争战略：成本领先战略、差异化战略和集中一点战略。三种战略的本质都是为了使产品具有超出基准水平、有别于竞争对手的独特功能。基于这类产品战略，生产战略也需要做相应的调整和配合。

②生产经营一体化战略。多数企业现行的管理系统是按照专业分工划分职能部门，各司其职。这样做的好处在于专业化程度高，能有效提升各部门运作效率。而缺点就是各部门内部管理体系、风格差异大，部门之间较难沟通配合，遇到需合作解决的问题时往往在协调上浪费过多时间，面对瞬息万变的市场，其反应迟缓、灵活应变能力差。

20世纪90年代，美国著名管理学家迈克尔·哈默和詹姆斯·钱皮在《企业重构——企业革命宣言》中提出业务流程重组（business process reengineering, BPR），它指的是"对企业的业务流程做根本性的思考和彻底重建，其目的是在成本、质量、服务和速度等方面取得显著的改善，使得企业能最大限度地适应以顾客、竞争、变化为特征的现代企业经营环境"。即提倡打破"分工论"，以面向经营过程设置企业的组织结构，实现企业的重组。在BPR思想的影响下，生产经营一体化管理逐步走向成熟。生产经营的一体化管理就是通过改造组织机构，借助信息技术，将产品开发、供应采购、市场销售、资金筹措和成本核算等独立职能集成为协调统一的生产经营体，从而提高管理的有效性。典型代表就是物资需求计划和企业资源计划（enterprise resource planning，ERP）在企业管理中的应用，对生产战略产生了深刻的影响。

③动态联盟战略。多样化的市场需求要求企业必须不断增强生产系统的柔性，但柔性生产系统对快速变换的生产对象适应能力非常有限。既然在企业内部无法实现"大且全"，那就需要寻求外部合作。特别是在全球经济一体化的背景下，具备建立和保持协作管理的能力至关重要，企业动态联盟应运而生。

动态联盟战略是指为了快速响应某一市场机遇，通过信息高速公路，将产品涉及的不同企业临时组成一个没有围墙、超越空间约束、靠计算机网络联系、统一指挥的合作经济实体。这种临时性、动态性的联盟能让成员企业将投资和管理的主要精力集中于自身优势领域，依靠其他成员提供自己尚不具备的能力，共同开发业务，分享成果，对市场机遇能做到快速响应，优势互补的同时增强了自身的应变能力。

9.1.2.3 产品设计

创新通常是企业获得竞争优势的常用方法，企业有优势产品可供生产、销售，这是企业所能拥有的最大战略优势，也是生产战略想要实现的目标之一。产品的设计直接影响公司在市场上能否获得成功，也影响着企业在消费者和公众心中的形象。产品的设计过程是选定产品使用的材料，确定产品尺寸、公差和外形，设定性能标准的过程。如果设计不符合市场需求，或是生产成本过高，或者设计耗时过长，使竞争者优先进入市场或者推出更优性能的产品，就会给企业带来无可挽回的损失。所以，产品设计是企业生产管理中的重要一环。

（1）产品概念的产生

新产品诞生始于创意。创意是企业从自身资源和市场需求两方面出发所提出的关于新产品的构思和设想。新产品的创意来源十分广泛，大致有以下几类：

①用户调查（问卷、访谈）、售后服务记录。

②一线工人、销售人员、中间商。

③各类机构的发明专利、学术研究成果、研发成果。

④解剖工程（reverse engineering）。解剖竞争对手的产品，经过认真研究后改进自己的产品，常用于汽车制造公司。

⑤比较基准（benchmarking）。将其他优秀企业的产品和生产水平作为学习和赶超目标，通过不断对比发现差距，学习成功经验和好的技术、方法，促进本企业的发展。如麦当劳

的方便、干净和快捷；一汽大众的卓越开发能力，都可以作为企业的比较基准。

（2）可行性研究

经过第一阶段的调研，找到新的产品概念后，还需要对这些概念进行筛选。可行性研究就是通过对新产品概念的经济、技术和市场环境分析，完成筛选过程。它遵循的主要原则有：

①经济原则。新产品所需投资的数额、风险程度、回报率、预期生命周期等，围绕新产品的经济合理性展开分析。

②生产技术原则。生产技术的可行性、与现有生产体系的兼容性、设备和人工的需求，以及供应商状况等，围绕产品制造的可能性展开分析。

③市场原则。竞争环境、市场需求与规模、营销要求（主要是促销和分销渠道要求）等，围绕产品设计的必要性展开分析。

（3）初步设计

初步设计是为技术设计做准备，主要包括以下内容：

①画产品结构和外观草图。

②定义产品技术规格，确定各组成部件和结构。

③设计样品，进行样品性能和质量试验。

④修改样品，再次试验。

⑤生产管理部门确定产品生产的工艺、过程、技术性能和所需材料。

（4）技术设计

产品在技术设计阶段就定型了。有了初步设计的基础，技术设计中会确定新产品部件的详细结构、尺寸，并计算出产品的技术经济指标。这一阶段，新产品的总图、结构装配图和设计计算说明书均需完成。同时要继续做试验工作，所有的新技术、新工艺、新材料和新结构等都要经过严格的试验研究。

（5）工作和生产过程设计

工作和生产过程设计是产品设计的最后一步，最终呈现的结果是可以直接用于生产的指导性文件，内容大致包含：零件工作图（包括尺寸、材料、公差和技术要求）、零部件和备件的明细、原材料明细、外购件明细、所需工具和设备、生产操作指南、作业和组装流程、工作描述文件等。

9.1.3 生产计划

大部分管理活动都与计划的制订和执行有关，计划常作为组织动员成员的目标，协调成员活动的纲领，以及衡量成员业绩的依据。好的计划不是要求每个人在工作的每时每刻都在忙碌，而是保证所有人的努力都是为实现最优目标做贡献。在整个生产体系中，有效的生产计划对成功的生产管理影响重大。生产计划是用来表达计划期内各制造单位负责生产的总产出。其中包括目标的设立、为实现目标必须执行的活动、每个活动的提前期估计，以及单项工作的开始时间。

9.1.3.1 生产计划的层次

生产计划的内容复杂，具体来说可以划分为 3 个层次，即长期生产计划、中期总生产计划和短期主生产计划，三者之间的关系如图 9-2 所示。

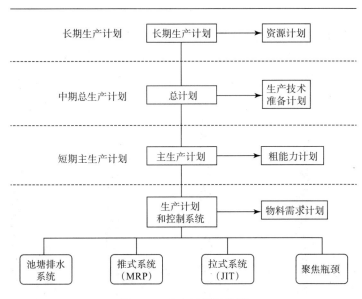

图 9-2 生产计划层次图

长期生产计划由企业的运营/生产副总裁来制订，主要包含工厂场地、布局、规模、设备生产能力、供应商计划和加工改进计划（新技术、新流程、新系统的引进和应用）等方面内容，对中期总计划和短期主生产计划具有约束作用。

中期总生产计划由生产部门经理来制订，包含雇佣员工、员工管理制度、库存管理、设备维修、物料供应等。

短期主生产计划是生产成品的短期计划，用来驱动生产计划和控制系统。主生产计划有工厂经理制订，决定了成品的生产数量和时间。

生产计划和控制系统是关于制造零部件、物料采购、车间和劳动力等的短期计划，有池塘排水系统、推式系统、拉式系统和聚焦瓶颈四种类型。

9.1.3.2 总生产计划

总生产计划在生产管理中是必需的，因为它规定设备满负荷运作，使低负荷和超负荷最低化，从而减少了生产成本；能够根据顾客需求的变动制定系统化的生产变动计划；能将现有资源合理运用以获得最大产出。具体来说，总生产计划制订的步骤如下：

①对单个产品进行销售预测，即一段时间内计划生产水平条件下所销售产品的数量。
②所有单个产品的预期加总成一个总需求。
③将总需求转换为所需原材料、机器、工人数量和其他生产要素。

④制订选择性的资源计划，供应总需求做需要的生产能力。

⑤从所有选择中甄选出最能满足总需求的生产能力计划。

总生产计划制订过程中一些核心环节影响着计划的成功与否，尤其是总需求和生产能力，下面将对这两个环节进行详细介绍。

（1）总需求

制订总生产计划的第一步就是需求预测。通过需求预测，可以评估每一生产阶段可能的需求产品数量，为后期制定详细计划提供依据。如图9-3所示是某家电企业一年生产计划的总需求，它将3种独立产品的需求预测按照季度划分加总在一起形成所有产品的总需求。

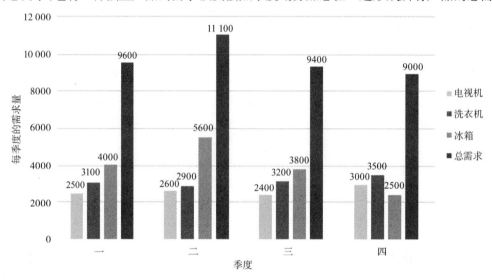

图9-3　某家电企业一年产品需求预测

当生产不同的产品时，总需求的表示不能单纯按照件数来表示，此时产品单位可以从件/月转换称为劳动或机器小时，或者其他更好衡量生产能力的单位。例如，一台洗衣机需要20个机器小时。产品的总生产计划就相应变为每个时间段内生产预期数量的几种产品所需要的总劳动/机器小时数。

（2）生产能力

企业的生产能力是指在一段时期内（通常为1年），企业全部生产性固定资产在一定的技术条件下，经过科学管理后，所能生产一定种类和质量的产品的最大数量。生产性固定资产是企业中直接参与生产的固定资产，包括设备、机器、厂房等。

①生产能力的影响因素。影响企业生产能力的因素众多，诸如产品种类、工艺复杂程度、生产组织方式、设备条件（精度、数量和工艺方法）、质量要求、劳动者文化水平和工作熟练程度等。其中，影响最大的3个因素分别是生产性固定资产的数量、生产效率和工作时间。

- 生产性固定资产的数量。是指企业所有能用于生产的机器、设备的数量，以及厂房和其他生产所用建筑物的面积。它只包括正在使用的、修理的、安装的、待安装的机器设备，数量越多，代表企业的生产能力越大。

- 生产性固定资产的生产效率。指单位机器设备的产量定额或单位产品的台时定额。生产效率越高，企业的生产能力越大。
- 生产性固定资产的工作时间总数。指机器设备的全部有效时间和生产面积的全部利用时间。一些企业全年连续生产，则

有效时间 = 全年的天数 × 每天的工作时数 − 设备维修停工的时数

如果是间断生产的企业，则

有效时间 =（全年的天数 − 休息天数）× 日工作班次 × 每班工作时数 ×（1− 设备停工率）

②生产能力的核定。摸清影响生产能力的3个因素之后，就可以进行生产能力的核定。核定先从机组着手，再核算车间，最后可以可算出企业整体的生产能力。

- 机组生产能力。根据生产产品的复杂性分为单一产品的机组生产能力和多种产品的机组生产能力。

单一产品机组的生产能力：

单一产品机组的生产能力 = 机组设备数量 × 单位设备有效工作时间 × 单位设备产量定额

或者 = 机组设备数量 × 制度工作时间 ×（1− 设备停工率）÷ 单位设备台时定额

多种产品机组的生产能力：多种产品机组的生产能力有标准产品法、假定产品法和代表产品法3种计算方式。

标准产品法——将不同品种的同类产品换算成标准产品，然后用单一产品生产能力的公式来计算。

假定产品法——适用于品种多、生产批量小、工艺差别大，无法确定标准/代表产品的情况。它是按照各类产品的工作量比重构成一种不存在的统一的计量单位，从而核定各类产品的生产能力的一种方法，具体分为三个步骤：第一，假定产品的台时定额 = $\sum_{i=1}^{n}$ 产品的台时定额 × 该产品产量占假定产品总产量的百分比；第二，假定产品生产能力 = 设备台数 × 单位机器设备年有效工作时间 ÷ 假定产品台时定额；第三，机组计划各类产品生产能力 = 假定产品生产能力 × 该产品产量占假定产品总产量的百分比。

具体计算过程参见例9-1。

【例9-1】某厂生产A、B、C 3种产品，这3种产品的计划产量分别为250、100和150件，3种产品在加工车间车床组的台时定额分别为180、150和100台时，该机组共有20台生产设备，每台全年有效时间为2700小时，试用假定产品法求该机组各类产品的生产能力。

根据已知条件，可以算出假定产品总产量为250+100+150=500件，用A、B、C 3种产品的计划产量除以假定产品总产量，即可得3种产品占假定产品总产量的比重分别为50%、20%和30%。

第一步：假定产品的台时定额 =180×50%+150×20%+100×30%=150（台时）

第二步：假定产品生产能力 =20×2700÷150=360（件）

第三步：A产品的生产能力 =360×50%=180（件）

B产品的生产能力 =360×20%=72（件）

C产品的生产能力 =360×30%=108（件）

代表产品法——从多种产品中选择一种具有代表性的产品作为计算单位来核定设备组生产能力的方法。其步骤也是分为3步：第一，确定代表性产品，一般选择产量较大、或占用劳动量较多，或在结构和工艺上具有代表性的产品；第二，计算代表产品生产能力，用单一产品机组生产能力的计算公式；第三，计算各类产品生产能力，即代表产品生产能力 × 该产品产量占计划总产量的百分比。

● 车间生产能力。车间生产能力的计算重点在于对各机组生产能力之间的平衡，先抓住主要、核心机组和设备的生产能力，使其他机组和设备的生产能力与之相平衡，平衡后的生产能力就是车间的生产能力。

● 企业整体生产能力。企业整体生产能力的计算也是对车间生产能力的平衡和协调。主要抓两个方面：各基本车间生产能力的平衡；基本车间与辅助车间，以及其他生产环节之间能力的平衡。同样也是从主导车间入手，充分利用主导车间的能力。

总之，企业生产能力的核定是从各机组能力的判别入手，以核心机组、设备和车间的生产能力为核心，在所有环节之间寻求平衡点的过程。

9.1.3.3 主生产计划

主生产计划（master production schedule, MPS）用来确定短期（常以周为单位）计划水平线完成的每一个最终品目的数量。最终品目可以是成品或被运来作为最终品目的零件。生产运营经理每个周期查阅顾客订单、市场需求预测、库存水平、生产能力和设备状况从而制订主生产计划。主生产计划要实现的目标有两个——依照承诺完成最终品目生产；设备负荷合理化，避免过重提高设备维修和报废率，过轻浪费资源，而造成的生产成本上升。

（1）制订主生产计划的步骤

典型的主生产计划形如一个矩阵，第一行是周数序列，以下表示的是最终物品的数目表，表中的数目对应某一周应完工的某一个最终物品的产量，行号代表品名，列号表示周数。制订主生产计划的步骤如下（图9-4）。

①根据顾客订单、需求预测、生产能力和库存状况确定每个最终项目的生产预测，并计算总需求。

②编制MPS初步计划。掌握几个关键数据：时区与时界、计划接收量、预计库存量、安全库存量、

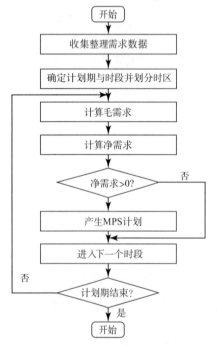

图9-4 编制MPS初步计划的步骤

净需求量和毛需求量。

- 时区与时界（Time Zone & Time Fence）。MPS将计划展望期划分为3个时区，如图9-5所示。

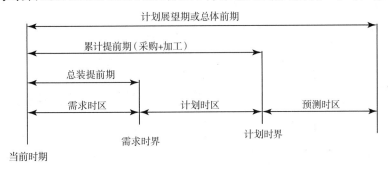

图9-5　MPS的时区与时界

- 计划接收量（scheduled receipts）。也称预计入库量，指在给定计划周期内项目预计完成的数量。未完成的生产订单和未到货的采购订单也都属于到货日期的计划接收量。
- 预计可用库存量（projected on-hand inventory, POH）。是指需求已被满足后剩余的、可利用的库存量。其公式

本周末 POH= 上周末 POH+ 本周计划接收量 – 本周毛需求量 + 本周计划产出量

- 安全库存量（safety stock）。指库存的最低限度。
- 净需求量（net requirement）。指任意给定计划周期内某项目的实际需求量。其公式为

净需求量 = 本周期毛需求量 – 前一周期末可用库存量 – 本周期计划接收量 + 安全库存

- 毛需求量（gross requirement）。指给定计划周期内项目的总需求量。

③确定主生产计划的生产量和生产时间，得出粗能力计划。粗能力计划（rough-cut capacity planning）是 MPS 的初始模型，是为了检测生产能力是否有超负荷或者低负荷的情况，如果有则及时修正 MPS。

④修正粗能力计划，得到最终的主生产计划 MPS。

（2）安排主生产计划的方法

①大批量生产型安排方法。这类企业生产的特点是产量稳定、品种单一。在需求较为稳定时，可采取的方法有以下 4 种：

- 平均分配法。把年计划产量平均分配到每月、每周、每天。适合全年需求量稳定，无明显波动的情况。
- 分期递增法。把年计划产量分段逐步增加地安排到每季、每月。适合市场需求稳步上升的情况。
- 小幅度连续递增法。把年计划产量不断小幅度地增加，安排到每季、每月生产。适合市场需求小幅度递增，企业生产技术、工艺、工人熟练程度逐步提高的情况。
- 抛物线递增法。把年计划产量按照开始快，随后慢，逐月提高，渐渐趋缓至平和的方法安排。适合于企业新产品上市，逐步打开市场，销售量增加的情况。

这 4 种安排方法如图 9-6 所示。

安排方法 \ 平均月份日产量 \ 季度	一			二			三			四		
	1	2	3	4	5	6	7	8	9	10	11	12
平均分配												
分期递增												
小幅度连续递增												
抛物线递增												

图 9-6 大批量生产型安排方法

在需求量不稳定时，安排方法有以下 3 种：

- 均衡安排法。产品需求有季节性波动，但均衡安排生产，靠库存和外包来调整生产。当产量大于需求量时，则将多余产品存起来作为库存；当产量小于需求量时，则使用库存或者直接外包采购来满足需求。
- 变动安排法。按照需求调整工时安排生产，生产量与需求量基本吻合，没有库存、外包情况。
- 折中安排法。上面两种方式的结合。生产量尽量符合需求量，如果有脱销或者盈余，则用库存和外包来解决。

②成批生产型安排方法。此类型企业产品品种多，成批、定期或不定期生产产品。安排生产进度时，既要合理安排各季、各月产量，而且要组织各季、各月不同产品搭配生产。怎样选择和确定较为合理的品种搭配方案是重点。安排时要注意："细水长流"生产企业的主流产品；"集中轮番"生产产量较少、类型相同的产品；合理搭配复杂与简单、大型与小型等差异较大的产品生产；尽量使得各季、各月产品生产量与该种产品生产批量相等或者成倍数，以方便管理。

表 9-1 是典型的成批生产型主生产计划安排。该厂共生产 5 个大类 10 个品种的产品，其中 A 和 B 是主流产品，生产计划均匀安排在全年；C1 和 C2，D1、D2 和 D3，E1、E2 和

E3 分别属于 3 个大类的同类型产品，C1 和 D1 是老产品，C2 和 D2 是新产品，将所有新老产品合理搭配，更好地完成全年生产任务，提升企业经济效益。

表 9-1 成批生产型主生产计划安排表

序号	产品名称	全年计划任务	一			二			三			四		
			1	2	3	4	5	6	7	8	9	10	11	12
1	A	600	35	35	40	40	40	50	50	50	60	60	70	70
2	B	420	30	30	30	30	35	35	35	35	40	40	40	40
3	C1	60	20	20	20									
4	C2	60			5	15	20	20						
5	D1	110	15	15	15	15	15	15	5					
6	D2	80								10	15	15	20	20
7	D3	160	40	40	40	40								
8	E1	30										10	10	10
9	E2	36								12	12	12		12
10	E3	75							25				25	

9.1.3.4 生产计划和控制系统

主生产计划制订完成后，产品的运送时间、运送量就一目了然了。这时需要考虑另一个问题，即怎样安排原材料的供应、配件和零件的生产，还有其他生产前需要做的准备工作，这就需要借助生产控制系统。这里介绍 4 种生产计划和控制系统的方法：池塘排水系统、推式系统、拉式系统和聚焦瓶颈。

（1）池塘排水系统

池塘排水系统的核心在于储存一定量的原材料以维持生产。当在制品库存接近 0 时，系统会安排原材料库存投入生产，维持产品生产。当原材料库存耗尽时，系统会向供应商继续订购原材料。整个系统起源于原材料库存，是个类似池塘排水的供应体系，为了保证企业不缺货，持续订购原材料保证成品生产，即使因此造成库存成本上升也在所不惜。这种系统的好处在于缺货成本低，顾客满意水平高。缺点在于库存成本较高，且是一种自上而下的系统，在生产期间，整个体系的信息沟通较少，尤其是市场需求变动未被考虑在内，造成整个生产系统反应迟钝。产品需求真正随机的状况下，因为需求无法被切实预测，这种系统反而能发挥最大功效。

（2）推式系统

推式系统也是一种自上而下的生产控制系统。它的定义是"制造零件并将其送入下一个需要他们的阶段或库存，这样根据计划表使物料经过生产的各阶段。"即当有需求时，企业就订购成批的原材料，在工厂制成配件或组件后，运入装配线，装配成成品，然后运送给顾客。原材料的采购推动着其他批次依次生产,物料流被一系列的生产计划安排和控制。举个例子,如果有个100件产品的订单要求必须在5月30日交货,这批货物需要经过4个生产阶段,且每个阶段都大约需要花费一周时间,则可以按照表9-2所列安排计划表。

表9-2 推式系统生产计划表

生产阶段	开始日期	结束日期
购入原材料	5月3日	5月9日
生产零件	5月10日	5月16日
制造组件	5月17日	5月23日
装配成品	5月24日	5月30日

推式系统与池塘排水系统相比,能够大量减少原材料库存,且能更好地利用机器设备和人工。

（3）拉式系统

拉式系统即典型的准时生产（JIT）或精益制造系统。拉式系统与以上两种系统截然相反,它的主要目标在于减少每一阶段的库存水平。它是一种自下而上的生产方式,以市场需求为依据,采用拉动式的生产模式,只看下阶段需要什么,本阶段就生产什么,既不超量也不超前。产品直接从生产的上游进入下游,阶段之间几乎没有库存。

为了达成没有库存的目标,生产过程中每个运送节点都必须准确无误,每件产品都必须达到标准。这就对企业的管理水平有超高的要求。因此JIT在生产集中、规模较小的工厂和重复式制造中应用得比较成功。重复式制造就是沿着生产线制造标准化产品。

拉式系统的优势十分突出,低库存、高效率、高质量、低成本使得它在现代企业生产中十分流行。

（4）聚焦瓶颈

瓶颈即生产和控制过程中因生产能力低于上游或下游从而阻碍整个生产系统运行的某些阶段或环节。歌德瓦特博士首先提出了约束理论,他认为生产瓶颈是影响生产系统效率的主要因素,生产计划和控制的过程就应该先衡量主要操作的生产率,发现比其他操作慢的环节（即瓶颈）,然后组成团队研究出提高瓶颈生产率的方法,直至解决问题,再开始下一个循环,如此往复就可以提高整个企业的生产率。

歌德瓦特博士还开发了一种计算机软件——最优生产技术（optimized production technology,OPT）。OPT非常适合工艺复杂的专业化环境,给定OPT一个组合产品,它就能迅速发现生产流程的瓶颈,继而相应地安排人力、物力去提高瓶颈的生产率。

与其他3种形式的生产计划和控制系统相比,聚焦瓶颈所持有的理念更加进步,也代表着未来的一种发展方向,尤其是与计算机技术的深度结合,必将推动理论方法的更新和发展。

9.2 企业生产管理的关键内容

在了解生产管理的基本知识后,我们将围绕生产管理的计划、组织和控制三大基本内容,选择其中最为关键的生产作业计划与控制、劳动管理和质量管理进行详细阐述。这3个部分是生产管理最为核心、最重要的环节,对整个生产系统的运行起着举足轻重的作用。

9.2.1 生产作业计划与控制

生产作业计划是生产总体计划的具体执行方案,是总计划的补充和继续,也是指导日常生产活动的行动纲领。而生产作业控制是为了确保生产作业计划的顺利进行。企业需要有合理的生产作业计划,并进行严格的生产作业控制,生产活动效率才能得到提升。

9.2.1.1 生产作业计划

生产作业计划根据年度生产计划规定的产品品种、数量及大致的交货期的要求对每个生产单位,在每个具体时期内的生产任务做出详细规定,使年度生产计划得到落实。与生产计划相比,生产作业计划具有计划期短、计划内容具体、计划单位小3个特点。做好企业的生产计划需要将长期计划与短期计划有机结合,生产作业计划就是短期计划的重要组成部分。它的任务是保证生产计划的实现、合理组织企业的生产过程、建立良好的生产和管理秩序、实现均衡生产。因此,生产作业计划工作要求要及时、严肃、科学,且要有有预见性、制定过程要民主,听取一线工人的意见。

(1)生产作业计划的主要内容

①核算生产能力与生产负荷,寻求生产负荷与生产能力之间的平衡。

②制定期量标准。期量标准是指工业企业为了科学地组织生产活动和编制生产作业计划,在生产数量和生产期限上给制造对象规定的标准数据。即科学地规定各生产环节之间在数量、时间上的联系与比例关系。正确的期量标准,是编制生产作业计划、进行生产作业控制的重要环节,也是企业生产科学化、标准化的基础。

③制订具体的生产作业计划,细致到每一环节,规定各项作业的顺序。

④日常生产派工,搞好现场管理,保持良好的生产环境。

(2)期量标准的制定

期量标准的制定在大批量生产型企业、成批生产型企业、小批量生产型企业中各有不同。

①大批量生产型企业。大批量生产型企业的期量标准制定主要是在3个方面——在制品定额、节拍、流水线的标准指示图标。

• 在制品定额。在制品指企业正在加工生产但尚未制造完成的所有零部件、毛坯的总称。大批量生产型企业中,为了保证生产系统的通畅,不至于因为缺货造成下游生产环节停产，需要保有一定量的在制品。但如果在制品数量过多，又会造成流动资金被占用、库存积压等问题。因此，在制品的数量需要合理的界限，这个界限就是在制品定额。在制品定额有流水线内部和流水线之间两大部分。流水线内部的在制品定额由工艺在制品定额、运输在制品定额、工序间流动定额和保险在制品定额四类构成。流水线之间的在制品定额则由库存流动在制品定额、运输在制品定额和保险在制品定额构成。

工艺在制品定额——在流水线上正在加工、装配和检验的在制品数量。它取决于工序数、每道工序工作地数和每个工作地同时加工的零件数。计算公式为

$$Z = \sum_{i=1}^{m} sg$$

式中，m 指工序数；s 指每道工序工作地数；g 指每个工作地同时加工的零件数。

运输在制品定额——各道工序之间在运输过程中的在制品数量。在传送带上运输的在制品计算公式为

$$Z = \frac{L}{L_1} n$$

式中，L 指传送带长度；L_1 指产品长度；n 指运输批量。

在车辆上运输的在制品计算公式为

$$Z = (m-1)n$$

式中，m 指工序数；n 指运输批量。

工序间流动定额——每道工序的生产率都有不同，为平衡前后两道工序之间的生产率，需要有一部分的在制品，这些在制品数量就是工序间的流动定额。如果前道工序生产率高于后道工序，则前道工序生产一段时间后需要停下来，以便后道工序把积存的在制品消耗掉；如果前道工序生产率低于后道工序，则前道工序需要提前开工，以便生产足够后道工具消耗的在制品。其计算公式为

$$Z = \frac{TS_{上}}{t_{上}} - \frac{TS_{下}}{t_{下}}$$

式中，T 指相邻两道工序同时工作的时间；$S_{上}$、$S_{下}$ 指上、下两道工序在 T 内的工作地数目；$t_{上}$、$t_{下}$ 指上、下两道工序的单件加工时间。

保险在制品定额——为了防止偶然事件发生，保证生产系统不中断而必须持有的在制品数量。其计算公式为

$$Z = \sum_{i=1}^{m} \frac{T}{t}$$

式中，m 指工序数；T 指工序从发生事故到恢复正常所需时间；t 指单件加工时间。

流水线内的在制品定额等于以上四种定额的和。

前后流水线节拍一致时，流水线之间的在制品定额只与运输中的在制品定额和保险在制品定额相关；前后流水线节拍不一致时，要再加上库存流动在制品定额。计算方法与流

水线的在制品定额一致。

● 节拍。生产节拍也称客户需求周期、产距时间，是指在一定时间长度内，总有效生产时间与客户需求数量的比值，是客户需求一件产品的市场必要时间。其作用主要体现在对生产节奏的调控上。计算公式为

$$T = \frac{T_a}{T_d}$$

式中，T_a指的是总有效生产时间；T_d指的是客户需求数量。

例如，某工厂生产时间为每天8小时，其中包括30分钟的午餐时间，2次15分钟的休息时间，10分钟的交接班时间，还有10分钟的设备维护时间，则该厂一天的总有效生产时间为480-30-2×15-10-10=400（分钟），当客户的日需求量为400件时，其生产节拍是1分钟，因此需要将每个产品的生产时间限定在1分钟之内才能满足客户需求。

生产节拍与生产周期不同，生产节拍实际是一种目标时间，是随需求数量和需求期有效工作时间的变化而变化的，是人为制定的。节拍反映的是需求对生产的调节，如果需求比较稳定，则所要求的节拍也是比较稳定的，当需求发生变化时节拍也会随之发生变化，如需求减少时节拍就会变长，反之则变短。生产周期则是生产效率的指标，比较稳定，是受到一定时期的设备加工能力、劳动力配置情况、工艺方法等因素影响决定的，只能通过管理和技术改进才能缩短。

● 流水线的标准指示图表。流水线上的工作稳定、简单，按照生产节拍和单件时间的长短，计算每道工序的工作地数目和每个工作地的负荷，在考虑多床看管或工序兼做的情况下，即可确定每道工序所用工人数。根据这个流程来绘制流水线的标准指示图表，作为流水线的工作班次作业计划。

流水线的标准指示图表按照连续流水线和间断流水线分别编制。

连续流水线标准指示图表编制较简单，因为其生产对象品种相对单一，工作节奏较为稳定，效率比较协调，只需要规定工作和间断的时间即可。如图9-7所示就是典型的连续流水线标准指示图表。

流水线特点	小时								间断次数	间断时间（分钟）	工作时间（分钟）
	1	2	3	4	5	6	7	8			
装配简单产品			■		中间休息		■		2	20	460
装配复杂产品		■		■	中间休息	■			3	30	450
机械产品（周期长）		■		■	中间休息	■		■	4	40	440
机械产品（周期短）	■		■	■	中间休息	■	■	■	6	60	420
焊接、热处理		■	■	■	中间休息	■	■	■	6	60	420

图9-7 连续流水线标准指示图表

间断流水线上的各工序节拍与流水线节拍不同步，需要用看管周期流动在制品占用量来平衡工序之间的生产率，所以在编制图表时，要根据不同工序、工作规定相应的工作时间和程序，使得每个工人的负荷尽量达到均衡，同时还要规定看管周期流动在制品的占用量定额。

②成批生产型企业。是指对多种产品进行轮番、成批地生产。这类企业需要解决的主要问题是如何合理搭配品种成批轮番生产，才能使生产有节奏地进行。其期量标准主要有批量、生产间隔期、生产提前期、生产周期和在制品定额。在制品定额对生产作业计划的制订影响较小，在此不予讨论。

- 批量和生产间隔期。批量指同时投入或出产的相同产品的数量。生产间隔期指前后两批相同产品投入或出产之间间隔的时间。这两者之间的关系是：批量＝生产间隔期 × 平均日产量。批量和生产间隔期的计算方法有：以量定期法和以期定量法两种。

以量定期法指先确定批量，后确定生产间隔期的方法。包括最小批量法和经济批量法两种。

最小批量法是以保证设备合理利用为出发点确定批量的一种方法。计算公式为

$$最小批量 = \frac{设备调整时间}{损失系数 \times 单件工时}$$

允许的调整时间损失系数是使设备调整时间损失与加工时间的比值不超过所允许的数值。一般把允许调整时间损失系数定为 0.05。

经济批量法也称最小费用法。此方法是以使生产费用最低为目的确定批量的一种方法。计算公式为

$$总费用 = 年设备调整费用 + 年库存保管费用$$

$$年设备调整费用 = A \times \frac{N}{Q}$$

$$年库存保管费用 = \frac{Q}{2} \times C \times i$$

式中，A 指每次设备调整费用；N 指年计划产量；Q 指经济批量；C 指产品的单位成本；i 指年保管费费率。

以期定量法需先确定生产间隔期，后确定批量的方法。先根据经验确定各零件的生产间隔期，然后根据批量公式算出批量。当生产任务变动的时候，生产间隔期不动，调整批量即可。

- 生产提前期和生产周期。生产提前期指产品在各工艺阶段出产或投入的日期比最终出产成品要提前的时间。生产周期指的是从原材料投入到成品出产经过的整个生产过程所花费的时间。

生产提前期的计算公式需要分以下两种情况。

第一种是前后工序车间的生产批量相等，计算公式为

投入提前期 = 本车间出产提前期 + 本车间生产周期

出产提前期 = 后车间投入提前期 + 保险期

提前期的计算时间与产品工艺过程正好相反，在计算时根据装配车间的生产周期计算该车间的生产提前期，再根据装配车间的生产提前期和半成品库的保鲜期计算加工车间的生产提前期，以此类推，直至计算出毛坯车间的生产提前期为止，如图 9-8 所示。

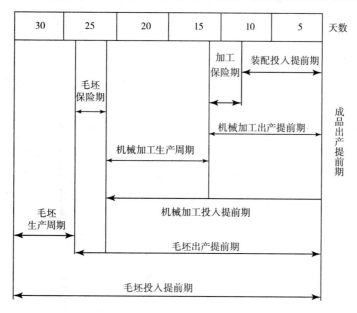

图 9-8　生产提前期示意图

第二种是前后工序车间的生产批量不相等。此时，车间投入提前期计算方式与生产批量相等时一样。但此时的出产提前期要比前面一种情况的出产提前期大一些，计算公式为

出产提前期 = 后车间投入提前期 + 保险期 + 本车间生产间隔期 – 后车间生产间隔期

③小批量生产型企业。小批量生产型的产品品种多，但数量少，多为根据用户要求进行订单生产。这时的生产作业计划主要目的是让每种产品在各车间的投入和出产时间上相互衔接，并在承诺期如数交货。小批量生产型的期量标准有交货期、产品生产周期和提前期。产品生产周期图表（图 9-9）是单件小批量生产最基本的期量标准。其绘制原理是在各工艺阶段生产周期的基础上，根据工艺的衔接配合关系反向绘制的。

活动	阶段周期	日期											
		5	10	15	20	25	30	35	40	45	50	55	60
A	10												
B	15												
C	20												
D	25												

图 9-9　某产品生产周期图表

（3）生产作业计划的编制方法

①在制品定额法。比较适合大批量生产型企业，因其生产任务、工艺较稳定，品种比较单一，在规定车间任务时，应根据在制品定额增减变化来确定。作业计划编制的重点在于安排产量。

在制品定额法是指根据企业预先制订的在制品定额，使在制品数量保持在定额水平上，从最后车间开始，按照反流程顺序，依次连锁计算，计算各个车间的投入和产出量的方法。计算公式是

投入量＝出产量＋废品数量＋（期末在制品定额－期初在制品预计数量）

出产量＝后一车间投入量＋产品外销量＋（期末库存半成品定额－期初库存半成品预计数量）

最后车间出产量与各车间半成品外销量根据生产计划任务确定；废品量按计划规定的废品率确定；期初库存半成品预计数和期初在制品预计数一般用编计划时的账面结存数量，加上期初预计发生的数量确定，到期初开始，再根据实际盘点的统计数字加以修正（表9-3）。

表9-3 在制品定额法编制的生产作业计划

		某产品	1000台	
		零件	A：1：1	B：1：4
			1000	4000
装配车间	1	出产量	1000	4000
	2	废品		
	3	在制品定额	100	500
	4	期初在制品预计结存量	60	350
	5	投入量（1+2+3-4）	1040	4150
零件库	6	半成品外销量		200
	7	半成品定额	80	600
	8	期初预计结存量	100	710
加工车间	9	出产量（5+6+7-8）	1020	4240
	10	废品	10	140
	11	在制品定额	180	450
	12	期初在制品预计结存量	60	34
	13	投入量（9+10+11-12）	1150	4490
毛坯库	14	半成品外销量	50	610
	15	半成品定额	200	1000
	16	期初预计结存量	300	1000
毛坯车间	17	出产量（13+14+15-16）	1100	5100
	18	废品	80	
	19	在制品定额	40	250
	20	期初在制品预计结存量	30	150
	21	投入量（17+18+19-20）	1190	5200

②提前期法。也称累计编号法，适合成批生产型企业。多品种成批生产条件下，产品轮番生产，较难产生稳定的在制品数量，但可以从产品的完工期来推算各工艺阶段需要投入和出产的时间，然后通过以期定量法来计算。因而，提前期法是根据计划要生产的各种产品的总任务量、提前期和平均日产量，将提前期转化为提前量，以累计编号的形式，给各个车间之间分配任务的计划制定方法。累计编号是指从年初或从开始生产某类产品起，依照成品出产的先后顺序，为每一件产品编一个累计号码。这样做，成品的出产号是反工艺顺序来编号的，所以各车间不会生产统一编号的产品，越接近最后车间，累计号码越小。产品在某一生产环节上的累计号码，与成品出产累计号码相比所相差的号数即为提前量（提前量 = 提前期 × 平均日产量）。提前期法计算过程如下：

- 计算最后车间成品的出产累计号码。

成品出产累计号码 = 上期期末成品出产累计号码 + 计划期计划产量

- 计算产品在各车间计划期末应达到的出产和投入累计号数。

出产累计号数 = 成品出产累计号数 + 该车间出产提前期定额 × 成品平均日产量

投入累计号数 = 成品出产累计号数 + 该车间投入提前期定额 × 成品平均日产量

- 修正。按照上述步骤计算出的结果最后还需要根据零件的生产批量进行修正，使车间出产或投入的数量和批量相等或成倍数关系。

③订货单法。订货单法是按已接和预计订货单来安排生产任务。适合于小批量生产型、订单生产型企业，客户往往要货急、数量少但品种多。

订货单法强调以销定产，一切为销售服务，顾客至上，因此一般以年度生产计划作为奋斗目标，月计划作为短期目标，着重编制旬/周生产作业计划。编制的依据是已接订单、销售人员进行客户巡访反馈的需求信息、上月和上年同期销售状况、当前库存和生产能力。厂部根据这些条件，分品种编制旬/周生产作业计划，再分配给各个车间，车间照计划进行。编制此计划可以采用 ABC 分类管理法。

9.2.1.2 生产作业控制

生产作业计划在执行过程中，会受到来自企业内部或外部各种因素的影响，计划与实际执行之间难免会产生差异。虽然生产计划和生产作业计划对生产活动已经做了非常细致的安排，但随着时间的推移，市场需求往往会不断变化。此外，各种生产准备工作不到位或者受到生产现场偶然因素的影响，也会使计划和实际工作之间产生差距。因此，为了保证企业生产计划的顺利完成，达到企业的经营目标，取得良好的经济效果，必须对企业生产活动全过程进行有效的控制。

（1）生产作业控制概述

生产作业控制是指监督和检查生产作业计划执行情况，把结果和既定标准进行比较，发现偏差，分析产生偏差的原因，采取措施纠正偏差，从而保障生产作业计划的全面完成。生产作业控制是调节生产的有效工具；能对成本进行有效控制；是保证全面完成生产作业计划的有效方法；是提高企业经济效益的重要环节。因此，生产作业控制要有计划性、统一性、预见性、及时性和准确性。生产作业控制的主要程序如图 9-10 所示。

生产作业控制主要内容包括生产进度控制、生产现场管理和看板管理等。

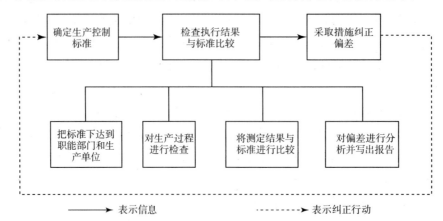

图 9-10　生产作业控制程序

（2）生产进度控制

对从原材料投入生产准备到成品入库为止的全部生产过程进度所进行的控制就是生产进度控制。包括投入进度、工序进度和出产进度控制，从数量和时间上进行控制。

①投入进度控制。是指控制零部件或产品投入的日期、品种和数量，使之与计划要求相符，也包括对生产环节、原材料或毛坯的投入提前期、新增人力、技术和设备投入使用日期的控制。它通过控制投料，避免造成积压或计划外生产，是一种预防性的控制。

大批量生产的投入进度控制主要从投料单、生产指令、投料进度表等着手，也可以用投入产出日历进度中计划的投入与实际投入进行比较来控制。

成批与单件生产的投入进度控制较为复杂。要从投入的品种、批量和成套性，以及投入提前期两方面来控制。控制方法主要是利用投产计划、加工路线单、配套计划表和任务分配箱来控制投入任务。

②工序进度控制。是对零部件或产品生产的每道工序进度的控制。在把好投入关后，工序进度的把控尤为重要，它直接决定了最终是否能按时完成计划任务，并且避免不必要的浪费。各个零部件在生产过程中极有可能出现加工进度互相挤撞，特别是成批和单件生产，品种多、工序不固定，常会发生加工设备冲突。因此尤其需要加强工序制度控制。而大批量生产对象专业化程度高、生产品种和工序比较固定，只控制在制品数量即可。

成批和单件生产工序进度控制的方法有：

● 按加工路线单所经过的工序顺序进行控制。由车间按照加工路线单进行派工，每道工序完成后在加工路线单上进行标注，并交回车间，车间继续往下派工。与此同时要建立零部件或产品台账，每道工序都应记录，直至最终完成。如果某道工序未按时完成任务，车间应该及时查找问题，采取相应措施，保证生产过程的流畅。

● 跨车间工序进度控制。跨车间工序进度控制的重点在于协调各车间之间的合作关系，明确分工，交付手续必须清楚，卡准时间节点。一般由零部件加工车间负责，把加工路线单下达主要车间，主要车间对所有零部件建立台账，按加工顺序派工生产，遇到需要协作车间加工的工序，填写"协作单"，并将协作单及送出时间在加工路线单上注明。然后将协作单与加工件送至协作车间，直至加工完成后，交付主要车间。

③出产进度控制。出产进度控制针对的是产品和零部件的出产日期、数量、出产提前期和成套性。

大批量生产时，出产进度控制主要依靠对比计划生产进度日历与出产日历进度来实现，控制每日、累计产出进度和一定时间内生产均衡程度。出产日历进度表是计划表，也是作业核算表，还是出产进度控制表。对生产均衡程度的控制，主要用节拍和日均衡率实现。日均衡率的公式是

$$日均衡率 = \frac{某时期内每日完成计划之和}{某时期日数}$$

成批生产出产进度控制方法，主要是用零部件日历出产进度表和成批出产日历装配进度表进行控制。成批生产条件下对配套性的要求较高，所以需要利用零件配套来控制配套性。出产的成套程度用成套率表示，成套率公式是

$$成套率 = \frac{实际成套数}{计划成套数} \times 100\%$$

（3）生产现场管理

生产现场就是生产作业场所，生产车间、班组、工作地都是生产现场。生产现场是指从事产品制造或提供生产服务的作业场所。它包括加工、储存、运输等一系列工作的作业现场和与之相关的辅助场所，现场管理水平的高低，决定了企业优势实例的基础。质优价廉的产品是在生产现场制造出来的，好产品需要现场管理来保证。同时，加强现场管理也能提高企业职工、生产技术、经营管理和精神文明素质，现场管理的好坏直接体现了企业管理水平的高低。

生产现场的优化就是在原有生产现场管理基础上，运用现代化的管理思想，采用先进管理方法和手段，对现场所有生产要素进行科学调配，实现增产、优质、低耗的目的。实现优化的标志主要体现在调度有序、均衡生产、产品质量控制有利、物流有序、供应即使、纪律严明、设备运行正常、文明生产、士气高涨等。

生产现场管理优化的方法有"5S"活动、目视管理和定置管理等。

①"5S"活动。5S是指整理（SEIRI）、整顿（SEITON）、清扫（SEISO）、清洁（SEIKETSU）、素养（SHITSUKE），是对生产现场所处状态不断进行整理、整顿、清扫、整洁，以达到提高素养的目的。它是日本企业发明的，这五个词在日语中的罗马拼音第一个字母都是"S"，所以简称"5S"活动。

②目视管理。目视管理是利用形象直观、色彩适宜的各种视觉感知信息来组织现场生

产活动的管理方式。以视觉为基本手段，以公开化为原则，尽可能将管理者的要求让大家看得见、看得懂，从而推动自我管理和控制。目视管理形象、直观、容易识别，如工位上的生产状况指示牌显示"工作中""检修中""休息中"等，让所有人都能一目了然，生产现场工作能井然有序。

③定置管理。定置管理是"5S"活动的深入和发展，它对现场中的人、物、场所三者的关系进行研究分析，以物在场所的科学定置为前提，以信息系统为媒介，以实现人和物的有效结合为目的，通过对生产现场的整理、整顿，把生产中不需要的物品清除掉，需要的物品定点放置，促使生产现场管理科学化、文明化。

（4）看板管理

看板源于准时生产制（JIT），是生产现场一种传递生产和取送零部件的凭证、指令和信息。看板可以是牌子、信息卡，也可以是不同颜色的灯光或者小球。看板管理就是把"看板"作为生产、取货、运输指令，用以调节生产计划和控制生产量的一种方法。它是日本丰田汽车公司为寻求准时生产、消除浪费而创造的。在准时生产制中，后工序被视为用户，没有用户需求就没有生产需要，所以只有在后工序需要时，前一道工序才需要生产相应数量的零部件。每道工序都按照看板的要求进行操作，一条准时的生产线就形成了。

①看板的分类。看板大致可分为生产看板和取货看板。生产看板是指示工序加工制造规定数量工件所用的看板。生产看板上包含加工工件的件号、件名、类型、存放位置、背面编号、再订购点数、批量和加工设备等信息，如图9-11所示。

加工看板		
存放货架号：F12	工件背面号：A4	加工设备机加工LD-6
工件号：23567		
工件名：曲轴		
产品型号：XW490	容器容量16	

图9-11 加工看板

取货看板是后一道工序操作者按看板信息到前一道工序车间领取零部件的看板，有工序间取货看板和外协取货看板。工序间取货看板指出应领取的工件件号、件名、类型、存放位置、背面编号、前加工工序号、后加工工序号等，主要作为工序间的取货凭证。外协取货看板上包含外协特征信息、本企业名称、外协厂名、交货时间、数量等，它是向协作厂取货的凭证。

②看板运行规则。看板系统的存在就是为了规范生产活动，它的运行需要遵守以下规则：

● 没有看板不取货、不生产、不运输。

● 看板只能来自后工序，前工序过量生产的在制品后工序不领取。

● 看板必须和制品一起移动，后工序取件时要带看板，本工序收不到后工序看板时，不能向前工序发看板。

- 前工序只能生产取走的部分。
- 前工序按收到看板的顺序进行生产。
- 不把不良品交给后工序，不良品也不能挂看板。

9.2.2 劳动管理

劳动管理是指对劳动力和劳动过程进行计划、组织、控制、协调和监督等各项管理职能的总称。劳动管理的基本任务有：用科学的方法合理组织和安排劳动力，充分开发、利用企业人力资源；以按劳分配为准则，努力调动劳动者的生产积极性和创造性；创造良好劳动环境，注意生产现场的卫生和文明状况，保障劳动者的基本权益；改进劳动条件，树立严格的劳动纪律，促进劳动生产率的不断提高。劳动管理主要包括作业研究、劳动定额、编制定员、人力资源开发与管理（见第6章）等方面的工作。

9.2.2.1 作业研究

作业研究是一门系统地研究和改进作业程序和作业方法的管理技术，是在既定工作条件下，运用系统分析的方法研究如何合理利用资源排除作业中不经济、不合理的因素，寻求成本最低和生产率最高的方法。作业研究的内容主要包括时间研究和方法研究两方面。其途径是通过方法研究制定标准作业，通过时间研究制定标准时间。时间研究是选择工作方法的依据，方法研究是时间研究的基础。

（1）方法研究的步骤

①发现问题，选择研究项目。企业在发展过程中不会一帆风顺，需要研究的问题很多，作业研究要选择的项目是最迫切需要解决的问题。一般来说考虑3个因素，即全局性，对总体影响大的项目，如产品质量不稳定、生产瓶颈等；有效性，通过研究能有明显改善的项目；可能性，有足够技术和经济实力能开展研究的项目。

②现状分析。通常用6W2H分析法，从原因、对象、地点、时间、人员、方法、关联性和成本8个方面进行考查。具体内容参见表9-4所列。

表9-4 6W2H分析法

看眼点	why			目的
	明了现行情况、确定需要		提出建议	
	第一次问题	第二次问题	第三次问题	
what	做什么	为何需要做	能不能不做	明确工作性质和内容
where	何处做	为何需此处做	有无更合适之地	明确工作时间和安排
when	何时做	为何需此时做	有无更合适之时	明确工作条件和设备
who	何人做	为何需此人做	有无更合适之人	明确砍掉对任职人员的要求
how	如何做	为何需如此做	有无更合适之法	明确工作程序和要求
whom	和谁联系	为何与他人联系	怎样联系	明确与其他工作的关系
how much	成本是多少	能否降低	有无更节省的方法	明确成本要求

③构思新工作方法。可以运用取消、合并、简化、重排、平行等技巧。取消所有不必要的工作，能从根本上改观；合并必须的工作，可以减少辅助时间、提高负荷；简化必要工作，能提高作业效率；重排作业顺序，使得作业顺序更加流畅；平行交叉作业，可以缩短作业时间。

④评价新的工作方法。对新方法进行经济价值分析、安全性分析、可靠性分析等技术经济分析。

⑤实施新的方法。为使新方法更好地贯彻落实，需要采取有力保障措施。一方面要把实施方案以具体、标准的规定形式确定下来，如原料、工具、制造流程、动作、工作环境的标准化等；另一方面要加强员工教育，让现场管理者和工人们都能接受它，利用图表、影像资料、书面资料和口头解释方式给予说明，并划定试行期，让员工们有接受的时间。

⑥检查、再评价。新方法的实行效果需要检查来验证，从中发现新方法是否符合实际要求，实行过程有无遇到阻碍。最终给出对新方法的评价。

（2）时间研究

时间研究就是对经过方法研究而确定的标准作业方法以时间为尺度，进行评价和设计，并测定作业要素所需时间的方法。其目的在于寻求完成一项工作所需的经济合理时间，并设法减少或消除无效和损失时间。研究方法有历史记录法、经验判断法和工作衡量法。这里主要讨论工作衡量法。工作衡量法又分为既定时间法、标准时间资料法和秒表时间法。

①既定时间法。不用秒表，只记动作，用现成的动作时间标准制定作业时间标准。典型的既定时间法是方法时间衡量法（MTM法）。MTM法将操作分解为移动、抓取、行走等动素，根据每种动素的时间值计算操作所用时间，其时间单位是TMU=0.036秒。

②标准时间资料法。在长期秒表测量基础上，把系统积累的资料分析综合，编程各类作业的标准时间数据，用这些数据来制定各种工作的标准时间。

③秒表时间法。对现场生产作业直接进行观察、记录的方法。时间分析有单位作业分析和操作作业分析两种。单位作业分析适用于作业重复次数少、周期长、动作不稳定的情况，常使用连续计时法。操作作业分析与单位作业分析使用情况正好相反，常用的计时方法有连续计时法、快速返回法和细微时间分析法。

• 连续计时法。观察结束前始终保持计时状态，以单个操作结束作为测量点，读取每个操作测量点时刻并记录操作名称，整理后得出所有作业的用时。使用录音和录像测量较为方便，也更精准。

• 快速返回法。每个作业结束后记录测量点，并使指针归零，重新记录下一个作业所用时间。这个方法可以更加直观地看到每个作业所需时间值，但容易有误差。

• 细微时间分析法。生产过程中有些动作循环时间很短，难以用上面两种方法策略，此时可用录音设备或者精度极高的秒表来测量。观察者可以向录音设备发出单音作为信号，随后慢速重放计算时间。

9.2.2.2 劳动定额

（1）劳动定额的概念

劳动定额是指企业在一定生产技术组织条件下，生产单位产品或完成单位工作所消耗的时间，反映着企业对职工劳动量的要求。它是企业合理组织和调配劳动力、安排计划工作、控制生产进度和成本、组织劳动竞赛、对职工进行考核和奖惩的依据；是挖掘人力资源潜力、提高劳动生产率的重要手段。主要有两种表现形式：时间定额和产量定额。时间定额规定生产单位合格产品或完成某项工作所必需消耗的时间。产量定额是在单位时间内应完成合格产品的数量。确定劳动定额时应该遵循几个原则：

①确定劳动定额水平要有科学依据。这里的科学依据包括职工文化技术水平、质量标准、工作设计、工艺文件等。

②提高劳动定额水平应依靠技术革新、改善劳动条件和加强职工培训，不能靠增强劳动强度的错误方法。

③选择生产设备要恰当。

④保持各车间、各工种、各工序间定额水平的平衡性。

（2）制定劳动定额的方法

制定劳动定额的方法很多，如经验估工法、技术测定法、工作抽样法等，这里我们介绍预定动作时间标准法和模特排时法两种。

①预定动作时间标准法（PTS）。是国际公认的制定时间标准的先进技术方法。它把动作研究和时间研究相结合，将操作者的作业，分解为预先规定的几个基本动作，然后代入这些基本动作的理论时间值，最后将各个时间值相加，再予以宽放即得到标准作业时间。这个方法的优势在于不需对操作者的熟练、努力等程度进行评价，就能在客观上确定出标准时间，同时能直接取得各动作单元的时间值，改进操作方法，但缺点在于它只适合微观活动分析。

预定动作时间标准法操作的基本步骤是：

- 把作业分解为与时间标准相适应的基本动作单元。
- 从时间标准中查出各基本动作单元的标准时间，所有时间相加，得到该作业的正常时间。
- 适当宽放正常作业时间，得到该作业的定额时间。

②模特排时法（MOD）。是澳大利亚哈依德博士（G.C.Heyde）开发的。它是以劳动者最简单的手指动作所消耗的平均时间（即模特）为基准，计算人体所有有形动作所需时间，然后计算一道工序、一条作业线乃至一种产品生产所需的时间消耗，以达到减少，甚至消除无效劳动，提高劳动效率的一种方法。这种方法在日本应用最为广泛，索尼、丰田都曾采用它制定工时定额。相比于预定动作时间标准法，模特排时法应用范围更加广泛，生产作业、工艺设计、技术设计、行政管理、服务性工作都可以采用。而且它分类较为简单、易记录，还可以用来评价和改进各种作业方法，节省了管理费用，

可促进生产效率的提高。

模特排时法的动作分类如图9-12所示，共21种动作，用数字和字母组成符号，便于记忆。一般计算时1MOD=0.129s。

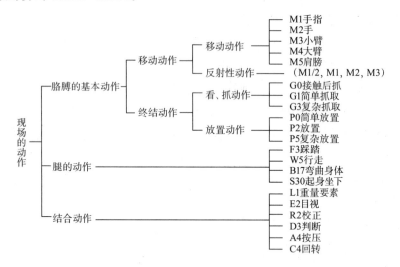

图9-12 模特排时法的动作分类

模特排时法的动作分析方法如下：

● 成对动作分析。在11种基本动作中，M1、M2、M3、M4、M5、G0、G1、P0不需要注意力，而G3、P2、P5需要注意力。移动动作（M1、M2、M3、M4、M5）和终结动作（G0、G1、G3、P0、P2、P5）总是成对出现。例如，伸手是移动动作，但伸手去干什么必然有个目的，即去拿或放置某物件。就像伸手取笔这个动作，伸手为M3，取笔为G1，所以表达式为M3G1，时间值记为4MOD。

● 同时动作分析。用不同身体部位同时进行相同或不同的两个以上的动作称为同时动作。一般以两手的同时动作为主。同时动作能提高工作效率。两手同时动作时，时间值大的动作叫作"时限动作"，另一只手的动作则叫作"被时限动作"，两手如果可以同时动作，时间按时限动作取。例如，桌上放着橡皮和铅笔，两手同时伸出（M3），用左手抓橡皮（G1），右手抓铅笔（G1），然后拿到自己身前，此时即可标记位M3G1，MOD为4。

9.2.2.3 编制定员

编制定员是企业根据既定的产品方案、生产规模、生产技术条件和职工技术水平，按照节约用人、精简机构、增加生产、提高工作率的原则，规定较长时间内必须配备的各类人员需要数量和质量的标准。编制定员是编制劳动计划的依据，有利于企业开展技术革新，加强劳动纪律，而且它是建立岗位责任制和经济核算的基础。

编制定员的方法主要有5种：

①按劳动效率定员。按工作量和工人劳动效率制定所需定员数，比较适合手工操作和体力劳动的工种。计算公式是

定员人数 = 每一轮班应完成的工作量 ÷（工人的劳动效率 × 出勤率）

②按设备定员。根据机器设备数量、开动班次和工人看管定额来确定人数。计算公式是

定员人数 =（设备台数 × 每台设备开动班次）÷（工人看管定额 × 出勤率）

③按比例定员。计算公式

定员人数 = 职工总数 × 定员比例

④按岗位定员。根据岗位数、岗位工作量、设备数、劳动效率来计算人数。只适用于没有具体工作量、不易量化计算的工种。

⑤按组织机构、职责范围定员。根据企业管理体制、业务分工、职责范围、工作内容来定员，适用于管理人员和技术人员定员。

9.2.3 质量管理

质量是企业最为关键的竞争要素之一，是一个公司向顾客展示自己优于竞争对手的重要特性。顾客总是在自己准备支付的价格范围内，选择购买他们认为最值得买的产品或服务，也就是选择购买性价比高的产品或服务。在其他条件相同的情况下，一个能够提供高质量产品和服务的企业可以获得比同等企业更大的市场份额。因此对于企业来说，质量管理的重要性不言而喻。

9.2.3.1 质量管理概述

（1）质量管理

质量是产品和服务能满足顾客需要的规定和潜在特性的综合。商品竞争的日益激烈，加上现代科学技术的逐步发展，质量管理越来越受到重视。

①质量评价指标。一个顾客在评价产品是否满足其需要或者使他满意时，一般会采用以下几个指标：

- 性能。指的是产品应该达到使用功能的要求。如一台电视机图像的清晰度。
- 可靠性。产品在规定时间、规定条件下，完成规定功能的能力。如电视机是否需要经常修理。
- 可维修性。产品出现问题后的修理费用、难度和所需时间。
- 寿命。产品的工作期限，即能使用多久。
- 安全性。产品在使用过程中保证安全的程度。如不影响身体健康、不污染环境等。

这几个指标里，性能是最基本的质量要求，其他都是产品质量的延伸。产品性能能直接通过企业的检验做出判断，但剩余的几项都需要在使用产品过程中才能做出判断。

②质量管理发展阶段。从工业发达国家解决产品质量问题涉及的理论和所使用的技术与方法的发展变化来看，质量管理的发展过程大致分为3个阶段：质量检验阶段、统计质量管理阶段和全面质量管理阶段。

- 质量检验阶段。20世纪以前，产品质量主要依靠制作者的经验和技艺水平来保证。

20世纪初,泰勒提出的科学管理理论促使产品的质量检验从加工制造中分离出来,由工长来进行质量管理。质量检验阶段主要通过严格的检验程序去控制产品质量,判断质量依靠预设的质量标准。

此阶段,设计、制造和检验是分别独立的3个部门,分别负责制定标准、制造和检验,三权分立使得产品的质量得到严格管控。但由于是质量管理的起步阶段,解决质量问题不够系统,只关注结果,没有预防措施,发现废品只能淘汰,难以补救,且此时对产品全数检验,不适合大规模生产。

- 统计质量管理阶段。统计质量管理的推广始于第二次世界大战,是美国国防部用于武器制造而制定的质量管理标准,逐渐应用到工业领域。此阶段运用的是数理统计原理,来预防不合格品的产生、检验产品质量。此时的检验人员变成了专控质量的工程师和技术人员,质量管理也从事后检验变为预测和预防。

这一阶段引入了大量的数学原理,计算也非常复杂,只能由专业人员来操作,普及起来十分困难,阻碍了统计质量管理方法的普及,也使得这一方法难以发挥应有作用。

- 全面质量管理阶段。20世纪五六十年代,全面质量管理产生,并逐步推广。我国从1978年开始推行全面质量管理。美国通用电气公司的菲根堡姆(A.V.Feigenbaum)提出,质量职能应该由企业全体职工承担,质量问题的解决不能仅局限于产品的制造,应该贯穿产品质量产生、形成和实现的全过程。他认为:"全面质量管理是为了能够在最经济的水平上、并考虑到充分满足顾客要求的条件下进行生产和提供服务,并把企业各部门在研制质量、维持质量和提高质量方面的活动构成为一体的一种有效体系"。

(2)全面质量管理

全面质量管理就是指一个组织以质量为中心,以全员参与为基础,综合运用质量管理体系、科学方法和管理技术,控制影响质量的全过程,通过顾客满意和本组织所有成员及社会受益而达到长期成功的管理活动。全面质量管理的特点有:

①全面性。全面质量管理是广义上的质量管理,不仅包括产品质量,还包括围绕产品的所有工作的质量。工作质量指的是过程质量和服务质量。全面质量管理要特别在工作质量上下功夫,从而提高产品质量,降低成本,及时供货,服务周到。全面质量管理还是全过程的管理,在产品生产过程的一切环节都需要加强控制,消除产生不合格品的隐患。

②全员性。全面质量管理要依靠全体职工。从领导、管理人员、技术人员到每个工人,都需要加入质量管理的队伍,学习和运用全面质量管理的思想和方法。

③服务性。满足用户需要是全面质量管理的出发点,把用户放在首位,树立为用户服务、对用户负责的观念,不仅要经济地研制和生产用户需要和满意的产品,而且要提供各种技术服务,以更好发挥产品的效用。

④科学性。在全面质量管理下,要把现代科学技术和先进科学管理方法合理运用起来。

9.2.3.2 质量保证体系

质量保证体系是指为保证产品、过程或服务满足规定的或潜在的要求,由组织机构、职责、活动、程序、资源和能力等构成的有机整体。企业建立质量保证体系是为了使产品满足规定的需要和用途，满足用户期望，符合有关标准和技术规范，使企业获得良好经济效益。

（1）质量保证体系的内容

质量保证体系由组织机构、职责和权限、工作程序、资源和人员、质量活动5个部分构成。

①组织机构。根据产品特点、工艺性质和生产规模，企业需要设置与质量体系相适应的组织机构，规定各机构的隶属关系，这些机构应该能保证企业质量职能的落实和有效的实施。质量管理和检验的专职结构负责企业质量活动的计划、组织、协调、检查和监督，企业应给予重点关注，保证它的顺利运行。

②职责和权限。质量责任制是落实质量职能的重要手段。质量责任制的落实需要企业把各项质量活动的责任落实到各职能部门，建立责任制，尤其要明确规定企业领导和各职能部门的质量责任，这样企业中与质量有关的各类人员工作积极性就能得到发挥，共同来保证产品的质量。同时，还要赋予相关人员一定的权限，保证他们能在职责范围内充分行使职权。

③工作程序。企业应该制定与质量活动相关的工作程序，包括开发程序、评审制度、质量成本、质量信息、人员培训和质量审核等。像质量手册、工作标准、工艺规程、检验规程等都属于工作程序。质量体系文件是质量体系的文字描述，按照作用可分为质量体系的纲领性文件、管理文件、质量控制方案和技术性文件四种。工作程序是质量体系文件的组成部分，能够规范质量管理活动，使流程变得有迹可循。

④资源和人员。包括人才资源和专业技能，设计、研发、检验、实验的设备，以及计算机软件。满足产品质量要求的设备和训练有素的工作队伍，是企业质量保证能力的基本条件。

⑤质量活动。质量活动一部分包括市场调研、设计开发、工艺准备、采购、制造、检验、销售和技术服务8个主要环节，直接决定着产品质量。另一部分质量体系要素，即组织机构和职责、设备控制、人员培训、质量文件和记录、质量成本、质量审核和纠正错误7个要素，渗透于以上8个环节中。这15项质量体系要素构成了质量体系的全部质量活动，可以将其概括为设计、制造、使用、辅助生产及服务这四大过程。

（2）质量保证体系的运行

企业建立和运行质量保证体系时，要抓好5个环节：

①明确质量方针和目标。企业各部门执行质量职能、从事质量活动所遵守的行动指南就是企业的质量方针。质量方针应该有较强的号召力，常见的质量方针有"质量第一""以质量求生存"等。质量目标则是根据质量方针的要求确定出的质量方面所要达到的预期成果。质量目标在制定时要注意尽量数量化和细化，与企业其他目标相匹配、相协调。

②分配和落实质量职能，完善质量文件。企业应该根据实际情况，选择质量体系要素，将质量职能细化为具体的质量活动，并分配、落实到各级部门，直至个人。这个分配和落

实的过程应该与完善质量文件相结合，通过编写质量管理手册、修订工作标准、规章制度、管理标准、技术性文件，让企业的各项质量活动区域标准化、法规化。

③建立专职质量管理机构。专职的质量管理机构是企业行政领导在质量管理方面的办事机构，它负责全面地组织、协调、监督和检查企业的质量活动，是质量体系的信息反馈中心。除了这个机构外，企业还应该在一线车间设立专职机构或人员管理质量，从而形成完整的质量管理系统，保证各级质量活动能够协调有效地进行。

④建立质量信息反馈系统。产品质量活动控制过程中，有大量的信息流，如市场需求动向、用户意见、不合格品率、工艺规程、质量成本等。这些信息流可以作为质量活动控制的依据，这就需要一套高效灵敏的质量信息反馈系统来保证它的高效循环。厂内和厂外两方面的反馈在反馈系统上不断循环，帮助企业更快地解决质量问题，提高产品质量。

⑤按照管理循环组织质量体系运转。管理循环就是 PDCA 循环，包括计划、执行、检查和处理 4 个阶段，进一步具体化为 8 个工作步骤。具体来说 PDCA 的运作过程是：

- 计划阶段（P）。找出存在的问题，通过分析制定改进的目标，确定达到这些目标的具体措施和方法。

分析现状，找出问题：包括产品和服务的质量问题及管理中存在的问题，尽可能用数据说明，并确定需要改进的主要问题。分析原因：分析产生问题的各种影响因素，尽可能将这些因素都罗列出来。确定主因：找出影响质量的主要因素。拟定措施：针对影响质量的主要因素制定措施，提出改进计划，并预计其效果。

- 执行阶段（D）。按照制订的计划要求去做，以实现质量改进的目标。
- 检查阶段（C）。对照计划要求，检查、验证执行的效果，及时发现改进过程中的经验及问题。
- 处理阶段（A）。把成功的经验加以肯定，制定成标准、程序、制度，失败的教训也可纳入相应的标准、程序、制度，巩固成绩，克服缺点。

纳入标准：根据检查的结果进行总结，把成功的经验和失败的教训都纳入有关标准、规程、制度之中，巩固已经取得的成绩。

遗留问题：根据检查的结果提出循环尚未解决的问题，分析因质量改进造成的新问题，把它们转到下一次 PDCA 循环的第一步去。

9.2.3.3　质量管理常用工具

（1）排列图

排列图也称为帕累托（Pareto）图，是将质量改进项目从最重要到最次要进行排列而采用的一种简单图示技术。它建立在帕累托原理的基础上，帕累托原理是经济学家在分析社会财富的分布状况时发现的：80% 的国家财富掌握在 20% 的人手中。这种二八关系被称为帕累托原理。应用到质量管理领域，尽管营销产品质量的因素很多，但关键因素往往只有少数几项。质量管理中应用的排列图就是根据"关键的少数和次要的多数"原理，对有关产品质量的数据进行分类排列，用图形表示出来即可知道哪个因素对质量影响最大，改善工作就从这里下手。排列图如图9-13所示。

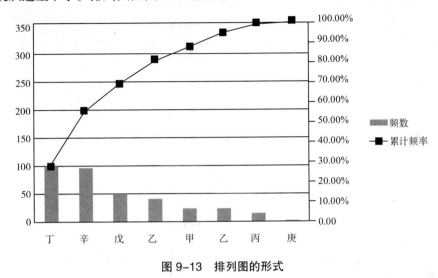

图9-13 排列图的形式

（2）因果图

质量问题有时难以将各种原因的影响区分开来，就不能用排列图定量地分析，此时可以使用因果图。因果图是以结果为特定，以原因为因素，把它们之间用箭头联系起来，表示因果关系的图形。它利用头脑风暴法，集思广益，寻找影响质量的潜在因素。因果图如图9-14所示。

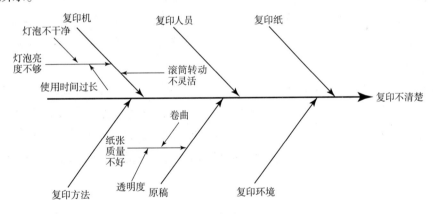

图9-14 复印不清楚的因果图

（3）调查表

调查表是一种手机整理数据和粗略分析质量原因的工具，是为了调查客观事物、产品和工作质量，或为了分层收集数据而设计的图标。即把产品可能出现的情况及其分类预先列成统计调查表，在检查产品时只需在相应分类中进行统计，并可从调查表中进行粗略的整理和简单的原因分为，为下一步的统计分析与判断质量状况创造良好条件。调查表见表9-5所列。

表 9-5　不良品原因调查表

序号	抽样数	不良品数	批不良品率	不良品原因					
				操作不慎	机订原因	刀具影响	工艺	材料	其他
1	1000	3	0.3	1	1	—	—	1	—
2	1000	2	0.2	1	—	1	—	—	—
3	1000	3	0.3	—	2	—	—	1	—
4	1000	4	0.4	1	—	—	2	—	1
5	1000	2	0.2	1	—	—	—	1	—
6	1000	1	0.1	—	—	—	—	—	—
7	1000	2	0.2	—	1	—	—	—	—
合计	7000	17	0.243	4	4	3	2	3	1

（4）分层法

为了真实反映产品质量波动的实质原因和变化规律，需要对质量数据进行适当归类和整理。分层法能使得杂乱无章的数据和错综复杂的因素系统化和条理化。数据分层就是将数据根据使用目的，按其来源、性质、影响因素进行分类，把性质相同、在同一生产条件下收集到的质量特性数据归为一类。

（5）直方图

直方图是通过对测定或收集来的数据加以整理，来判断和预测生产过程质量和不合格率的一种常用工具。适用于对大量计量值数据进行整理加工，找出其统计规律，分析数据分布形态，以便对其总体分布特征进行分析。直方图的基本图形是直角坐标系下若干依照顺序排列的矩形，各矩形底边相等称为数据区间，矩形的高为数据落入各相应区间的频数。

（6）散布图

两种对应数据之间有无相关性、相互关系是一种什么状态，只从数据表中观察很难得出正确的结论。如果借助于图形就能直观地反映数据之间的关系，散布图就有这种功能。散布图也称为相关图，是描绘两种质量特性值之间相关关系的分布状态的图形，即将一对数据看成直角坐标系中的一个点，多对数据得到多个点组成的图形，如图 9-15 所示。

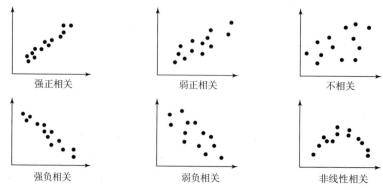

图 9-15　散布图的 6 种典型形状

案例分析

海尔集团的成功之道

海尔集团 1984 年创立于青岛。创业以来，海尔坚持以用户需求为中心的创新体系驱动企业持续健康发展，从一家资不抵债、濒临倒闭的集体小厂发展成为全球最大的家用电器制造商之一。2016 年海尔全球营业额预计实现 2016 亿元，同比增长 6.8%，利润实现 203 亿元，同比增长 12.8%，利润增速是收入增速 1.8 倍。海尔近十年收入复合增长率达到 6.1%，利润复合增长率达到 30.6%。利润复合增长是收入复合增长的 5 倍。互联网交易产生交易额 2727 亿元，同比增长 73%，包含海尔产品，也包括社会化的 B2B、B2C 业务。 2017 年年报显示，公司全年实现收入 1592.54 亿元，增长 33.68%；实现归母净利润 69.26 亿元，增长 37.37%。 2017 年 1 月 10 日，世界权威市场调查机构欧睿国际（Euromonitor）正式签署发布的 2016 年全球大型家用电器品牌零售量数据显示：海尔大型家用电器 2016 年品牌零售量占全球市场的 10.3%，居全球第一，这是自 2009 年以来海尔第 8 次蝉联全球第一。此外，冰箱、洗衣机、酒柜、冷柜也分别以大幅度领先第二名的品牌零售量继续蝉联全球第一。 海尔在全球有十大研发中心、21 个工业园、66 个贸易公司、143 330 个销售网点，用户遍布全球 100 多个国家和地区。

海尔的成功与它所推崇的精益生产和看单管理有极大关系。

海尔的精益生产

美国麻省理工学院通过对丰田公司生产系统的研究和总结，于 1990 年提出的一种生产管理方法——精益生产。海尔公司通过学习创新，逐步形成具有自身特色的精益生产管理方式。海尔精益生产的目标是在适当的时间（第一时间），在适当的地点提供数量准确的、有质量保障的货物，使浪费最小化。核心是追求消灭包括库存在内的一切浪费，并围绕此目标开展一系列具体的管理方法，形成一套独具特色的生产管理体系。

海尔精益生产的特点：

①价值观。以满足用户的价值为出发点，并非为库存而生产。

②价值流。贯穿从概念到投产的设计过程；从订货到送货的信息过程；从原材料到成品的制造过程；全生命周期的支持和服务过程。

③流动。精益生产强调，所有的人都必须与"部门化"和"批量化"进行斗争，产品按照从原材料到成品连续生产，工作总能够完成地更加精确有效而努力。

④拉动。按照客户的需求，将需要的东西拉动起来。如用户的需求拉动产品的概念、产品的概念拉动产品的设计、用户的需求拉动成品的需求、成品的需求拉动原材料的需求。

⑤追求尽善尽美。用尽善尽美的价值创造过程，为用户提供尽善尽美的产品。主要包括三个含义：用户满意，无差错生产和企业自身的持续改进。

海尔的看单管理

海尔精益生产的主要支柱为 HTS 看单管理（Haier Total System）。

1.HTS看单管理提出的背景

(1) 深挖自身改进空间,使浪费最小化的需要

传统管理模式下供应商与采购部门,采购部门、仓储、生产线的信息不完全对称,信息流通渠道不规范,数据流不规范,给企业自身和供应商造成:①生产浪费;②库存浪费;③质量浪费;④搬运浪费;⑤空闲浪费;⑥动作浪费;⑦人员浪费。

(2) 整合供应链运作、提升竞争优势的需要

将有效的供应链管理从"源头的源头"到"终端的终端"形成一个无限延伸的网络,超越企业和部门的视野与边界,关注供应链上下游伙伴的价值,通过"交易引擎"把供应商同自己连为一体,通过注重内涵式增长的拉动得到供应链其他成员的响应和支持,达到全供应链共赢的良性循环。

(3) 突破企业成长瓶颈、适应战略方向转移的需要

经过多年的高速发展,海尔面临供应链环节中生产、运输和仓储过程中的成本控制以及由此导致的利润、品牌形象和顾客忠诚度所受到的折损等隐性成本瓶颈,不突破这些瓶颈,海尔将无法达到新高度。另外,海尔正在实施注重提升企业价值和利润空间,推动企业向"微笑曲线"的"嘴角"部位(即ODM和OBM)上扬的战略转移。

上述矛盾仅仅通过局部调整是不能得到充分解决的,这就要求建立一套全新的管理系统和管理模式,统筹管理的各个环节,运筹价值链的各个关节点,提高信息准确和共享程度,提高效率,减少不必要的浪费。由此,海尔看单管理应运而生。

在参考丰田公司TPS管理的基础上,海尔看单管理的设计结合以往自身供应链的流程情况,同时对其从根本上进行创新和改进,改变其逆向管理方式,从订单的预测、接受开始,将人单合一融入海尔的看单管理。

2.HTS看单管理的内涵、特点及准备工作

(1) 看单管理的内涵

看单管理是通过采用现代信息化技术手段,以数字化通信网络和计算机为信息载体。以看单为企业全流程的核心环节,按单预算、按单采购、按单配送,按单生产、按单核算。实现投入产出全流程、全过程、全员闭环,最终达到市场与供应商及企业零距离、公司经营增值、增效的管理过程。

(2) 看单管理的特点

①全体看单是客户订单,不是丰田缓冲库存。

②全流程自闭环、自优化的模式。

③全流程信息化扫描、信息化评价。

④全流程投入产出受控、闭环体系。

(3) 实施看单管理的准备工作

①对相关部门的组织结构进行调整,适当增加管理跨度,进行更合理的安排,使部门间的衔接更加流畅,责任细化,明确了供应商、物流部门、仓储部门、生产部门,以及其

他中间部门的工作内容，避免出现多头领导和信息重复、信息不协调。

②在各部门安装看单管理信息系统，经过充分的调试工作，测试各模块的运转情况，并针对出现的问题和不足进行改善。全海尔集团范围内，结合以往的管理模式和出现问题，对使用人员进行了规范的培训。

公司内部完成上述组织架构和信息系统调整，做好全面实施看单管理的内部准备工作。

3. 看单管理五大运作模块的设计和功能

海尔的看单管理是从事前预算到事后评价优化的一个整体过程，连接了原材料到产品出厂的各个环节。

（1）事前精准评单系统

看单管理在订单管理方面有较强的订单预测、订单识别、订单处理功能。利用看单管理信息系统，事前精准评单模块可以充分掌握以往阶段性、年度、季度、月度的订单分布和订单结构。看单管理系统中注入了新的智能化工具，能对以往数据进行分析。由于海尔集团是国内最大的家电企业，数据库有数量大、类型全、统计角度丰富等特点。

根据以上数据，看单管理系统结合社会、文化、竞争者、消费者偏好、价格变动等因素，进一步处理数据，减少数据处理偏差，结合管理学理论，对订单进行回归分析，可预测较为精准的订单数据。给战略业务单元（SBU）决策提供有力的参考，也为下一步的工作提供依据。

①13周预算。评单系统在生产前13周，给出市场预测信息，对于供应商和集团内部生产力给出方向性调整意见。避免市场把握方向性错误导致不必要的巨大浪费，以及供应商与生产部门的准备不衔接而造成的不匹配情况的发生。

②30天预测。评单系统在生产前30天，对13周预测信息进一步精确化，提高生产的可预测性。

③客户订单。接受客户的网上提交订单和电话订单，录入数据库，综合订单产品结构、交付日期、紧急程度，并分析订单，细化原材料需求表，接受供应商的查询和竞价。

④14天订单锁定。投入生产前的14天，看单管理要求锁定订单，明确被锁定订单的生产日期、原料需求、交付日期等，并制订相应生产计划。

（2）看单备货系统

供应商可从内网登录看单系统，主要目的是使其得到更准确的备货信息，及时供给生产所需，并减少货品积压。与事前精准评单系统紧密连接，主要分为三个环节。

①供方库存结合评单系统的市场预测指导供应商提前13周备货。

②供应商登录看单系统，锁定的采购订单，与未转出采购申请相结合指导供应商提前14天精准备货。

③供应商看单备货，在生产前2天核查合格库存，同时针对配送成本高的外地供应商，运输距离长（外地）、运输频次小、通用性强、需求量大的小型部件，有区域代理、费用高的原部件，备货过程中使用VMI看单备货，HUB系统提供历史用量分析和生产需求匹配的备货提示供应商按计划预约送货，提前14天进入HUB库。

（3）看单交货系统

看单管理将交货过程也融入了系统的统一管理，提高交货的效率和准确性，降低交货成本。

①看单发布。在准确备货完成，系统发布一定时间内的交货信息。

②分时预约。供货商在给定的时间段内，预约送货，在系统提供的备选时间内，根据自己的物流能力，预约送货时间。

③分时送货。

④分时到货。

⑤分时收货。

⑥分时交接。

（4）看单配送系统

看单配送系统是建立在生产线到仓库和生产线到部分供应商的一条纽带。

对于一般的原料，看单系统提示配送中心，按照预先的生产计划，定时定量地配送到生产线。生产线又根据自己的生产进度，与看单系统互动，纠正配送过程中的参数偏差。园区内部，物流速度快，且配送精度高，实现了原材料的即时配送，极大地发挥了生产效率的潜能。

对于部分运输距离短、多频次、小批量、通用性强且需求量大的大型部件生产时序计划，指导供应商原物料当日按时看单送货，由配送人员现场配送。

（5）成套投入产出系统

成套投入产出系统有成套投入产出竞争力评价系统和成套投入产出闭环提升系统。全流程投入产出以看单成套为核心，按单精准核算，实现投入产出全流程、全过程、全员闭环，最终达到线体变现速度第一、人员经营增值、增效，实现多节点、多层次控制。

①成套配送交接。以看单为载体，通过分时预约，按单成套配送、成套交接。实质上就是每一次进货都是以订单为依据，杜绝无订单收货、重复入库等小单业务发生，不对材料造成浪费。

②成套按单生产。以生产定单成套配送、成套交接为索引，杜绝产品间相互借料，以生产定单为索引，定单、定量、定时当日清单。

③成套按单运输。以客户交货单为指令，通过成品的直发，实现家电的成套、按单发运。

④成套核算。以生产定单按单发运为索引，原材料成套结算，成品按单结算，得出损耗。

⑤成套提升。成套提升过程是连接成本精确核算与事前精准评单系统的纽带。此过程综合计划、采购、物流、仓储、生产、市场等各个部门。集合成套核算总额和各闸口的统计数据，确定流程优化方案，合理降低成本，杜绝浪费，提高生产效能。对每个闸口存在的问题，相关衔接部门互动调整。

总体上说，成套投入产出系统。对断点和损失的确认，明确了战略业务单元（strategic business unit）为主体的自主经营、自负盈亏和全员升级的经营机制。对产能和效率的提高，有了明确对象和有说服力的数据支持。

4. 看单管理的实施成效

（1）信息精细化

①备货体系。在实施看单管理前原物料需求多模式、单向传递、杂而不全，备货体系无平台支持，供求双方信息不共享，供需双方信息不精确。看单管理后，建立了T-14的HUB备货体系；实现供应商库存管理，信息共享，实现T-2看单协同互动平台，订单交货差异互动。

②交货体系。在实施看单管理前，物料需求信息多模式并行（采购订单、物料看单、电话邮件）；物料送货（信息不准不全、未关联采购订单）；第三方未实现循环取货，供应商分时到货执行（非系统取数）单据多，收货效率低、成本高（送货单＋采购条码＋物料看单）；容器未改善，看单装置不规范，成本高。

③看单管理后，取得多方面的突破。分时看单替代物料看单，准确掌握需求；分时预约送货实现信息化；建立分时到货系统操作，消灭人工取数；单据整合精简，分时收货分时交接；大件T日看单拉动配送；HUB线体看单配送；实现循环取货。

④生产体系。实现T-1区到工位实施信息化后补充看单配送，配送路线、工具效率最大化、信息化程度高。

（2）协作紧密化，流程优化

看单管理实现全系统的信息标准化和统一管理，部门间的信息传递规范化，大幅减少了信息冗余、信息流失以及信息不兼容的情况。

以交货流程为例。在实施看单管理以前，每种物料要多次填写多张单据，每张单据只能注明物料的某一方面信息。

看单管理后，每种物料只需要帖一张条形码，注明物料的供应商、出厂日期、物料特性、订单来源等多项信息。各部门通过不同的读取方式，可以获得其需要获得的信息。条形码的读取，避免了手写录入出现的不必要错误；减少了制单费用；提高的集团内部信息的高度共享性。

（3）真正实现市场、供应商与制造商零距离

看单管理系统有效连接了市场、供应商、生产线，三个维度间信息流动精确、迅速，及时互动。第一，市场需求得到准确的预测，市场订单第一时间被接受、评单，并最大可能得到满足。第二，供应商可根据企业市场预测和订单分析，及时备货、送货，避免备货不足和过度备货。第三，企业反应速度和管理柔性提高，通过第一时间与市场和供应商互动，提高企业的效益。

（4）大幅降低成本

看单管理系统投入不足一年，经不完全统计为供应商备货环节提供2536万元直接效益；交货环节，从11类22个环节减少成本，仅减少各类单据的印刷费用就为供应商节约成本逾3000万元。另外，节约的运输费用，通信费用，人力资源费用，信息协调费用更为巨大。

（5）多闸口控制

以往的管理模式，只能在生产中或者生产后才发现问题，此时解决要追溯整个流程，

解决问题牵扯面大，成本高，周期长。采取看单管理后，全流程看单，设置了多个闸口，每个闸口发现问题后，只需要追溯到此闸口与其上游相关衔接闸口，有助于迅速发现并解决问题。

资料来源：摘自海尔大学 V-study 平台内容。

思考：海尔的精益生产模式取得了巨大成功，那精益模式是不是适用于所有类型的企业呢？为什么？

课后复习题

1. 生产管理的基本原则有哪些？
2. 如何确定企业的生产战略？
3. 如何核算工业企业的生产能力？
4. 制订主生产计划有哪些步骤？
5. 什么叫期量标准？不同生产类型企业各有哪些期量标准？
6. 不同生产类型的企业编制生产作业计划的主要方法有哪些？
7. 怎样进行生产进度控制？
8. 确定劳动定额的原则有哪些？
9. 简述模特排时法和预定动作时间标准法。
10. 什么是全面质量管理？其特点是什么？
11. 质量保证体系包括哪些内容？怎样建立？

第 10 章

企业营销管理

学习目标
1. 掌握企业市场细分、目标市场定位、营销策略。
2. 理解企业营销管理的理念基础、企业营销管理的流程。
3. 了解企业营销的计划、组织、控制等内容。

10.1 企业营销管理的理念

10.1.1 营销管理的理念基础

营销理念是企业营销活动的指导思想，是有效实现市场营销功能的基本条件。营销观念贯穿于营销活动的全过程，并制约着企业的营销目标和原则，是实现营销目标的基本策略和手段。市场营销理念正确与否，直接关系到企业营销活动的质量及其成效。

无论从历史还是现实来看，企业和其他组织无不是在以下5种观念的指导下从事营销活动。

10.1.1.1 生产导向型——生产观念

生产观念产生于19世纪末20世纪初。由于社会生产力水平还比较低，商品供不应求，市场经济呈卖方市场状态。表现为企业生产什么产品，市场上就销售什么产品。在这种营销观念指导下，企业的经营重点是努力提高生产效率，增加产量，降低成本，生产出让消费者买得到和买得起的产品。因此，生产观念也称为"生产中心论"。生产观念是指导企业营销活动最古老的观念。曾经是美国汽车大王的亨利·福特为了千方百计地增加"T"型车的生产，采取流水线的作业方式，以扩大市场占有，至于消费者对汽车款式、颜色等主观偏好，他全然不顾，车的颜色一律是黑色。这就形成了企业只关心生产而不关心市场的营销观念。

10.1.1.2 产品导向型——产品观念

产品观念认为，消费者或用户最喜欢质量好、性能佳、有特色的产品，只要质量好，顾客自然会上门，顾客也愿意为高质量付出更高的价钱。"酒香不怕巷子深"是这种指导思想的生动写照。概括为一句话就是"只要产品好，不怕卖不掉"。表面上看，企业旨在将最完美的产品拿给顾客，满足顾客的需求，好像完美无缺、理所当然。实际上，产品导向具有较大风险，以产品为中心而不是以顾客为中心的理念会让企业忽略顾客真正的需求是什么。如果不从顾客真正的需要出发，那么即便产品再优秀、技术再高端，顾客也不会为这样的产品付费。产品导向在营销过程中忽略了"沟通"这一非常重要的环节，企业在生产时只是自顾自地生产自认为顾客会满意的产品，并没有与顾客形成交互和联系。仅从企业层面出发，营销是不可能获得成功的。

10.1.1.3 推销导向型——推销观念

第二次世界大战后，资本主义工业化大发展，使社会产品日益增多，市场上许多商品开始供过于求。企业为了在竞争中立于不败之地，纷纷重视推销工作，如组建推销组织，培训推销人员，研究推销术，大力进行广告宣传等，以诱导消费者购买产品。这种营销观念是"我们会做什么,就努力去推销什么"。由生产观念、产品观念转变为推销观念,是企业经营指导思想上的一大变化。但这种变化没有摆脱"以生产为中心""以产定销"的范畴。前者强调生产产品,后者强调推销产品。所不同的是前两种观念是等顾客上门,而推销观念是加强对产品的宣传和推介。

10.1.1.4 营销导向型——营销观念

营销观念认为,实现企业目标的关键是切实掌握目标顾客的需要和愿望,并以顾客需求为中心集中企业的一切资源和力量,设计、生产适销对路的产品,安排适当的市场营销组合,采取比竞争者更有效的策略,满足消费者的需求,取得利润。

营销观念与推销观念的根本不同是:推销观念以现有产品为中心,以推销和销售促进为手段,刺激销售,从而达到扩大销售、取得利润的目的。市场营销观念是以企业的目标顾客及其需要为中心,并且以集中企业的一切资源和力量、适当安排市场营销组合为手段,从而达到满足目标顾客的需要、扩大销售、实现企业目标的目的。

营销观念把推销观念的逻辑彻底颠倒过来了,不是生产出什么就卖什么,而是首先发现和了解顾客的需要,顾客需要什么就生产什么、销售什么。顾客需求在整个市场营销中始终处于中心地位。它是一种以顾客的需要和欲望为导向的经营哲学,是企业经营思想的一次重大飞跃。

10.1.1.5 社会营销导向——社会营销观念

当前,企业社会形象、企业利益与社会利益、顾客利益的冲突等问题越来越引起政府、公众及社会舆论的关注。环境污染、价格大战、畸形消费等不良现象,导致来对"理性的消费""回归俭朴""人类观念"的呼吁。相应的,"绿色营销""从关心顾客到关心人类,从关注企业到关注社会"等一系列新的营销观念,也被越来越多的企业所接受。企业从营销观念向社会营销观念转变。依据马克思对人的观点,人本来就是社会的人,社会营销既帮助企业增加利益,同时也要求企业回馈给社会,这样才是真正的社会营销。

10.1.2 企业营销管理的流程

市场营销管理过程就是企业为实现其任务和目标而发现、分析、选择和利用市场机会的管理过程。市场营销管理过程有以下几个步骤:发现和评价市场机会;细分市场和选择目标市场;发展市场营销组合;执行和控制市场营销计划。市场营销作为管理过程是一个计划与实施的过程,具体包括产品和服务的设计、定价、促销、分销和交换等,以达到个人和组织的目标。

10.1.2.1 发现和评价市场机会

市场机会就是未满足的需要。为了发现市场机会,营销人员必须广泛收信市场信息,进行专门的调查研究,充分了解当前情况外,还应该按照经济发展的规律,预测未来发展的趋势。营销人员不但要善于发现和识别市场机会,还要善于分析、评价哪些才是适合本企业的营销机会(就是对企业的营销具有吸引力的,能享受竞争优势的市场机会),市场上一切未满足的需要都是市场机会，但能否成为企业的营销机会，要看它是否适合于企业的目标和资源，是否能使企业扬长避短，发挥优势，比竞争者或可能竞争者获得更大的超额利润。

10.1.2.2　细分市场和选择目标市场

企业选定符合自身目标和资源的营销机会以后，还要对市场容量和市场结构进行进一步分析，确定市场范围，无论是从事消费者市场营销还是从事产业市场营销的任何企业都不可能为具有某种需求的全体顾客服务，而只能满足部分顾客的需求。这是由顾客需求的多样变动性及企业拥有资源的有限性所决定的。因此，企业必须明确在能力可及的范围内要满足哪些顾客的要求，先进行市场细分，然后选择目标市场，再进行市场定位。

10.1.2.3　发展市场营销组合

企业在确定目标市场和进行市场定位之后，市场营销管理过程就进入第三阶段——设计市场营销组合。市场营销组合是指企业用于追求目标市场预期销售量水平的可控营销变量的组合。营销组合中包含的可控变量很多，可以概括为四个基本数量，即产品、价格、地点和促销。

市场营销组合因素对企业来说都是可控因素，即企业根据目标市场的需求，可能自主决定产品结构、产品价格、选择分销渠道和促销方式，但这种自主权是相对的，要受到自身资源和目标的制约及各种微观和客观因素的影响。

10.1.2.4　执行和控制市场营销计划

企业市场营销管理的第四步是执行和控制市场营销计划，只有有效地执行计划，才能实现企业的战略任务，因此这是营销过程中极其重要的步骤。

（1）市场营销计划的执行

市场营销计划是企业整体战略规划在营销领域的具体化，是企业的一种职能计划。其执行过程包括5个方面：

①制订详细的行动方案。为了有效地实施营销战略，应明确营销战略实施的关键性决策和任务，并将执行这些决策和任务的责任落实到个人或小组。

②建立组织结构。不同的企业其任务不同，需要建立不同的组织结构。组织结构必须与企业自身特点和环境相适应，规定明确的职权界限和信息沟通渠道，协调各部门和人员的行动。

③设计决策和报酬制度。科学的决策体系是企业成败的关键，而合理的奖罚制度能充分调动人的积极性，充分发挥组织效应。

④开发并合理调配人力资源。企业的任何活动都是由人来开展的，人员的考核、选拔、安置、培训和激励问题对企业至关重要。

⑤建立适当的企业文化和管理风格。企业文化是指企业内部人员共同遵循的价值标准和行为准则，对企业员工起着凝聚和导向作用。企业文化与管理风格相联系，一旦形成，对企业发展会产生持续、稳定的影响。

（2）市场营销计划的控制

在营销计划的执行过程中，可能会出现些意想不到的问题，需要一个控制系统来保证营销目标的实现。营销控制主要有年度计划控制、盈利能力控制、效率控制和战略控制。

①年度计划控制。年度计划控制是企业在本年度内采取制定标准、绩效测量、因果分析、改正行动的控制步骤，检查实际绩效与计划之间是否有偏差，并采取改进措施，以确保营销计划的实现与完成。

②盈利能力控制。运用盈利能力控制来测定不同产品、不同销售区域、不同顾客群体、不同渠道以及不同订货规模的盈利能力。帮助管理人员决定各种顾客群体活动是否扩展、减少或取消。控制指标有销售利润率、资产收益率、存货周转率等。

③效率控制包括销售人员效率控制、广告效率控制、促销效率控制和分销效率控制，通过对这些环节的控制以保证营销组合因素功能执行的有效性。

④战略控制是企业采取一系列行动，使实际市场营销工作与原规划尽可能一致。在控制中通过不断评审和信息反馈，对战略进行不断地修正。战略控制必须根据最新的情况重新评估计划和进展，对企业来说，这是难度最大的控制。

10.2 企业市场分析

10.2.1 企业的市场细分

10.2.1.1 市场细分的含义和目的

市场细分（market segmentation）是指营销者通过市场调研，依据消费者的需要和欲望、购买行为和购买习惯等方面的差异，把某一产品的市场整体划分为若干消费者群的市场分类过程。每一个消费者群就是一个细分市场，每一个细分市场都是具有类似需求倾向的消费者构成的群体。

细分市场的目的是为了了解消费者的异质需求，从而制订匹配的营销计划，有针对性地服务自己的对象。市场是商品交换关系的总和，本身可以细分。在细分市场之后，消费者异质需求的存在会使得企业在不同方面具备自身的优势。市场细分后的子市场比较具体，比较容易了解消费者的需求，企业可以根据自己的经营思想、方针及生产技术和营销力量，确定自己的服务对象，即目标市场。

同时，在细分的市场上，信息容易了解和反馈，一旦消费者的需求发生变化，企业可迅速改变营销策略，制定相应的对策，以适应市场需求的变化，提高企业的应变能力和竞争力。

10.2.1.2 企业进行市场细分的特点

①动态性。细分的标准和变数不是固定不变的，如收入水平、城市大小、交通条件、年龄等，都会随着时间的推移而变化。因此，应树立动态观念，适时进行调整。

②适用性。市场细分的因素有很多，各企业的实际情况又各异，不同的企业在细分市

场时采用的细分变数和标准不一定相同,究竟选择哪种变量,应视具体情况加以确定,切忌生搬硬套和盲目模仿。

③组合性。要注意细分变数的综合运用。在实际营销活动中,一个理想的目标市场是有层次或交错地运用上述各种因素的组合来确定的。如化妆品的经营者将18~45岁的城市中青年妇女确定为目标市场,就运用了年龄、地理区域、性别、收入4个变量。

10.2.1.3 市场细分的作用

细分市场不是根据产品品种、产品系列来进行的,而是从消费者(指最终消费者和工业生产者)的角度进行划分的,是根据市场细分的理论基础,即消费者的需求、动机、购买行为的多元性和差异性来划分的。通过市场细分对企业的生产、营销起着极其重要的作用。

(1)有利于选择目标市场和制定市场营销策略

市场细分后的子市场比较具体,比较容易了解消费者的需求,企业可以根据自己经营思想、方针及生产技术和营销力量,确定自己的服务对象,即目标市场。针对着较小的目标市场,便于制定特殊的营销策略。同时,在细分的市场上,信息容易了解和反馈,一旦消费者的需求发生变化,企业可迅速改变营销策略,制定相应的对策,以适应市场需求的变化,提高企业的应变能力和竞争力。

(2)有利于发掘市场机会,开拓新市场

通过市场细分,企业可以对每一个细分市场的购买潜力、满足程度、竞争情况等进行分析对比,探索出有利于本企业的市场机会,使企业及时做出投产、移地销售决策或根据本企业的生产技术条件编制新产品开拓计划,进行必要的产品技术储备,掌握产品更新换代的主动权,开拓新市场,以更好适应市场的需要。

(3)有利于集中人力、物力投入目标市场

任何一个企业的资源、人力、物力、资金都是有限的。通过细分市场,选择了适合自己的目标市场,企业可以集中人、财、物及资源,去争取局部市场上的优势,再占领自己的目标市场。

(4)有利于企业提高经济效益

前面三个方面的作用都能使企业提高经济效益。除此之外,企业通过市场细分后,企业可以面对自己的目标市场,生产出适销对路的产品,既能满足市场需要,又可增加企业的收入;产品适销对路可以加速商品流转,加大生产批量,降低企业的生产销售成本,提高生产工人的劳动熟练程度,提高产品质量,全面提高企业的经济效益。

10.2.2 企业的目标市场定位

10.2.2.1 目标市场

目标市场是指具有相同需求或特征的、公司决定为之服务的购买者群体。

10.2.2.2 目标市场定位基本模式介绍

通常来说,企业在选择目标市场时有5种可供参考的模式(图10-1)。

(1) 市场集中化

市场集中化是最简单的目标市场选择模式。即企业只选取一个细分市场，只生产一类产品，供应单一的顾客群，进行集中营销。该模式用户集中，企业能更好地了解用户需求，更好地服务于该市场，使市场地位相对稳固，但由于产品、客户、市场单一，这种模式的经营风险还是比较大的。

(2) 产品专业化

产品专业化是指集中生产一种或一类产品，并向各类顾客销售。如饮水机厂只生产几种规格的饮水机，同时向家庭、机关、学校、银行、餐厅等各类用户销售。该种模式有利于提高在特定产品领域的技术积累，形成产品的专业化形象，但一旦新的技术或产品替代该产品，对于企业来说就会形成危机，典型的案例是柯达集团。

(3) 市场专业化

市场专业化是指专注经营用于满足某一特定顾客群体需要的各种产品。如某工程机械公司，专注于建筑业用户，向他们提供推土机、打桩机、起重机、水泥搅拌机等各种建筑工程机械。该模式的顾客群相对单一，有利于企业更好地把握顾客需求，但一旦选定的细分市场出现波动，企业经营也会受到较大的影响，如高铁建设放缓之后，给高铁提供配套设备的企业就面临了较大的经营压力。

(4) 选择专业化

选择专业化是指选取若干具有良好的盈利潜力且符合企业资源条件的细分市场作为目标市场，其中，每个细分市场与其他细分市场之间联系较少。该种模式能够分散企业风险，但容易造成各业务各自为战的问题，难以实现企业资源的良好共享。

(5) 市场全面化

市场全面化是指生产多种产品，同时满足多个顾客群体的需要，该种模式适合于大型企业，风险分散，但投资大，管理难度大。

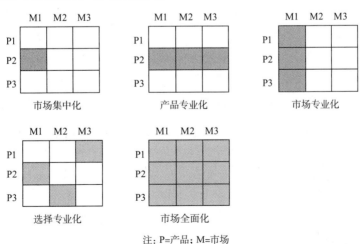

注：P=产品；M=市场

图 10-1　5 种目标市场选择模式

企业应根据自身情况选择适合的目标市场，判断目标市场是否合适，可以参考以下标准见表10-1所列。

①可衡量性。目标市场的销售潜力及购买力的大小能被衡量。

②可盈利性。目标市场应当有较大的市场潜力，有较强的消费需求、购买力和发展潜力。

③可进入性。企业的资源条件、营销经验以及所提供的产品和服务在所选择的目标市场上具有较强的竞争力。

④可操作性。企业针对目标市场，能够有效地制订和实施营销计划。

表10-1　市场细分——有效市场细分标志

可衡量性	可盈利性	可进入性	可操作性
各子市场的购买能力能够被测量	企业进入细分市场后所选定的市场的规模足以使企业有利可图	企业有能力进入所选定的子市场	企业针对目标市场能有效地制订和实施营销计划、战略和策略

10.3　企业市场营销策略

选择目标市场，明确企业应为哪一类用户服务，满足他们的哪一种需求，是企业在营销活动中的一项重要策略。为什么要选择目标市场呢？因为不是所有的子市场对本企业都有吸引力，任何企业都没有足够的人力资源和资金满足整个市场或追求过分大的目标，只有扬长避短，找到有利于发挥本企业现有的人、财、物优势的目标市场，才不至于在庞大的市场上瞎撞乱碰。如太原橡胶厂是一个有1800多名职工、以生产汽车、拖拉机轮胎为主的中型企业。前几年，因产品难于销售而处于困境。后来，他们进行市场细分后，根据企业优势，选择了山西省内十大运输公司作为自己的目标市场，生产适合晋煤外运的高吨位汽车载重轮胎，打开了销路。随着企业实力的增强，他们又选择了耕运两用拖拉机制造厂为目标市场。1992年与中国香港中策投资有限公司合资经营，成立了"双喜轮胎股份有限公司"。1993年，在全国轮胎普遍滞销的情况下，该公司敲开了一汽的大门，为之提供高吨位配套轮胎。正确选择目标市场是太原橡胶厂跨入全国500家优秀企业的有效策略之一。

10.3.1　营销策略

选择目标市场一般运用差异性市场策略和集中性市场策略两种。

10.3.1.1　差异性市场策略

差异性市场策略就是把整个市场细分为若干子市场，针对不同的子市场，设计不同的产品，制定不同的营销策略，满足不同的消费需求。如美国有的服装企业，按生活方式把女性分成3种类型：时髦型、男子气型、朴素型。时髦型女性喜欢把自己打扮得华贵艳丽，引人注目；男子气型女性喜欢打扮的超凡脱俗，卓尔不群；朴素型女性购买服装讲求经济实惠，价格适中。公司根据不同类女性的不同偏好，有针对性地设计出不同风格的服装，使产品对各类消费者更具有吸引力。又如某自行车企业，根据地理位置、年龄、性别细分为几个子市场：农村市场，因常运输货物，要求牢固耐用，载重量大；城市男青年市场，要求快速、样式好；城市女青年，要求轻便、漂亮、闸灵。针对每个子市场的特点，制定不同的市场营销组合策略。这种策略的优点是能满足不同消费者的不同要求，有利于扩大销售、占领市场、提高企业声誉。其缺点是由于产品差异化、促销方式差异化，增加了管理难度，提高了生产和销售费用。当前只有力量雄厚的大公司采用这种策略。如青岛双星集团公司，生产多品种、多款式、多型号的鞋，满足国内外市场的多种需求。

10.3.1.2 集中性市场策略

集中性市场策略就是在细分后的市场上，选择两个或少数几个细分市场作为目标市场，实行专业化生产和销售。在个别少数市场上发挥优势，提高市场占有率。采用这种策略的企业对目标市场有较深的了解，这是大部分中小型企业应当采用的策略。日本尼西奇起初是一个生产雨衣、尿布、游泳帽、卫生带等多种橡胶制品的小厂，由于订货不足，面临破产。总经理多川博在一个偶然的机会，从一份人口普查表中发现，日本每年约出生250万个婴儿，如果每个婴儿用两条尿布，一年需要500万条。于是，他们决定放弃尿布以外的产品，实行尿布专业化生产。一炮打响后，又不断研制新材料、开发新品种，不仅垄断了日本尿布市场，还远销世界70多个国家和地区，成为闻名于世的"尿布大王"。采用集中性市场策略，能集中优势力量，有利于产品适销对路，降低成本，提高企业和产品的知名度。但有较大的经营风险，因为它的目标市场范围小，品种单一。如果目标市场的消费者需求和爱好发生变化，企业就可能因应变不及时而陷入困境。同时，当强有力的竞争者打入目标市场时，企业就要受到严重影响。因此，许多中小企业为了分散风险，仍应选择一定数量的细分市场为自己的目标市场。

10.3.2 影响因素

两种目标市场策略各有利弊。选择目标市场时，必须考虑企业面临的各种因素和条件，如企业规模和原料的供应、产品类似性、市场类似性、产品寿命周期、竞争的目标市场等。选择适合本企业的目标市场策略是一个复杂多变的工作。企业内部条件和外部环境在不断发展变化，经营者要不断通过市场调查和预测，掌握和分析市场变化趋势与竞争对手的条件，扬长避短，发挥优势，把握时机，采取灵活的适应市场态势的策略，去争取较大的利益。影响企业目标市场策略的因素主要有产品特点、市场特点、产品所处的生命周期阶段和竞争对手。

10.3.2.1 产品特点

产品的同质性表明了产品在性能、特点等方面差异性的大小，是企业选择目标市场时不可不考虑的因素之一。一般对于同质性高的产品如食盐等，宜施行无差异市场营销；对于同质性低或异质性产品，差异市场营销或集中市场营销是恰当选择。

此外，产品因所处的生命周期的阶段不同，而表现出的不同特点也不容忽视。产品处于导入期和成长初期，消费者刚刚接触新产品，对它的了解还停留在较粗浅的层次，竞争尚不激烈，企业这时的营销重点是挖掘市场对产品的基本需求，往往采用无差异市场营销策略。等产品进入成长后期和成熟期时，消费者已经熟悉产品的特性，需求向深层次发展，表现出多样性和不同的个性来，竞争空前的激烈，企业应适时地转变策略为差异市场营销或集中市场营销。

10.3.2.2 市场特点

供与求是市场中两大基本力量，它们的变化趋势往往是决定市场发展方向的根本原因。供不应求时，企业重在扩大供给，无暇考虑需求差异，所以采用无差异市场营销策略；供过于求时，企业为刺激需求、扩大市场份额殚精竭虑，多采用差异市场营销或集中市场营销策略。

从市场需求的角度来看，如果消费者对某产品的需求偏好、购买行为相似，则称为同质市场，可采用无差异市场营销策略；反之，为异质市场，差异市场营销和集中市场营销策略更合适。

10.3.2.3 周期阶段

对于处在介绍期和成长期的新产品，营销重点是启发和巩固消费者的偏好，最好实行无差异市场营销或针对某一特定子市场实行集中性市场营销；当产品进入成熟期时，市场竞争激烈，消费者需求日益多样化，可改用差异性市场营销战略以开拓新市场，满足新需求，延长产品生命周期。

10.3.2.4 竞争对手

企业可与竞争对手选择不同的目标市场覆盖策略。例如，竞争者采用无差异市场营销策略时，本企业选用差异市场营销策略或集中市场营销策略更容易发挥优势。

企业的目标市场策略应慎重选择，一旦确定，应该有相对的稳定，不能朝令夕改。但灵活性也不容忽视，没有永恒正确的策略，一定要密切注意市场需求的变化和竞争动态。

10.4 企业市场营销的计划、组织与控制

10.4.1 企业营销计划

10.4.1.1 营销计划的概念

企业营销计划是指在对企业市场营销环境进行调研分析的基础上，制定企业及各业务单位的对营销目标以及实现这一目标所应采取的策略、措施和步骤的明确规定和详细说明。

营销计划是企业的战术计划，营销战略对企业而言是"做正确的事"，而营销计划则是"正确地做事"。在企业的实际经营过程中，营销计划往往碰到无法有效执行的情况，一种情况是营销战略不正确，营销计划只能是"雪上加霜"，加速企业的衰败；另一种情况则是营销计划无法贯彻落实，不能将营销战略转化为有效的战术。营销计划充分发挥作用的基础是正确的战略，一个完美的战略可以不必依靠完美的战术，而从另一个角度看，营销计划的正确执行可以创造完美的战术，而完美的战术则可以弥补战略的欠缺，还能在一定程度上转化为战略。

10.4.1.2 企业营销计划类型

①按计划时期的长短划分：可分为长期计划、中期计划和短期计划。长期计划的期限一般5年以上，主要是确定未来发展方向和奋斗目标的纲领性计划。中期计划的期限1~5年。短期计划的期限通常为一年，如年度计划。

②按计划涉及的范围划分：可分为总体营销计划和专项营销计划。总体营销计划是企业营销活动的全面、综合性计划。专项营销计划是针对某一产品或特殊问题而制订的计划，如品牌计划、渠道计划、促销计划、定价计划等。

③按计划的程度划分：可分为战略计划、策略计划和作业计划。战略性计划对企业将在未来市场占有的地位及采取的措施所做的策划。策略计划是对营销活动某一方面所做的策划。作业计划是各项营销活动的具体执行性计划，如一项促销活动，需要对活动的目的、时间、地点、活动方式、费用预算等做策划。

10.4.1.3 企业营销计划的内容

（1）计划概要

计划概要是对主要营销目标和措施的简短摘要，目的是使高层主管迅速了解该计划的主要内容，抓住计划的要点。例如，某零售商店年度营销计划的内容概要是："本年度计划销售额为5000万元，利润目标为500万元，比上年增加10%。这个目标经过改进服务、灵活。定价、加强广告和促销努力，是能够实现的。为达到这个目标，今年的营销预算要达到100万元，占计划销售额的2%，比上年提高12%。"

（2）营销状况分析

营销状况分析主要提供与市场、产品、竞争、分销以及宏观环境因素有关的背景资料。具体内容有以下5点。

①市场状况。列举目标市场的规模及其成长性的有关数据、顾客的需求状况等。如目标市场近年来的年销售量及其增长情况、在整个市场中所占的比例等。

②产品状况。列出企业产品组合中每一个品种近年来的销售价格、市场占有率、成本、费用、利润率等方面的数据。

③竞争状况。识别出企业的主要竞争者，并列举竞争者的规模、目标、市场份额、产品品质量、价格、营销战略及其他的有关特征，以了解竞争者的意图、行为，判断竞争者的变化趋势。

④分销状况。描述公司产品所选择的分销渠道的类型及其在各种分销渠道上的销售数量。如某产品在百货商店、专业商店、折扣商店、邮寄等各种渠道上的分配比例等。

⑤宏观环境状况。主要对宏观环境的状况及其主要发展趋势做出简要的介绍，包括人口环境、经济环境、技术环境、政治法律环境、社会文化环境，从中判断某种产品的命运。

（3）机会与风险分析

先对计划期内企业营销所面临的主要机会和风险进行分析。再对企业营销资源的优势和劣势进行系统分析。在机会与风险、优劣势分析基础上，企业可以确定在该计划中所必须注意的主要问题。

（4）拟定营销目标

拟定营销目标是企业营销计划的核心内容，在市场分析基础上对营销目标做出决策。计划应建立财务目标和营销目标，目标要用数量化指标表达出来，要注意目标的实际、合理，并应有一定的开拓性。

①财务目标。财务目标即确定每一个战略业务单位的财务报酬目标，包括投资报酬率、利润率、利润额等指标。

②营销目标。财务目标必须转化为营销目标。营销目标可以由以下指标构成，如销售收入、销售增长率、销售量、市场份额、品牌知名度、分销范围等。

（5）营销策略

拟定企业将采用的营销策略，包括目标市场选择和市场定位、营销组合策略等。明确企业营销的目标市场是什么市场，如何进行市场定位，确定何种市场形象；企业拟采用什么样的产品、渠道、定价和促销策略。

（6）行动方案

对各种营销策略的实施制定详细的行动方案，即阐述以下问题：将做什么？何时开始？何时完成？谁来做？成本是多少？整个行动计划可以列表加以说明，表中具体说明每一时期应执行和完成的活动时间安排、任务要求和费用开支等。使整个营销战略落实于行动，并能循序渐进地贯彻执行。

（7）营销预算

营销预算即开列一张实质性的预计损益表。在收益的一方要说明预计的销售量及平均实现价格，预计出销售收入总额；在支出的一方说明生产成本、实体分销成本和营销费用，以及再细分的明细支出，预计出支出总额。最后得出预计利润，即收入和支出的差额。企业的业务单位编制出营销预算后，送上层主管审批。经批准后，该预算就是材料采购、生产调度、劳动人事以及各项营销活动的依据。

（8）营销控制

对营销计划执行进行检查和控制，用以监督计划的进程。为便于监督检查，具体做法是将计划规定的营销目标和预算按月或季分别制订，营销主管每期都要审查营销各部门的业务实绩，检查是否完成实现了预期的营销目标。凡未完成计划的部门，应分析问题原因，并提出改进措施，以争取实现预期目标，使企业营销计划的目标任务都能落实。

10.4.1.4 营销计划的作用

营销计划是营销活动方案的具体描述，它规定了企业各种营销活动的任务、目标、具体指标、策略和措施，这样就可使企业的营销工作按既定计划有条不紊地循序渐进，从而避免营销活动的混乱或盲目性。归纳起来，营销计划的作用主要表现在以下4个方面。

①营销计划详细说明了预期的经济效益，使有关部门和企业最高管理当局就可预计到现在规定的计划期末本企业的发展状况，既可减少经营的盲目性，又可使企业有明确的发展目标，以便在整个计划执行期中根据预期的目标，不断调整行动方案，采取相应措施，力争达到预期目标。

②营销计划确定了实现计划活动所需的资源，从而企业可事先预测这些资源的需要量，并据此判断企业所要承担的成本，从而有利于进一步精打细算，节约开支。

③营销计划描述了将要执行和采取的任务和行动。这样，企业便可明确规定各有关人员的职责，使他们有目标、有步骤地去争取完成或超额完成自己被委派的任务。

④由于营销计划有助于监测各种营销活动的行动和效果，这样就使企业能有效控制本身的各种营销活动，协调各部门各环节的关系，更顺利且卓有成效地完成企业的各项任务和目标，使企业进一步获得巩固和发展。

总之，营销计划对任何营销商来说，都是至关重要和不容忽视的基本计划。只有根据这种详细阐明企业营销活动方案的计划，企业营销规划的目标才能实现。

10.4.2 企业市场营销组织

市场营销组织是企业为了实现经营目标，发挥市场营销职能，由从事市场营销活动的各个部门及其人员所构成的一个有机体系。在现代市场经济条件下，企业从事市场营销活动，实施市场营销战略和策略，都离不开有效的市场营销组织。健全、有效的营销组织是实现企业营销目标的可靠保证。

10.4.2.1 影响因素

①企业规模。一般情况下，企业规模越大，市场营销组织越复杂；企业规模越小，市场营销组织则相对简单。

②市场状况。一般情况下，决定市场营销人员分工和负责区域的依据是市场的地理位置。

③产品特点。包括企业的产品种类、产品特色、产品项目的关联性以及产品的技术服务方面的要求等。

10.4.2.2 组织类型

市场营销组织必须与营销活动的4个方面，即职能、地域、产品和市场相适应，市场营销组织由此有以下5种具体类型。

（1）职能型组织

职能型组织即在营销副总经理领导下，由各种营销功能专家组成，他们分别对营销副总经理负责,由营销副总经理负责协调各项营销活动。职能型组织的主要优点是行政管理简单,易于管理。但是,随着企业产品品种的增多和市场的扩大,这种组织形式越来越暴露出其效益太低的弱点。

(2)地区型组织

地区型组织即按照地理区域安排其销售力量。在销售范围遍及全国甚至跨国销售的公司,通常都采取这种类型的组织。在销售任务比较复杂,推销人员报酬很高,推销人员工作好坏对企业利润的影响极大的情况下,这种分层的具体控制是很有必要的。

(3)产品管理型组织

产品管理型组织即在一名总产品经理的领导下,按每类产品分别设一名产品线经理;在产品线经理之下,在按每个品种分别设一名产品经理,负责各个具体产品。当企业所生产的搁置产品之间差异很大,或产品品种太多,以至于职能型组织无法控制的情况下,适合建立这种类型的组织。其优点是:产品经理能够将产品营销组合的各要素较好地协调一致起来;产品经理能及时地对其所管产品在市场上出现的问题做出反应;由于有产品经理负责,那些不太重要的产品也不会被忽略;由于产品经理几乎涉及企业的每一个领域,因而为培训年轻的管理人员提供了最佳的机会。

其缺点是:产品管理型组织容易产生一些冲突或摩擦;产品经理虽然能成为自己所负责的产品方面的专家,但对其他方面的业务却往往不够熟悉;这种组织所需要的费用往往比预期的高;品牌经理任期通常很短,使公司的营销计划也只能是短期的,从而影响了产品长期优势的建立。

(4)市场管理型组织

市场管理型组织是由一个总市场经理管辖若干细分市场经理,各市场经理负责自己所管市场发展的年度计划和长期计划。这种组织结构的最大优点是:企业可针对不同的细分市场及不同顾客群的需要,开展营销活动。

(5)产品—市场管理型组织

产品—市场管理型组织是一种既有产品经理,又有市场经理的两维矩阵组织。这种类型的组织管理费用太高,而且容易产生矛盾与冲突。

10.4.2.3 其他部门

在一个企业中,除了市场营销部门以外,还有其他如研究开发、工程技术、采购、制造、存货、财务以及相关的职能部门。因此,在企业运行过程中,市场营销部门必须处理好与各个部门的协作来完成企业的总目标。但是在实际工作过程中,由于各个部门所处的角度不同,扮演的角色不同,难免会存在一些分歧与矛盾,营销部门应本着协调一致的原则处理好与相关部门的关系,取得整合营销价值。

10.4.2.4 设计市场营销组织

企业对其营销组织进行设计时一般要经历分析组织环境、确定组织内部活动、确立组织职位、设计组织结构、配备组织人员和组织评价与调整等环节。

（1）分析组织环境

任何一个市场营销组织都是在不断变化着的社会经济环境中运行的，要受这些环境因素的制约。由于外部环境是企业的不可控因素，因此，市场营销组织必须随着外部环境的变化而不断地调整、适应。组织环境包括很多复杂因素，如政治、经济、社会、文化、科技等，而对市场营销组织影响最为明显的主要是市场和竞争者状况。此外，市场营销组织作为企业的一部分，也受整个企业特征的影响。

市场状况对企业营销组织的影响主要来源于3个方面：

①市场产品结构。有些市场，如食品和工业原料市场，在一个较长时期内，消费者购买行为、分销渠道、产品供应等变化不大，它们显得十分稳定；而另外一些市场，如儿童玩具和妇女流行用品市场，由于产品生命周期较短、技术和消费需求变化快，所以，它们变化多端而不稳定。不难理解，市场越不稳定，市场营销组织也就越需要改变，即必须随着市场变化及时调整内部结构和资源配置方式。因此，企业为市场提供的产品类型不同，则它所具有的市场营销组织类型就有所不同。

②产品生命周期。在产品生命周期的不同阶段，企业的市场营销战略和市场营销组织也要相应地随之改变。通常，在介绍期，企业冒着很大的风险向市场投放产品，往往建立临时性的组织如销售小组，以便迅速地对市场行为做出反应。在成长期，消费需求增大，利润不断上升，吸引了大批竞争者进入该市场，这时企业要建立有效的市场营销组织，如市场导向型矩阵组织，以确立自己强有力的竞争地位。在成熟期，消费需求稳定，利润开始下降，于是企业必须建立高效率的组织，如职能性金字塔型组织，以获取最大利润。而在衰退期，产品需求减弱，此时，企业为保持原有的利润水平，应精简部分组织机构，如减少销售地点等，有时也可能设立临时机构，帮助产品重新开拓市场。

③购买行为类型。不同类型的购买者对企业提供的产品及服务有着不同的要求和侧重点。生产用品购买者和医疗用品购买者相比，前者侧重于产品的技术性能和连续的供应关系；而后者则强调服务和安全保证。侧重点的不同会影响到企业的推销方式，从而要求建立与之相适应的组织类型，以满足顾客需求。

除了市场状况外，竞争者的状况也是企业在确定其营销组织形式时所必须考虑的一个环境因素。在分析竞争者状况时，企业应从两方面入手：一是竞争者是谁，他们在干些什么；二是如何对竞争者行为做出反应。

为此，企业就要使其市场营销组织结构不断地加以改变和调整。当然，影响市场营销组织的环境因素还有许多，如能源问题、技术进步等。

（2）确定组织内部活动

市场营销组织内部的活动主要有两种类型：一种是职能性活动，它涉及市场营销组织的各个部门，范围相当宽泛，企业在制订战略时要确立各个职能在市场营销组织中的地位，以便开展有效的竞争；另一种是管理性活动，涉及管理任务中的计划、协调和控制等方面。

企业通常是在分析市场机会的基础上，制订市场营销战略，然后再确定相应的市场营销活动和组织的专业化类型。假定一个企业满足下述条件：企业年轻且易于控制成本；企业的几种产品都在相对稳定的市场上销售；竞争战略依赖于广告或人员推销等技巧性活动，那么，该企业就可能设计职能型组织。同样，如果企业产品销售区域很广，并且每个区域的购买者行为与需求存在很大差异，那么，它就会建立地理型组织。

不过，在实践中按照上述逻辑有时行不通，因为企业的市场营销战略可能被现有的组织机构所制约。例如，一家公司通过对市场和竞争者状况的分析，决定实行系统销售战略。然而，由于该公司的原有组织机构是为不断开发新产品而设计的，所以，采用这一新战略就显得困难重重。

（3）确立组织职位

企业对市场营销组织内部活动的确立有利于企业对组织职位的分析。通过组织职位的分析使这些组织活动有所归附。企业在建立组织职位时应考虑3个要素，即职位类型、职位层次和职位数量，从而弄清楚各个职位的权力、责任及其在组织中的相互关系。

①职位类型。每个职位的设立都必须与市场营销组织的需求及其内部条件相吻合。通常，对职位类型的划分有3种方法：一是划分为直线型和参谋型。处于直线职位的人员行使指挥权，能领导、监督、指挥和管理下属人员；而处于参谋职位的人员则拥有辅助性职权，包括提供咨询和建议等。事实上，直线型和参谋型之间的界限往往是模糊的。一个主管人员既可能处于直线职位，也可以处于参谋职位，这取决于他所起的作用及行使的职权。二是把职位划分为专业型和协调型。显然，一个职位越是专业化，它就越无法起协调作用。但是各个专业化职位又需要从整体上进行协调和平衡，于是，协调型职位就产生了，像项目经理或小组制都是类似的例子。三是把职位划分成临时型和永久型。严格地说，没有任何一个职位是永久的，它只是相对于组织发展而言较为稳定而已。临时型职位的产生主要是由于在短时期内企业为完成某项特殊任务，如组织进行大规模调整时，就需要设立临时职位。

②职位层次。是指每个职位在组织中地位的高低。例如，公共关系和销售管理的地位孰高孰低，对于不同的企业其情况就大不一样。这主要取决于职位所体现的市场营销活动与职能在企业整个市场营销战略中的重要程度。

③职位数量。是指企业建立组织职位的合理数量。它同职位层次密切相关。一般来说，职位层次越高，辅助性职位数量也就越多。很明显，市场研究经理在决策时就要依靠大批市场分析专家和数据处理专家的帮助。职位决策的目的，是把组织活动纳入各个职位。因此，建立组织职位时必须以市场营销组织活动为基础。企业可以把市场营销活动分为核心活动、重要活动和附属性活动3种。核心活动是企业市场营销战略的重点，所以首先要根据核心活动来确定相应的职位，而其他的职位则要围绕这一职位依其重要程度逐次排定。

确定组织职位的最终结果就是形成工作说明书。工作说明书是对权力和责任的规定，它包括工作的名称、主要职能、职责、职权和此职位与组织中其他职位的关系以及与外界人员的关系等。如果企业决定设立新的职位，有关部门主管就要会同人事专家拟出一份关于该职位的工作说明书，以便于对应聘人员进行考核和挑选。

（4）设计组织结构

在确定了组织职位的基础上我们就可以对组织结构进行设计了。具体的组织结构类型比较多，我们将在后面对各种类型的优缺点进行详细的分析。

企业在设计组织结构时必须注意两个问题：一是把握好分权化程度，即权力分散到什么程度才能使上下级之间更好地沟通。二是确定合理的管理宽度，即确定每一个上级所能控制的合理的下级人数。一般来说，假设每一个职员都是称职的，那么，分权化越高，管理宽度越大，则组织效率也就越高。如果一支20人的销售队伍仅由1~2名经理来控制，那么，这支队伍就有较大的决策自主权，从而可能会取得较好的销售效果。

此外，市场营销组织总是随着市场和企业目标的变化而变化，所以，设计组织结构要立足于将来，为未来组织结构的调整留下更多的余地。

（5）配备组织人员

在分析市场营销组织人员配备时，必须考虑两种组织情况，即新组织和再造组织（在原组织基础上加以革新和调整）。相比较而言，再造组织的人员配备要比新组织的人员配备更为复杂和困难。这是因为，人们总是不愿意让原组织发生变化，往往把再造组织所提供的职位和工作看作是一种威胁。

事实上，组织经过调整后，许多人在新的职位上从事原有的工作，这就大幅损害了再造组织的功效；同时，企业解雇原有的职员或招聘的职员也非易事，考虑到社会安定和员工个人生活等因素，许多企业不敢轻易裁员。但是，不论哪种情况，企业配备组织人员时必须为每个职位制定详细的工作说明书，从受教育程度、工作经验、个性特征及身体状况等方面进行全面考察。而对再造组织来讲，还必须重新考核现有员工的水平，以确定他们在再造组织中的职位。

此外，在市场营销组织中，小组的人员配备也应引起重视。小组往往是企业为完成某项特殊任务而成立的，是组织的一个临时单位，其成员多从组织现有的人员中抽调。如果小组要有效地发挥作用，市场营销组织必须使小组成员与其他成员之间保持协调关系。例如，由组织下层的人员作为领导来管理来自组织高层的成员构成的小组，肯定是行不通的。同样，小组领导的职位也不应该比该小组所隶属的经理的职位高。另外，如果人们意识到参与小组工作将影响其正常工作和晋升机会，那么，市场营销组织就很难为小组配备合适的人员。

（6）组织评价与调整

任何一个组织都是存在着冲突的，在冲突中组织才能不断地发展和完善。因此，从市场营销组织建立之时，市场营销经理就要经常检查、监督组织的运行状况，并及时加以调整，使之不断得到发展。市场营销组织需要调整的原因主要有以下几点：

①外部环境的变化。包括商业循环的变化、竞争加剧、新的生产技术出现、工会政策、政府法规和财政政策、产品系列或销售方法的改变等。

②组织主管人员的变动。新的主管人员试图通过改组来体现其管理思想和管理方法。

③改组是为了证明现存组织结构的缺陷。有些缺陷是由组织本身的弱点所造成的，如管理宽度过大、层次太多、信息沟通困难、部门协调不够、决策缓慢等。

④组织内部主管人员之间的矛盾也可以通过改组来解决。所以，为了不使组织结构变得呆板、僵化和缺乏效率，企业必须适当地、经常地对组织结构加以重新调整。

综上所述，企业市场营销组织的设计和发展大体要遵循以上6个步骤，这6个步骤相互联系、相互作用，形成一个动态有序的过程。为了保持市场营销组织的生机和活力，市场营销经理就要根据这一过程进行有效决策。

10.4.3 企业市场营销的控制

10.4.3.1 营销控制

营销控制是指企业用于跟踪营销活动过程的每一个环节，确保能够按照计划目标运行，而实施的一套完整的工作程序。营销控制包括估计市场营销战略和计划的成果，并采取正确的行动以保证实现目标。营销控制主要包括年度计划控制、盈利控制、效率控制和战略控制。

年度计划控制是指在本年度内采取调整和纠正措施，检查市场营销活动的结果是否达到了年度计划的要求。盈利控制是分析年度计划控制意外的企业各产品在各地区，运用各种营销渠道的实际获利能力，从而指导企业扩大、缩小或者取消某些产品和营销活动。效率控制是分析出企业在特定产品、销售市场活力不高，就采取更有效的方法提高广告、人员推销、促销和分销等的工作的效率。战略控制则是更高层次的市场营销控制，审计企业的战略、计划是否有效地抓住了市场机会，是否同市场营销环境相适应。

10.4.3.2 企业控制市场营销风险的5种办法

随着企业内外生态环境的复杂化，企业经营所面临的风险日益增多。营销风险越来越受到企业的重视，建立起营销风险防范体系，已成为业内人士面临的难题与关注的焦点。企业如何才能有效管控市场营销风险？

（1）加强市场营销环境的调查研究，是市场营销风险控制的根本性措施

企业从设计产品开始，到定位、分销和促销活动的全过程，都必须深入市场，进行调查研究。通过市场的调研活动，掌握相关的情报资料信息，包括顾客需求信息、竞争者信息、国家宏观经济及相应的政策信息、国际政治与经济形势以及其他信息。企业的营销活动，必须在充分掌握了相关信息资料的基础上才能顺利展开，否则企业营销活动就会产生风险。某公司是一家生产包装产品的企业，为众多生产企业提供包装产品，近几年来营销风险得到了有效控制，应收款都已收回。该企业规定营销人员在销售产品时，随货同行，货到人到，与客户当场验货，并办妥相应手续。同时营销人员还必须了解客户相应的信息，如产品销售是否正常，是否出现催要款项的情况等，通过营销人员深入客户的现场调查来分析判断交易是否存在风险。如该企业在与某生产饮料公司业务往来中，发现该公司出现了催要款的人员，且该公司产品库存积压上升，就及时调整对该公司的供应方式，后来该饮料

公司被宣布破产，许多供应商的货款无法回收，而该公司则毫发未损。

（2）建立风险防范与处理机构

在变化的市场环境下，企业在运营中风险随时都可能发生，因此建立风险防范与处理机构就如同建立营销机构一样重要。风险防范与处理小组的工作应包括以下4个方面：

①在企业内部建立风险预防的规章制度，并督促制度的贯彻执行。

②调查研究相关信息资料，对公司客户的信息和能力进行分析和评定。

③在日常管理工作中进行风险处理演练，以提高对风险处理的应对能力，强化职工的风险防范意识。

④在企业出现风险后，由风险防范与处理机构统一处理风险事件。

（3）正确面对发生的风险

当风险产生以后，如何面对风险，是决定风险能否正确和顺利处理的关键。风险的发生会给企业带来损害，也可能给社会、顾客带来损害。

应该诚实地面对社会和顾客，一方面，最大限度地减少对社会和顾客的损害，另一方面快速采取措施制止风险的扩大和扩散。如果风险产生后，企业回避、推托、甚至辩解，反而会使风险扩大，损害增加。1999年6月在欧洲发生的可口可乐饮料污染事件，就是可口可乐公司面对的一次风险。可口可乐公司采取的措施首先是由公司高层管理者飞赴比利时、法国处理饮料污染事件，并向受害者道歉。其次，委托权威机构对风险原因进行调查并将结果向公众公布。

最后，控制和影响信息发布源。通过公司一系列措施，最终成功地控制了风险的损害程度。

（4）依法处理

企业风险产生后，企业应该迅速地运用法律武器来处理风险。国家为了规范市场行为，保护公平竞争，维护企业合法权益，制订了一系列相关的经济法律和法规，如《合同法》《中华人民共和国价格法》《中华人民共和国反不正当竞争法》等，企业决策者应该了解相应的法律法规，在营销活动中依法办事。在日常业务往来中，企业对一些具有潜在风险的业务，首先要依法签订好合同，签订合同是预防风险的第一道门槛。其次，当因为对方的原因而给企业造成风险后，应该当机立断，积极寻求法律途径处理风险。

（5）提高企业员工素质

企业营销活动中的一些风险，是由企业员工素质不高或其他主观因素造成的。如有些企业销售人员因不熟悉所推销产品的相关知识而发生销售阻碍，或责任心不强而导致货款不能及时回收及损失，都属于员工素质问题而产生的营销风险。因此，加强企业员工素质的培训与提高，是控制企业市场营销风险的重要措施之一。企业员工素质培训应包括员工的政治素质、文化素质、业务素质、道德素质等多方面的内容。对于营销第一线的员工，其综合素质的提升与否，直接影响企业营销，对其强化培训就显得更为迫切和重要。企业在对营销人员考核中，注重销售额及利润的考核固然重要，对其责任心与有关风险防范的考核同样重要。目前，许多企业实现的销售额从会计账面看非常大，但实际的销售回笼资金却不理想，有些资金可能成为吊账或死账。因此，营销人员既要努力促进销售额的提高，更应注意风险的防范。

案例分析

美国野马汽车策划案

1964年，福特汽车公司生产了一种取名野马的新型卧车，新产品一推出，一年内售出36万部，纯利1.1亿美元。当时，购买野马车的人打破了美国历史纪录，简直到了供不应求的程度。

结果，在不到一年的时间里，野马车就风行整个美国，各地还纷纷成立了野马车协会，而且商店出售的墨镜、钥匙扣、帽子、玩具都贴上了野马标志。在一家面包店甚至挂出了这样一块牌子："本店烤饼如同野马车一样一抢而光！"

野马车为什么如此受欢迎，并能在短时间内产生如此巨大的影响？它是怎么策划的？它的主要策划者就是号称"野马车之父"的美国最著名的实业界巨子——福特汽车公司的总经理雅科卡。

1962年，雅科卡出任美国福特汽车公司分部总经理之后，就打算策划生产一种受顾客欢迎的新型汽车。这个构想是在他对市场进行了调查研究之后产生的。

1962年，雅科卡去欧洲了解福特汽车公司生产的"红雀"牌汽车的销售情况时，发现"红雀"牌汽车太小了，没有行李箱，虽然车子很省油，但外形并不漂亮。如果不尽快推出一部新型车，公司将很可能被竞争对手击败。由于预见到了"红雀"的不幸结局，雅科卡开始着手做进一步的调查。

从大量的调查材料中，雅科卡认识到，未来的十年是年轻人的世界，其理由是，第二次世界大战后，人口生育率激增，几千万婴儿已经长大。在19世纪60年代，20~24岁的人将增加50%以上，而18~35岁受过教育的年轻人将占总人口的一半。根据这一分析，雅科卡认识到今后的13年中，整个汽车业的销售量将会大幅度增长，而主要购买者就是年轻人。

另外，他通过调查还发现年纪较大的买主的需求也发生了变化，即已经从追求经济实惠转向追求样式新颖的豪华车。由此，雅科卡引出了一段富有哲理的市场名言："'红雀'是一部找不到市场的汽车，而外面又有一个找不到汽车的市场。"

因此，福特公司的出路是必须推出一部适合"饥饿"市场需要的新汽车。

根据上述分析，雅科卡把未来的新型车定位为：款式新，性能好，能载4人，车子不能太重（最多2500磅），价钱便宜（实价不能超过2500美元）。

后来，雅科卡又将这一定位交给策划小组讨论。经过集思广益，大家不仅同意雅科卡的产品定位，而且补充了一些重要的新内容：车型要独树一帜，车身要容易辨认，要容易操纵（便于妇女和新学驾驶的人购买），要有行李箱（便于家庭外出旅游），要既像跑车还要胜过跑车，达到"一石击中数鸟"、同时吸引几个市场的目的。

为了确保策划成功，策划人员首先设计图样，制作泥塑模型；接下来是为新车取名。他们首先从沃尔特·汤姆森广告公司代理人提出的上千个车名中精选出了6个新颖的车名：西部野马、美洲狮、猎豹、小马、野马和美洲豹。

策划人员认为，美国人对第二次世界大战中野马式战斗机的名字如雷贯耳，用野马作为新车的名字，实在是妙不可言。它有西部牛仔的味道却不与之雷同，最适合美国人的口味。经过策划人员的反复审查和论证，最后，雅科卡才拍板决定将野马作为新车的名字。

在新车还未问世前，雅科卡还邀请了底特律地区的54对夫妇到汽车厂做客，并请他们对新车发表意见。在这些顾客中，有收入较高的，也有收入中下的。当这54对夫妇对新车发表意见之后，策划人员发现白领阶层非常满意野马的车型，而蓝领工人则认为车很好但买不起。后来雅科卡请他们估计一下车子的价钱，几乎所有的人都至少高估1000美元。

雅科卡从这些顾客的真实反映中得出一个结论：车子太贵就没有人买。当雅科卡告诉顾客，野马车的实际价格只有2500美元时，许多人都说："为什么我要反对？真见鬼！"

定价是一门学问。雅科卡摸透了消费者的心理，最后把野马车的售价定为2368美元。

万事俱备，只欠东风。当企业目标、产品、售价等重要问题基本解决之后，广告就成为开路先锋了。

雅科卡是一个非常重视广告策划的企业家。为了成功地推出新产品，他委托汤姆森广告公司的策划人员为野马车的广告问题做了一系列的策划工作，其广告计划的实施步骤大致如下：

第一步，邀请各大报纸的编辑汇集到迪尔伯恩，并借给每人一部新型野马车，组织他们参加从纽约到迪尔伯恩的野马车大赛，同时还邀请了130名记者进行现场采访。从表面上看，这是一次赛车活动，实际上是一次告知性的广告宣传活动。事后有数百家报纸杂志报道了野马车大赛的盛况。

第二步，在新型野马车上市的前一天，根据媒体选择计划，让2600家报纸用整版篇幅刊登了野马车广告。根据广告定位的要求，广告的画面是：

一部野马车在奔驰……

大标题：真想不到！

副标题：只售2368美元

上述广告是以提高知名度和认知为主，并为进一步提升市场份额打基础的。

第三步，从野马车上市开始，让各大电视网每天不断地播放野马车的电视广告。广告片是由汤姆森广告公司制作的，其内容是一个渴望成为赛车手或喷气机驾驶员的年轻人驾驶野马车在奔驰。选择电视媒体做宣传，目的是要扩大广告宣传的覆盖面，提高产品的知名度，以求家喻户晓。

第四步，选择最显眼的停车场，竖起巨型广告牌，上面写着："野马栏"，以引起消费者的注意。

第五步，在全国各地最繁忙的15个飞机场和200家度假酒店展览野马车，以实物广告形式，激发人们的购买欲望。

第六步，向全国各地几百万名小汽车车主寄送广告宣传品，此举是为了达到直接促销的目的，同时也表达了公司忠诚为顾客服务的态度和决心。

上述广告活动，可以说是铺天盖地、排山倒海、势如破竹。结果仅在一周内，野马车就轰动了整个美国，风行一时。据说，野马车上市的第一天，就有400万人涌到福特代理店中。原先的广告目标是年销售量7500部，而实际上第一年就销售了20万部。

这一显赫成绩使雅科卡一度被誉为"野马车之父"。由于雅科卡策划有方，业绩卓著，被破格提升为福特集团的总经理，许多美国人至今仍把雅科卡视为传奇式的人物。

（资料来源：https://tiku.baidu.com/view/6754163859fb770bf78a6529647d2784b733767.）

思考：结合案例，谈一谈你对"许多人认为营销策划就是对销售活动的策划，而广告策划则是对广告活动本身的策划"这一表述的理解。

课后复习题

1. 市场营销管理过程分为哪些步骤？
2. 简述企业进行市场细分的特点。
3. 企业根据自身情况选择适合的目标市场，判断目标市场是否合适？可以参考哪些标准？
4. 市场状况对企业营销组织的影响主要来源于哪些方面？
5. 风险发生时，应如何正确面对？

参考文献

鲍舟波，2018. 未来已来：数字化时代的商业模式创新 [M]. 北京：中信出版社.
陈龙海，韩庭卫，2004. 企业培训故事全书 [M]. 深圳：海天出版社.
菲利普·科特，2016. 市场营销学 [M]. 北京：机械工业出版社.
富兰泽尔，2005. 运营管理 [M].9 版. 刘庆林，等译. 北京：人民邮电出版社.
葛宝山，王立志，姚梅芳，等，2008. 经典创业模型比较研究 [J]. 管理现代化（1）：10-12.
国家科技风险开发事业中心，2012. 创业计划书编写指南 [M]. 北京：电子工业出版社.
蒋秀红，2020. 大学生创业的法律问题及其防范 [J]. 经济研究导刊（19）：196-197.
杰弗里·蒂蒙斯，小斯蒂芬·斯皮内利，2005. 创业学 [M]. 周伟民，吕长春，译. 北京：人民邮电出版社.
李静薇，2013. 创业教育对大学生创业意向的作用机制研究 [D]. 天津：南开大学.
李时椿，常建坤，2011. 创业学：理论、过程与实务 [M]. 北京：中国人民大学出版社.
理查德 L. 达夫特，多萝西·马西克，2005. 管理学原理 [M]. 高增安，等译. 北京：机械工业出版社.
刘平，李坚，王启业，2011. 创业学——理论与实践 [M].2 版. 北京：清华大学出版社.
路宏达，2014. 现代生产管理 [M]. 北京：中国财政经济出版社.
罗伯特 D. 赫里斯，迈克尔 P. 彼得斯，迪安 A. 谢波德，2016. 创业学 [M]. 蔡莉，葛宝山，译. 北京：机械工业出版社.
明道，2015. 如何开公司（实用操作版）[M]. 北京：中国法制出版社.
潘家轺，2018. 现代生产管理学 [M]. 北京：清华大学出版社.
冉恩贵，万娜娜，林超，2013. 现代生产管理 [M]. 北京：清华大学出版社.
芮明杰，2005. 管理学 [M]. 2 版. 北京：高等教育出版社.
宋晶，郭凤侠，2004. 管理学原理 [M]. 大连：东北财经大学出版社.
宋明顺，2005. 质量管理学 [M]. 北京：科学出版社.
孙成志，2016. 企业生产管理 [M]. 大连：东北财经大学出版社.
唐德淼，2020. 创业机会类型、评估与选择 [J]. 经济研究导刊，（10）：171-173，184.
唐纳德·F. 库拉特科，2014. 创业学 [M]. 薛红志，译. 北京：中国人民大学出版社.
王端旭，2005. 民营科技型企业团队散伙现象成因分析 [J]. 科学学与科学技术管理（4）：137-140.
王凤彬，李东，2003. 管理学 [M]. 北京：中国人民大学出版社.
王钊，2011. 农业企业经营管理学 [M].2 版. 北京：中国农业出版社.

徐万里，林文滢，陈艳萍，2013.高科技企业创业团队的成功特质——基于小米科技创业团队的案例分析[J].科技和产业，13（6）：126-132.

于维洋，刘岩，2015.我国中小企业发展中存在的问题及对策[J].中国科技信息（2）：120-128.

虞镇国，1997.生产管理[M].杭州：浙江大学出版社.

张杰，2004.生产与运营管理[M].北京：对外经济贸易大学出版社.

张敬伟，毛清华，2010.企业战略管理[M].北京：机械工业出版社.

张立中，2005.管理学原理[M].呼和浩特：内蒙古大学出版社.

张明玉，2005.管理学[M].北京：科学出版社.

张新国，2015.企业战略管理[M].北京：高等教育出版社.

朱仁宏，曾楚宏，代吉林，2012.创业团队研究述评与展望[J].外国经济与管理，34（11）：11-18.

ARDICHVILI HV ILI A,CARDOZO R,RAY S,2003.A theory of entrepreneurial opportunity identification and development[J]. Journal of Business Venturing, 18(1) :105-123.

BECKMAN C M , BURTON M D,2008.Founding the future:Path dependence in the evolution of top management teams from founding to IPO[J].Organization Science, 19 (1) :3-24.

BIRD, ELIZABETH, 1989. Maximising the potential of women returning to work: aspirations, opportunities and policies[J]. Management Research News.12(3):6-6.

BUNDERSON J S, SUTCLIFFE K M, 2002.Comparing alternative conceptualizations of functional diversity in management teams:Process and performance effects[J].Academy of Management Journal, 45 (5) :875-893.

COONEY, MARTHA, 2005. Business information literacy instruction[J]. Journal of Business & Finance Librarianship, 11(1) : 3-25.

CUMMINGS L L, FILLEY A C , HOUSE R J, 1976. Managerial rocess and rganizational behavior [J]. Administrative Science Quarterly, 15(2) : 260.

DONATO, IACOBUCCI, PETER, et al., 2010. The growth of business groups by habitual entrepreneurs: the role of entrepreneurial teams[J]. Entrepreneurship Theory & Practice, 34(2), 353-379.

FORBES D P, et al, 2006.Entrepreneurial team formation:An exploration of new member addition[J].Entrepreneurship Theory and Practice, 30 (2) :225-248.

HAMBRICK D C, MASON P A, 1984.Upper echelons:The organization as a reflection of its top managers[J].Academy of Management Review, 9 (2) :193-206.

HISRICH, ROBERT D, 1998.Entrepreneurship (4th ed)[M]. New York : McGraw-Hill ducation.

HUOVINEN S, PASANEN M,2010.Entrepreneurial and management teams:What makes the difference?[J].Journal of Management&Organization, 16 (2) :436-453.

LEARY M M, DE VAUGHN M L, 2009.Entrepreneurial team characteristics that influence the successful launch of a new venture[J].Management Research News.32 (6) :567-579.

LECHLER T, 2001. Social Interaction:A determinant of entrepreneurial team venture success[J]. Small Business Economics, 16 (4) :263.

LUMPKIN G T, DESS G G,1996.Clarifying the Entrepreneurial Orientation Construct and Linking it to Performance[J]. Academy of Management Review. 21(1):135-172.

MICHAEL, SWAN, 1985. A critical look at the communicative approach (2)[J]. ELT Journal, 39(2):76-87.

NADLER D, GERSTEIN M S, SHAW R B, 1992. Organizational Architecture, Designs for Changing Organizations[M].San Francisco: Jossey Bass.

SARASVATHY S D, DEW N, Velamuri S R, et al., 2003. Three views of entrepreneurial Opportunity? In: Acs ZJ, Audretsch DB (eds) Handbook of entrepreneurship research[M]. Boston : klmwer.

SCHUMPETER J A, et al, 1934. The theory of economics development[J]. Journal of Political Economy, 1(2) : 170-172.

SHANE, SCOTT, VENKATARAMAN, et al.,2000.The promise of entrepreneurship as a field of research[J]. Academy of Management Review, 25(1) : 217-226.

STEVENSON H H, JC JARRILLO MOSSI, 1986. Preserving entrepreneurship as companies grow[J]. Journal of Business Strategy, 7(1): 10-23.

STEVENSON, HOWARD H, MICHAEL J,et al.,1985.Introduction: Instructor's manual: new business ventures and the entrepreneur [J]. Harvard Business School Teaching Note,

STEVENSON, JARILLO,1990. Special Issue: Corporate Entrepreneurship ‖ A paradigm of entrepreneurship: entrepreneurial management[J]. Strategic Management Journal, (11):17-27.

SUSAN, G COHEN, DIANE E, et al., 1997. What makes teams work: group effectiveness research from the shop floor to the executive suite[J].Journal of Management. 23(3): 239-290.

TIMMONS J A, 1979.Careful self-analysis and team assessment can aid entrepreneurs[J].Harvard Business Review. 57 (6) :198-206.

TIMMONS J A, 1990. New venture creation: Entrepreneurship for the 21st Century [M]. Homewood, IL:Rechard D Irwin.